新能源汽车研究与开发丛书

新能源汽车动力电池 安全管理算法设计

李晓宇　王震坡　著

机械工业出版社
CHINA MACHINE PRESS

随着新能源汽车和动力电池技术的快速发展，其背后存在的安全问题也越发凸显。本书围绕新能源汽车动力电池安全管理关键技术，简述了动力电池基本参数和测试规程，聚焦于动力电池状态估计、安全管理防护，以及安全评估相关内容，重点介绍了动力电池荷电状态估计、数据驱动健康状态估计、健康状态和剩余使用寿命联合估计、故障诊断和安全防护，以及回收利用安全评估等内容。根据作者在本学科中积累的研究基础，详细描述了相关研究内容的算法设计、仿真及应用，所提出的建模及状态估计框架具有技术先进性及行业共性，可拓展应用于便携式电子设备、微电网、大规模储能等不同领域，为读者在动力电池安全管理方面的学习及研究提供参考借鉴。本书适用于新能源汽车及相关行业工程师、技术人员、研究工作者和其他有关人员学习参考，也可作为高等院校新能源汽车动力电池、储能领域相关专业师生的参考书。

图书在版编目（CIP）数据

新能源汽车动力电池安全管理算法设计 / 李晓宇，王震坡著 . —北京：机械工业出版社，2022.10
（新能源汽车研究与开发丛书）
ISBN 978-7-111-71778-2

Ⅰ.①新…　Ⅱ.①李…②王…　Ⅲ.①新能源 – 汽车 – 蓄电池 – 安全管理 – 算法设计 – 研究　Ⅳ.① U469.720.3

中国版本图书馆 CIP 数据核字（2022）第 187263 号

机械工业出版社（北京市百万庄大街 22 号　邮政编码 100037）
策划编辑：何士娟　　　　　　责任编辑：何士娟
责任校对：陈　越　刘雅娜　　封面设计：马精明
责任印制：郜　敏
北京瑞禾彩色印刷有限公司印刷
2023 年 2 月第 1 版第 1 次印刷
169mm×239mm · 14.75 印张 · 275 千字
标准书号：ISBN 978-7-111-71778-2
定价：149.00 元

电话服务　　　　　　　　　　网络服务
客服电话：010-88361066　机 工 官 网：www.cmpbook.com
　　　　　010-88379833　机 工 官 博：weibo.com/cmp1952
　　　　　010-68326294　金 书 网：www.golden-book.com
封底无防伪标均为盗版　机工教育服务网：www.cmpedu.com

新能源汽车作为清洁化电气运输装备的主要形式，是绿色交通发展的重要途径，在实现碳达峰和碳中和目标以及改变能源结构等方面具有巨大优势和广阔应用前景。

面对汽车电动化时代的到来，动力电池管理对于确保电动汽车电池安全可靠运行至关重要。动力电池作为电动汽车核心部件，对电动汽车的性能、续驶里程和寿命都起着决定性的作用，其运行状态及性能参数对汽车运行安全尤为关键，并且对整车的安全使用、合理维护和经济评估等方面有重要的价值。动力电池在不断使用过程中，其内部材料结构会发生恶化而使电池衰退老化，在整个衰退进程中，多种损失机制共同参与、相互作用，其不同老化阶段的主导机制也会发生改变，使得动力电池具有强时变、高度非线性的特点。因此，从复杂非线性动力电池内部提取有效稳定的电池衰退特征机制，建立高精度衰退模型，提高动力电池安全管理及防护水平，不仅是保障新能源汽车安全可靠运行的重要手段，更是提振新能源汽车市场活力的基本要求。

目前，动力电池面临着老化退化以及电池回收和处置等问题。本书结合我国电动汽车的发展趋势及动力电池技术的发展，以动力电池安全管理为主题，以实现动力电池性能状态综合评估为目的，对动力电池系统内部状态参数估计方法和电池系统健康状态评价进行了介绍，详细地介绍了新能源汽车动力电池安全管理算法开发的技术细节。全书共8章，分为4部分，第一部分包括第1章和第2章，详细叙述了新能源汽车发展历史及现状，并对动力电池基本概念和相关参数测试进行了概述；第二部分包括第3～5章，深入讨论了动力电池内部状态参数估计方法，包括动力电池荷电状态估计、动力电池健康状态估计，以及动力电池健康状态和剩余使用寿命联合估计；第三部分包括第6章和第7章，探讨了动力电池系统故障诊断以及安全管理和防护；第四部分，即第8章，主要介绍了动力电池回收利用及安全评估方法。本书力求聚焦于领域内前沿研究，帮助读者掌握新能源汽车动力电池安全管理系统的核心算法设计方法。

本书的主要工作在北京理工大学电动车辆工程研究中心完成，感谢课题组各位老师及同门的支持与帮助，本书资料整理及提供帮助的有陈光副教授、袁昌贵硕士、赵敬玉硕士、魏晨阳硕士以及在读硕士生李廓、徐铖、高潇、刘彩霞等，在此对他们的辛勤付出表示感谢。

鉴于新能源汽车行业发展日新月异，很多关键技术还在快速迭代更新的过程中，书中难免存在疏漏或不当之处，敬请广大专家和读者批评指正。

著 者

目 录

第 1 章

新能源汽车及动力电池发展概述

随着汽车电动化时代的到来，新能源汽车对于未来能源转换应用和提高电气化交通运输发展占重要地位。新能源汽车具有能耗低、排放少、行驶平顺等优点，有助于减少温室气体排放，应对气候变化挑战，是实现"碳中和"和"碳达峰"目标的有力抓手，大力发展新能源汽车已经成为一个广泛共识。随着新能源汽车保有量的激增，新能源汽车动力电池安全问题成为社会关注的焦点。为保证动力电池的安全和延长其循环寿命，除关注电池自身产品质量，高效精细化的动力电池系统管理尤为关键。因此，加强动力电池安全管理、准确估计及预测动力电池的性能和健康状态是提升电动汽车动力性、安全性、可靠性的重要保证。

1.1　国内外新能源汽车发展现状分析

1.1.1　国内新能源汽车发展概述

当前，新能源汽车行业正在向着产业化的方向稳步迈进，作为电气化交通运输设备的主要形式，其正以明显和无法预料的方式改变着当前的交通运输模式。我国从第八个五年计划开始，就将电动汽车相关零部件关键技术研究列入国家重大科技攻关项目，并启动了电动汽车技术研发，在之后的"九五"期间，电动汽车再次被列入国家重点工业工程项目，随后开始建设电动汽车运行示范区，着手推广新能源汽车。对我国新能源汽车产业发展具有重要战略意义的是"十五"期间电动汽车专项的正式启动——以关键技术研发为主，从国家层面通过重大科技专项等形式给予新能源汽车大力支持。

随后国家设立节能与新能源汽车"863"重大专项，致力于推动节能与新能源汽车零部件和整车制造的产业化发展。同时，通过实施财政补贴等政策，进一步调整和促进新能源汽车产业化的发展，实现新能源汽车技术成果转化。2010 年，国家加大对新能源汽车的扶持力度，将"十城千辆"节能与新能源汽车示范推广试点城市由 20 个增至 25 个，新能源汽车得到初步的推广，我国新能源汽车推广应用试点正式启动。

据工信部公布，2015—2020 年我国新能源汽车产销量连续 6 年位居全球第一，截至 2021 年 3 月，我国新能源汽车保有量达 551 万辆，占全球比例超过 40%。中国已建立起完备的产业体系，掌握了电池、电机、电控等核心技术，在市场规模、整车生产制造、产业配套、产业政策和基础设施建设等方面具有显著的竞争优势，成为全球新能源汽车产业的领导者。"十三五"期间是中国新能源汽车产业快速发展的五年，产业竞争优势显著提升。中国新能源汽车产业的竞争优势主要体现在市场规模、完整的产业链、完善的公共基础设施等方面。2020 年 10 月，国务院常务会议通过了《新能源汽车产业发展规划（2021—2035 年）》，明确提出要支持新能源汽车与能源、交通、信息通信等产业深度融合，推动电动化和网联化、智能化技术互融协同发展。历年来我国对新能源汽车政策汇总如表 1-1 所示。

表 1-1　历年来我国对新能源汽车政策

时间	政　　策	出台部门
2009 年 1 月	《关于开展节能与新能源汽车示范推广工作试点工作的通知》	财政部等
2009 年 6 月	《新能源汽车生产企业及产品准入管理规则》	工信部
2012 年 4 月	《节能与新能源汽车产业发展规划（2012—2020 年）》	国办
2014 年 7 月	《国务院办公厅关于加快新能源汽车推广应用的指导意见》	国办
2015 年 10 月	《关于加快电动汽车充电基础设施建设的指导意见》	国办
2016 年 3 月	《关于促进绿色消费的指导意见》	国家发展改革委等
2017 年 7 月	《新能源汽车企业及产品准入管理规定》	工信部
2018 年 4 月	《免征车辆购置税的新能源汽车车型目录》	工信部等
2019 年 3 月	《关于进一步完善新能源汽车推广应用财政补贴政策的通知》	财政部等
2020 年 4 月	《关于完善新能源汽车推广应用财政补贴政策的通知》	财政部等
2020 年 10 月	《新能源汽车产业发展规划（2021—2035 年）》	工信部
2020 年 12 月	《关于进一步完善新能源汽车推广应用财政补贴政策的通知》	财政部等

在国家"863 计划"和新能源汽车补贴政策的支持下，我国的电动汽车行业发展迅速，有很多科研院所和企业在电动汽车及关键部件的研发方面开展了大量研究。今后，我国电动车仍将保持增长趋势，潜力巨大。目前，我国电动汽车产业已进入加速发展的新阶段，电动汽车的动力电池、电机、电控等关键零部件相关的技术已取得较大进步：

1）动力电池的能量密度提高，从工信部公告目录数据来看，系统能量密度平均值从 2007 年第一批 100W·h/kg 提高到 2019 年第 7 批公告的 150W·h/kg，同比提升了 50.5%。

2）整车能耗降低，续驶里程增加，在 NEDC 工况下可达 600km 以上。同时电动汽车充电桩保有量也在不断增加,从 2014 年 3.3 万个快速增长到 2018 年的 77.7 万个,4 年复合增长率为 220%。随着动力电池技术的不断成熟和配套基础设施的不断完善,电动汽车的"里程焦虑"已得到很大程度的缓解。

据统计数据,2019 年国内电动汽车销量为 106 万辆(数据来源:第一电动汽车网),较 2018 年的 68 万辆增长约 50%;从图 1.1a 可以看出,自 2016 年以来,我国电动汽车的销量呈指数增长趋势,从销量来看至 2019 年增长了近 4 倍,电动汽车在国内具有较广阔的市场前景。如图 1.1b 所示,近五年均已超过 50% 的增幅;在全球电动汽车市场上的比重也稳步提升。根据中汽协数据,2019 年中国电动汽车销量占全球电动汽车销量的 48%。

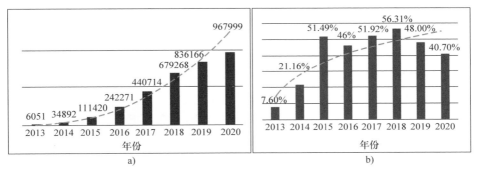

图 1-1　中国电动汽车销量及在全球市场占比

a)中国电动汽车销量　b)中国电动汽车在全球市场占比

1.1.2　国外新能源汽车发展现状

世界各国相继出台了推动新能源汽车普及的政策,进一步加快了新能源汽车产业化的步伐。美欧等发达国家和地区都将新能源汽车作为未来发展的重要战略方向,从战略规划、研发创新、推广应用、智能网联等方面制定了新能源汽车产业政策。

美国主要从政府、技术以及鼓励购买三方面出发,为新能源汽车产业未来发展设定目标、启用国家研发项目和专用资金发展相关技术以及个税减免系列政策吸引购买。美国特斯拉汽车公司已成为全球最大电动汽车企业,并在世界各地建立生产工厂,目前拥有 Model 3、Model X、Model Y 等多款车型。2020 年,纯电动车型 Model 3 一枝独秀,成为全球最为畅销的电动车型。美国新能源汽车 2011—2020 年销量由 1.78 万辆上升至 32.8 万辆,2015 年前新能源汽车销量位居世界第一,2015 年被中国反超,现新能源汽车年销量位于全球第三。

欧洲是全球最早提出禁售燃油车的地区。荷兰和挪威计划在 2025 年全面禁售燃油车,德国规划燃油车禁售时间为 2030 年。欧洲具有全球最严的 CO_2 排放标准，如超过规定，汽车制造商将面临惩罚，这也导致汽车制造商纷纷开始将研究重心向新能源汽车转移。此外，欧洲的传统汽车强国对新能源补贴政策的力度不断加大，想要进一步提升本国新能源汽车产业及消费者的积极性，继续维持其汽车工业大国的地位，缓解其面临碳排量环保标准的压力。

近年来全世界范围内电动汽车的产销量都快速增长，市场占有率逐年升高。虽然普遍认为疫情会产生较大影响，但是 EV Sales Blog 公布的数据统计表明，2020 年上半年全球电动汽车总销售量将近 95 万辆，排名前十的电动汽车企业见表 1-2。其中排名第一的是美国电动汽车企业特斯拉，其电动汽车销量达 17.9 万辆，占全球总销量的 18.91%，单月销量达 4.9 万辆。对销量排名前十的电动汽车企业及对应的汽车品牌进行数据分析，如图 1-2 和图 1-3 所示。其中图 1-2 展示了对应车企在 6 月及 1—6 月电动汽车的销量，从图中可以看出排名第一的特斯拉的销量数据是后三家销量的总和，其中 Model 3 的销量几乎占全球电动汽车畅销品牌的一半。当前电动汽车已经进入全球化发展阶段，全球大力发展电动汽车产业已成为必然趋势。

表 1-2　2020 上半年全球电动汽车销量 TOP10

排名	企业	2020 年 6 月	2020 年 1—6 月	2020 年 1—6 月全球销量占比（%）
1	特斯拉	49765	179050	18.91
2	大众	14829	62414	6.59
3	宝马	10615	58883	6.22
4	比亚迪	13215	57482	6.07
5	上汽	12852	43639	4.61
6	雷诺	11499	38848	4.1
7	沃尔沃	10804	36594	3.86
8	奥迪	7477	34875	3.68
9	现代	6664	33507	3.54
10	起亚	7020	30224	3.19
排名前十合计		144740	575516	60.77
全球合计		229894	947050	100

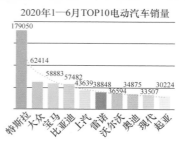

图 1-2　2020 年上半年全球电动汽车销量前十数据分析

特斯拉Model 3	142346
雷诺Zoe	37154
日产聆风	23867
大众e-Golf	21165
比亚迪秦Pro EV	20990
现代Kona EV	19286

图 1-3   2020 年上半年主要电动汽车车型销量数据分析

1.2 动力电池发展概况

1.2.1 动力电池发展概述

电动汽车动力电池的发展主要历经了铅酸蓄电池、镍镉电池和镍氢电池、锂离子动力电池三个阶段。铅酸蓄电池技术已经发展了 160 多年，由于其成本低、安全性高、维护方便，所以被广泛应用于各个领域。然而，由于铅酸蓄电池具有较低的循环寿命和比能量，因此一般用于对性能要求不高的场合。与铅酸电池相比，镍镉电池比能量高、比功率高且放电过程更平坦。此外，镍镉电池还具备极高的瞬间放电性能、较低的记忆效应、较高的循环寿命和低温环境适应性等诸多优点。而锂电池的比能量和使用寿命相对于前两者又有了显著的提高，而且没有记忆效应。锂离子电池具有能量密度高、安全性好、自放电率低等优点，从而可以将其广泛地用于新能源汽车上。表 1-3 列出了各种动力电池的性能参数。

表 1-3   不同类型动力电池性能参数

参数	铅酸蓄电池	镍氢电池	锂离子动力电池
常见标称电压 /V	2	1.2	3.2 ~ 3.7
比能量 / (W · h/kg)	30 ~ 50	60 ~ 90	70 ~ 160
循环寿命（100%DOD）/ 次	≥ 300	≥ 400	≥ 600
快速充电能力	一般	较强	强
安全性	好	好	较好
环境污染	严重	轻微	轻微
使用温度范围 /℃	−20~50	−20~50	−20~50
电池容量	低	中	高

早在 20 世纪 90 年代，市场上就出现了以钴酸锂为代表的第一代锂离子动力电池，但是该电池的主要成分是钴，其价格较高、安全性差、使用寿命短，

不能作为汽车的动力电池。第二代锂离子动力电池是锰酸锂和磷酸铁锂电池，其中锰酸锂电池由于耐热性能差等缺点也不能用于电动汽车。磷酸铁锂电池是一种具有良好的耐高温特性的电池，并且技术较为成熟，所以被广泛用于电动汽车的动力电池生产和制造。但是其能量密度低，一致性较差。在进一步的研究中，三元电池不断出现，包括镍钴锰电池、镍钴铝电池以及混合材料电池等。相比前两代，第三代电池能量密度高，但不耐高温，当温度达到200℃时容易发生热失控，对电池热管理的要求较高。不同锂离子动力电池的基本特性如表1-4所示。车用锂电池未来的发展方向是在保证高能量密度的前提下，延长使用寿命，提高安全性，降低成本。其中三元电池产量累计36.9GW·h，占总产量的49.3%，同比累计增长149.2%；磷酸铁锂电池产量累计37.7GW·h，占总产量的50.5%，同比增长334.4%。

表1-4　不同锂离子动力电池的基本特性

电池名称	钴酸锂电池	锰酸锂电池	磷酸铁锂电池	三元锂电池
能量密度 /（mA·h/g）	135~140	100~115	130~150	155~190
工作电压 /V	2.4~4.2	2.75~4.2	2.0~3.65	2.75~4.25
成本	高	低	低	高
缺点	材料昂贵，安全性差	材料稳定性差	开路电压磁滞效应严重	热稳定性差
优点	电压平台高	低温性能好	安全性好	能力密度高

1.2.2　磷酸铁锂电池

磷酸铁锂动力电池（以下简称磷酸铁锂电池）的正负极分别由磷酸铁材料及石墨材料构成，铝箔与电池正极相连接，负极与铜箔相连接，中间通过聚合物隔膜将电池正负极分开，只有锂离子能够通过隔膜，磷酸铁锂电池充电时，锂离子从 $LiFePO_4$ 中脱嵌并产生 $FePO_4$，与此同时，锂离子穿过隔膜到达电池负极，并附在石墨晶体的表面嵌入石墨晶格中。电子通过外电路流向电池负极，使得负极石墨上的电荷达到平衡状态。当电池处于放电状态时，锂离子移动方向相反，电子此时通过外部电路流向电池正极，使得正极电荷达到平衡状态。

磷酸铁锂电池的充放电化学反应方程式如下所示。

正极反应

$$LiFePO_4 \underset{\text{放电}}{\overset{\text{充电}}{\rightleftharpoons}} Li_{1-x}FePO_4 + xLi^+ + xe^-$$ （1-1）

负极反应

$$xLi^+ + xe^- + 6C \underset{\text{放电}}{\overset{\text{充电}}{\rightleftharpoons}} Li_xC_6 \qquad (1\text{-}2)$$

总反应

$$LiFePO_4 + 6C \underset{\text{放电}}{\overset{\text{充电}}{\rightleftharpoons}} Li_{1-x}FePO_4 + Li_xC_6 \qquad (1\text{-}3)$$

相对于 $LiNiO_2$、$LiCoO_2$、$LiMnO_4$ 等材料，磷酸铁锂作为正极材料有着诸多优点，磷酸铁锂电池优点主要体现在以下几个方面：

1）安全性好。$LiFePO_4$ 在 400℃ 高温下也不会分解，因此电动汽车中在大功率充放电或短路故障时也不易产生起火现象，所以它是目前安全性能最好的电池。

2）高温性能好。工作温度范围宽广（−20 ~ +75℃），有耐高温特性，磷酸铁锂电热峰值可达 350 ~ 500℃，而锰酸锂和钴酸锂只在 200℃ 左右。

3）环保。该电池被认为是不含任何重金属与稀有金属（镍氢电池需稀有金属），且无毒（SGS 认证通过）无污染，是绿色环保电池。

4）可大电流快速放电。可以 2C 倍率大电流快速充放电，在专用充电器下，以 1.5C 倍率充电在 40min 内即可使电池充满，并且起动电流可达 2C。

5）成本低。用于制造磷酸铁锂的化学原料资源丰富且容易获取。

1.2.3　三元材料电池

早在 20 世纪 90 年代，人们就将三元正极材料引入锂离子电池中，打开了多元材料的研究开发之路。三元正极材料通常具备了镍酸锂、钴酸锂和锰酸锂这三类材料的优点，受到科研工作者的广泛关注。镍钴锰三种元素的构成比例可以在一定范围内调整，并且影响着电池的性能，因此三元正极材料也就出现了诸多比例固溶体，如 333 型、523 型、811 型等。在三元材料中，钴的作用是使三元材料的阻抗降低、电导率变大，镍的主要作用是提高三元材料理论比容量，锰的作用是降低三元材料的成本，同时可以增强材料的稳定和安全性。三元材料中 Ni、Co、Mn 的比例会影响材料的制备和性能，其中 Ni 的作用是提高材料的容量，但是如果材料中的 Ni 过多，则会导致材料在充放电过程中容量衰减过快；Co 主要的作用是稳定其结构，改善其电化学性能，若 Co 加入过多，则会导致容量降低；Mn 可以稳定其内部结构，降低三元材料的安全隐患，但是存在过多的 Mn 会破坏材料的层状结构。

镍钴锰三元锂离子电池的优点主要体现在以下几个方面：

1）电压平台高。电压平台是电池能量密度的重要指标，电压平台越高，比容量越大。三元材料的电压平台明显比磷酸铁锂的高，1C 倍率放电的中值电压可达到 3.66V 左右，4C 倍率放电的中值电压在 3.6V 左右。

2）能量密度高。比亚迪磷酸铁锂电池的单体能量密度为 150W·h/kg，三元锂电池的能量密度则达到了 200W·h/kg。可以看出，在能量密度上，与磷酸铁锂电池相比，三元锂材料的优势还是很明显的。

3）循环性能较好。镍钴锰三元锂电池有着较好的循环性能，实际电池容量通常在 500 次以上的循环后才会降低至出厂容量的 80%。

1.2.4　钠离子电池

钠与锂属于同一主族，具有相似的理化性质，早在 20 世纪 80 年代，人们开始研究锂离子电池的同时，也在研究钠离子电池。在充电过程中，钠离子将从正极材料中游离出来，然后移动到负极。在放电过程中，钠离子从阳极传输到阴极释放能量，其基本原理和锂离子电池相同。在最佳条件下，钠离子的插嵌/脱嵌在电极材料上是完全可逆的，并且不会对电极材料的物化结构产生任何影响，在循环过程中，变化是完全可逆的。因为钠比锂密度大，离子半径也比锂更大，因此钠离子电池的能量密度比锂离子电池低。虽然锂离子电池在动力电池和智能电子设备市场占据主导地位，但钠离子电池更适合于智能电网和大型储能系统，并已用于低速电动汽车和发电站。钠离子电池的能量密度和循环寿命并不令人满意，需要改进以实现最终商业化，2021 年 7 月宁德时代（CATL）向外界推出第一代钠离子电池，该电池的特征参数见表 1-5。

表 1-5　CATL 第一代钠离子电池的特征参数

能量密度	160W·h/kg
循环次数	≥ 3000 次
充电 15min（25℃）电量	80%
自放电率（−20℃）	10%
对比锂电池成本	下降 30%～40%

1.2.5　固态电池

由于锂离子电池具有极高的易燃性，对蓄电池系统的安全性造成极大威胁，并且不能与高比能的电极材料结合使用，所以，研究人员正在尝试使用固体电解质代替易燃液体电解质。固态锂金属电池因其高能量密度和安全性被视为最有前途的下一代储能装置之一，用固体电解质代替液体电解质不仅可以通过避免燃烧来提高安全性，还可以通过使用高比能的电极来提高能量密度。固态锂电池主要由固态正电极材料、固态电解质、固态负电极材料构成，其工作原理和采用液态电解质的锂电池类似，只不过其电解质为固态。以固态锂子电池为例，固态电池正电极材料是活性物质，其作用是大量地集合锂正离子，在化学电势作用下正离子失去电子，电子由外电路流向负电极，失去电子的锂离子通过固态电解质游离向负电极；固态负电极材料的作用是大量地嵌入失去电子的锂离子，这些失去电子的锂离子在负电极与电子结合之后形成的正离子又向正电极游离；固态电解质的作用是让锂离子在正负电极之间顺利地传导。

固体锂电池与液体的锂离子电池比较，其优点如下：

1）安全性好。利用非燃固态电解质取代可燃液态电解液，可以有效地消除正电极中的过渡金属溶解及其他问题，有助于延长电池使用寿命，并且可以极大地减少因热失控和电解质燃烧而导致的安全风险。

2）使用寿命长，能量密度高。固态锂电池因其弹性模量较高，能有效地抑制锂枝晶，提高循环寿命，延长其使用年限，而且能够与理论比容量超高的金属锂电极相匹配。

3）充放电特性优异。因为在电荷迁移过程中，不需要去溶剂化，所以可以使电化学反应速度提高，从而达到快速充电的目的。利用固态电解质的宽电化学窗口性质，锂可以作为还原电势低的负极。由于正负电极间的化学电位差较大，所以可以进一步提高能量密度。

1.3 动力电池衰退机理分析

锂离子动力电池主要由正极、负极、隔膜和电解液四个部分组成，其衰退主要是由内部活性材料、电极的形貌参数以及电解液性质参数改变造成的。其中活性材料的损失又包括：含锂正极活性材料损失、不含锂正极材料损失、含锂负极活性材损失、不含锂负极活性材料损失以及可循环锂损失五种损失机制。在电池使用衰退过程中这五种机制对电池性能的影响各不相同且相互作用，随着衰退的进程不断推进，其在不同老化阶段的主导机制也会发生改变，因此电池衰退的速度以及外特征呈现出不同的变化规律。当电池内部的电极活性材料发生腐蚀溶解、结构衰变、颗粒破损后，会导致正负极电极损伤和 SEI 膜生长增厚、负极析锂，最终导致可用锂离子损失，可用锂损失进而又会加剧活性材料的结构衰变，此外电极中黏合剂分解以及正负极集流体腐蚀等会导致电池内阻增加，这些因素都会使电池出现性能衰减，最终导致可用容量减小。动力电池内部材料性能参数的改变是导致电池衰退的根本原因，相关研究学者分析了电池衰退过程中电极、隔膜以及电解液等材料，致力于通过提高电池材料性能达到延长电池使用寿命的目的。

根据以上对电池材料的分析可知，通过测试电极材料相变、晶格的膨胀收缩、电解液的分解、活性物质的溶解等情况可以判断电池的衰退程度，但是同时也导致了电池结构的破坏。通过电池电化学分析可以进一步了解到，温度和电流决定电池内部的反应速率，同时电流又决定了电极的极化程度，而活性物质的损耗可由电池的放电深度加以表征，这些都会对电池寿命的衰退产生影响。因此，通过对电池电化学衰退机理分析可以深入掌握电池的衰退情况。

目前，已有大量的学者针对电池的健康状态估计和衰退机理进行了广泛的研究。研究普遍表明，锂离子动力电池进行充放电时，在电池内部时刻发生着非常复杂的物理化学反应。内部的化学反应会使电池温度升高，活性物质产生不可逆消耗，大大降低了电池的充放电效率，最终加快了电池容量衰减。根据对锂电池容量衰减机理的深入分析，可以把影响电池衰退的因素总结为以下两个方面：

1）在电池的充放电过程中，锂离子运动迁移到负极表面时会形成一层固体电解质钝化膜（SEI），导致部分锂离子的不可逆损失，同时这层钝化膜在一定程度上阻碍了离子和电子的迁移，使得锂离子在钝化膜和电解液界面之间富集，最终形成浓差极化，使得钝化膜表面得失电子不均，进而导致电极电阻增大、电池容量衰减、充放电效率降低。另外，随着反应的不断进行，电极材料内部结构会发生恶化，正负极活性物质逐渐脱离集流体，以及电解液自身的氧化等也会促使电池容量快速衰退。

2）环境温度会对电池容量产生极为明显的影响，温度过高过或低都会从不同程度上影响实际可用容量的输出。周围环境温度越低，电池内部电极材料的活性越低，电解液的内阻和黏度也越高，离子扩散会变得困难，电池充放电不易进行。周围环境温度越高，电池产热相对较大，这就会对电池材料的结构造成破坏，使得电池容量降低。

电池在充放电过程中，伴随着电能与化学能相互转换，造成电池衰退的电化学机理主要分为引入副反应和应力相关的过程。通过对电池组成材料进行分析总结，可知由于电解液的分解会在电极表面形成一层固体电解质钝化膜，也就是 SEI 膜。这种膜可以抑制电极／电解液界面的进一步反应，但是会造成活性锂的不可逆损失。随着电解质膜的生长，电极的比表面积将逐渐减小，导致电池阻抗不断增加，功率特性降低。应力相关的衰退主要是由 SEI 膜的破裂与重构、电极破裂、活性物质颗粒破损以及隔膜弹性蠕变等损坏所致。电池在衰退过程中内部会发生复杂的电化学反应，其外特性主要表现为电池的阻抗增大、电池充放电电压曲线变化、电池功率能量下降以及电池容量衰减。动力电池衰退外特性演化机制可归纳为电池的内阻增大、电池充放电电压曲线变化、电池容量衰减以及电池能量功率下降等参数变化，结果如图 1-4 所示。

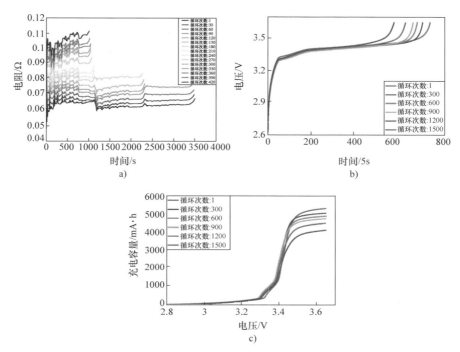

图 1-4 电池衰退外部特征变化曲线

a）电池衰退电阻变化曲线 b）电池衰退电压变化曲线 c）电池衰退容量变化曲线

1.4 动力电池状态估计概述

随着电动汽车和动力电池技术的快速发展，其背后存在的安全问题也越发凸显，据新能源汽车国家监管平台大数据安全监管成果报告显示，在 2019 年 5—7 月间发生的多起电动汽车起火事故中，有 60% 是由动力电池管理不当造成的。电池管理系统（BMS）是对电池进行监测与管理的系统，负责监控电池的状态，防止电池出现过充电和过放电，保障系统安全可靠高效运行，延长电池的使用寿命。除了需要实时监测单节电池的基础数据，如电压、电流、温度之外，电池管理系统还需要实时估计电池状态，如荷电状态（SOC）、功率状态（SOP）、健康状态（SOH）以及预测电池剩余使用寿命（RUL），并实现电池均衡、热管理和故障诊断等功能。

1.4.1 动力电池荷电状态（SOC）

电池荷电状态（SOC）表征了动力电池的剩余可用电量，在一定的温度环境中，剩余电量与电池额定容量的比值即为电池荷电状态。理论上，当电池的 SOC=0% 时，表示电池处于完全放电状态，电池可用电量等于零；当 SOC=100% 时，表示电池处于完全充电状态，电池充满电。SOC 是 BMS 中最重要的参数，涉及 BMS 其他所有运行工作，是电动汽车续驶里程的决定性参数。BMS 能够实时准确估计电池 SOC，是保障电动汽车安全可靠行驶、避免电池过充电过放电的重要前提。目前已经有了多种 SOC 的估算方法，概括起来可以分为如下四类：安时积分法、开路电压法、机器学习法和自适应滤波法。

（1）安时积分法　安时积分法是通过传感器中采集的电池充放电电流数据，然后使用 SOC 初值减去（或加上）电池充放电电流与时间的积分，进而直接计算得到电池的实时 SOC。此方法简单易行，适用范围广，但是在应用过程中也存在一些不可避免的缺点，如过于依赖电池 SOC 的初值，随着电池的使用，测量误差会不断累积，不能应对自放电等，所以一般会结合其他方法使用。例如为了改进安时积分法，可以通过开路电压法获取电池的初始 SOC，同时充分考虑温度和充放电效率对 SOC 的影响，从而实现 SOC 的准确估计；为了减小卡尔曼滤波算法在放电后期的估计误差，可以在电池低容量区采用安时积分法代替卡尔曼滤波算法进行估计，从而提高 SOC 估计精度；也有学者提出将最小二乘法与安时积分法相结合，通过最小二乘法阶段性地对电池充放电效率进行标定，最后采用效率矩阵对电流传感器的漂移误差进行补偿，得到较好的估计效果。

（2）开路电压法　开路电压法是将电池静置一定时间，电池内部达到了完全平衡，此时电池的开路电压就等于其静态电动势，然后根据电池的开路电压与电池内部锂离子浓度之间的变化关系，间接地拟合出它与电池 SOC 之间的对应关系。当电池处于工作状态时便能根据电池两端的电压值，通过查找开路电压 -SOC 关系表得到当前的电池 SOC。该方法的估计精度比较高，但是需要将电池静置数小时，因此该方法并不适合在动态工况下估计 SOC，通常用于长时间的驻车下进行 SOC 校准或 SOC 初始值计算。

（3）机器学习法　机器学习法是以实验获得的电池的基础数据（如电压、电流、温度和阻抗等）和电池 SOC 作为黑箱模型的输入和输出，通过机器学习算法建立两者的映射关系，然后根据新采样数据映射得到对应的电池 SOC，或者根据不同温度下的电池数据，采用模糊逻辑将电池交流阻抗和恢复电压作为输入训练 SOC 估计模型。也有学者采用支持向量回归算法，将电池充放电过程中的电流、电压和温度数据作为输入，从而准确估计电池 SOC。机器学习法不需要有关电池内部化学、复杂反应和模型参数估计的信息，只需利用历史监测数据寻找并发现规律便可实时估计电池 SOC。但为了保证模型的准确性和适应性，需要长期测试同类型电池在不同工况和不同老化程度下的数据，前期工作量较大。

（4）自适应滤波法　自适应滤波法是以 SOC、极化电压为状态量，以电流为输入、端电压为输出，基于电池模型建立状态空间表达式，采用自适应滤波器估计电池 SOC 的方法。目前主要利用卡尔曼滤波及其改进算法，例如提出了采用扩展卡尔曼滤波算法的电池 SOC 估计，解决了卡尔曼滤波算法无法处理非线性电池模型的问题，减少了测量和过程噪声。为了进一步提高 SOC 估计精度及适用性，有学者提出了一种零状态迟滞模型以减少计算量，并基于自适应扩展卡尔曼滤波算法的 SOC 估计方法以改善扩展卡尔曼滤波在不同工况下适应性差的问题，从而实现准确的电池 SOC 估计。自适应滤波器法是一种闭环控制方法，可以根据电池实际输出及时校正电池状态。采用该方法估计电池 SOC 具有较好的稳定性和鲁棒性，适合应用于车载电池管理系统中。

1.4.2　动力电池健康状态（SOH）

锂离子电池在老化过程中主要表现为容量衰减和内阻增加，所以通常以容量和内阻作为电池健康状态的评价指标。电池健康状态定义为电池最大可用容量与初始容量的比值，或电池内阻增量与初始内阻的比值。对于纯电动汽车，电池的容量直接决定了车辆的续驶里程，因此常把用户更为关心的电池容量作为其健康状态的评价标准，将容量衰退到初始值的 80% 作为电池的终止使用条件；对于混合动力汽车而言，动力电池的功率需求是考虑的侧重点，因此常以内阻作为健康状态的评价标准，以电阻达到初始内阻值的 2 倍作为电池的终止使用条件。目前常见的动力电池健康状态估计方法可总结为四类：基于经验的方法、基于模型的方法、基于机器学习的方法以及基于特征信号分析的方法。

（1）基于经验的方法　该方法基于大量的实验室测量数据，分析了电池内阻、温度、放电深度（DOD）对电池容量衰退的影响。通常根据电池老化途径的不同，划分为日历老化模型和循环老化模型。其中日历老化模型符合阿伦尼乌斯方程，以搁置时间、环境温度和搁置 SOC 为主要参数，考虑不同温度和搁置时间的影响。相关研究者考虑了温度、DOD 和循环倍率等因素的影响，对电池的循环寿命进行测试，建立了基于大量的衰退数据的电池容量衰减的经验模型，实现了电池最大可用容量的估计。由于电池的老化路径无法被经验完全覆盖，所以当电池老化路径改变时将会大大影响经验模型的精度，因此基于经验的健康状态估计方法对实车中温度、电流、DOD 等因素剧烈变化的恶劣工况适应性较差。

（2）基于模型的方法　该方法把伪二维模型（P2D）、单粒子模型（SP）等电化学模型，以及等效电路模型（ECM）的模型参数作为特征值，通过算法辨识出这些特征值在锂离子电池不同老化程度下的变化，来评估电池的健康状态。利用电池运行的离线数据，等效电路模型的电池健康状态诊断方法，采用遗传算法（GA）辨识了电池内阻和极化电容参数随电池衰退过程的变化，实现电池健康状态的估计。一些学者基于等效电路模型和卡尔曼滤波或自适应滑模观测器等先进算法，实现了电池荷电状态和健康状态的联合估计。对于半电池模型，利用粒子群优化算法（PSO）对半电池模型进行参数辨识，描述了正负极在不同老化阶段下的老化行为，定量分析了动力电池老化过程中的容量衰减机制，其中基于经验的物理模型具有很多优点，但是容易受到噪声的影响，所以估计结果主要取决于选用算法以及模型的鲁棒性和可靠性。

（3）基于机器学习的方法　锂离子电池内部老化模式和健康状态难以直接测量，但是有一些内外部特征参数会随着衰退过程发生显著变化，因此可以对获取的外部特征参数数据进行提取，将与容量或内阻有强相关性的参数作为健康因子，通过支持向量机（SVM）、高斯过程回归（GPR）和神经网络（NN）等机器学习方法来建立健康因子与电池健康状态的映射关系模型，在电池衰退过程中通过追踪健康因子的变化，实现电池健康状态的实时估计。考虑到电池充电过程较为稳定，有研究者基于电池局部充电电压和电流数据提取健康因子，使用支持向量回归方法对电池衰退进行建模，实现电池健康状态估计。随着云计算和大数据技术的不断发展，基于机器学习的电池健康状态估计方法表现出很大潜力，逐渐受到研究者们的关注，但是如何从电池外部数据中提取出高质量的健康因子仍然是该类方法需要解决的难点和重点。

（4）基于特征信号分析方法　增量容量法（ICA）与差分电压法（DVA）是通过恒流充电过程中单体电池的电压电流数据进行提取，拟合出 IC 曲线与 DV 曲线。研究表明，电池 IC 曲线和 DV 曲线的峰谷特征变化不仅能够反映电池的衰退机理，而且和电池容量也有较强相关性，因此基于 IC 或 DV 曲线的电池健康状态实时估计方法受到了广泛的关注。从电池不同老化阶段下的 IC 或 DV 曲线上提取出包括峰高度、峰位置和峰面积等强鲁棒性的健康状态特征参数，并通过相关性分析筛选出其中相关性较强的特征值，使用支持向量回归、高斯过程回归和神经网络等多种建模方法建立特征值与容量之间的映射关系模型，从而实现电池健康状态的在线估计。帝国理工学院 BillyWu 团队考虑到电池使用时温度变化与其老化程度的相关性，提出了一种基于温度差分法（Differential Thermal Voltammetry，DTV）的电池健康状态估计方法。通过大量的电池测试数据分析表明，老化电池的 DTV 曲线波峰位置和幅值上表现出与 IC/DV 特征相似的变化规律，表明 DTV 曲线也能够反映电池内部的衰退机理，且能反映电池内部熵值变化的信息，DTV 曲线中的每个峰值可归因于负极或正极的特定相变过程或者两者的组合。相比于 IC/DV 方法，DTV 曲线对于高倍率充放电条件下的电池衰退程度评估的效果更好，该团队将 DTV 方法用于磷酸铁锂电池的健康状态估计，将一组电池保持在 100% SOC 状态，在强制空气对流的 45℃高温环境下搁置，另一组电池在 1C 充电、6C 放电循环下进行老化试验，测量电池容量衰减、电阻增加（功率衰减）和 DTV 曲线。结果表明，在搁置和循环两种老化路径下的电池，DTV 曲线均与其容量、内阻有很高相关性，可用来估计电池的健康状态，并通过实验研究，进一步证明了 DTV 方法在监测单体电池并联单元的健康状态估计中同样适用。

1.4.3　动力电池剩余使用寿命预测（RUL）

当动力电池的容量衰退至 80% 或内阻增加到 200% 时，可认为锂离子电池在电动汽车应用中的寿命终止（EOL）。动力电池的剩余使用寿命（RUL）是指在一定充放电制度下动力电池衰退到其 EOL 所需经历的循环周期数量。RUL 预测是基于电池历史数据对其剩余寿命进行预测的过程。在实现健康状态估计的基础上，通过预测电池剩余使用寿命（RUL）可以实现动力电池的耐久性管理、定期维护和更换，对延长电池使用寿命和避免因老化发生故障甚至严重安全事故具有重要的意义。近年来，国内外学者围绕电池 RUL 预测开展了广泛研究，可总结为以下三大类：

（1）基于模型的 RUL 预测　通过建立数学模型来描述电池老化行为，比如建立复杂的耦合电池副反应（如 SEI 膜增长）的机理模型或经验回归模型，并通过外推模型参数的方式来实现电池 RUL 预测。根据建立模型的原理不同，基于模型的 RUL 预测方法可分为三类：第一类是基于电池内部电化学反应机理所建立的机理模型，例如基于多孔介质理论和固液相连续性假设建立的伪二维（P2D）模型，以及考虑相界面间各向异性，利用动力学蒙特卡洛法（KMC）建立的分子尺度模型；第二类是基于电路元件描述电池特性的等效电路模型（ECM）；第三类是通过分析大量电池历史衰退数据建立的纯经验模型，采用不同的回归模型形式（如线性、指数）来描述电池衰退行为。基于不同模型的 RUL 预测方法优缺点对比见表 1-6。

表 1-6　基于不同模型的 RUL 预测方法优缺点对比

模型	优点	缺点
电化学机理模型	考虑内部电化学过程 精度高 泛化性能好	需要专家知识 模型建立及参数辨识难 计算成本高
等效电路模型	一定程度考虑电池老化机理（如内阻增长）	需要复杂实验设备 EIS 测试加速老化过程
纯经验模型	建模较容易 适用场景广泛	模型参数需要更新 泛化性能差

对于长期预测（预测步数大于 50），耦合副反应的机理模型精度较高且结果稳定，但较高的复杂程度限制了其适用性。由于电池的老化行为具有很强的非线性，导致基于历史数据且参数固定的经验模型预测误差较大，因此通常将经验模型与滤波算法结合，从状态估计的思想出发，利用扩展卡尔曼滤波（EKF）、无迹卡尔曼滤波（UKF）、无迹粒子滤波（UPF）等先进的滤波算法不断更新模型参数，追踪电池老化趋势以提高长期 RUL 预测精度。部分研究者提出一种基于贝叶斯框架建立的电池 RUL 预测模型，利用蒙特卡洛算法模拟电池动力学，并采用粒子滤波器估计后验概率密度并预测电池退化趋势。也有学者提出了一种基于球形容积粒子滤波（SCPF）的状态空间模型，其 RUL 预测准确性优于普通粒子滤波（PF）。基于模型的 RUL 预测方法改善了寿命经验模型的外推收敛性能，提高了 RUL 预测精度，但过于依赖寿命经验模型的准确度，且目前没有准确通用的电池老化模型，这限制了其在实际应用中的可行性。

（2）基于数据驱动的 RUL 预测　基于数据驱动的方法无须研究电池复杂的衰减机理，直接利用历史数据（电压、电流、容量等测量参数）预测电池未来老化趋势。该方法并不建立特定的物理模型，而是基于数据建立统计学模型或机器学习模型。由于数据驱动的方法避免了复杂的数学建模过程和专家知识，因此该方法更加灵活易用，在该领域获得了广泛关注。数据驱动的电池 RUL 预测方法可进一步分为机器学习、统计学和信号处理三类方法。

可用于电池 RUL 预测的机器学习方法有很多，包括朴素贝叶斯（NB）、支持向量机（SVM）、相关向量机（RVM）、高斯过程回归（GPR）及人工神经网络（ANN）等。为了提高预测准确性，香港城市大学王冬等提出一种结合 RVM 和容量衰退模型的电池 RUL 预测算法，使用 RVM 选择相关性高的训练向量，构建了三个条件下的容量退化模型拟合 RVM 的预测值。以上方法通过大量的历史数据进行建模，在窗口较窄的情况下很难获得理想的电池 RUL 预测结果，而且无法分析结果的不确定性。因此一些学者提出了基于随机过程的 RUL 预测方法，其中，有作者曾提出一种基于混合高斯过程（GPM）的电池 RUL 预测方法，结果表明，与 SVM 和 GPR 相比，这种方法的准确性和可靠性更好。

基于统计学的 RUL 预测方法包括自回归算法（AR）、灰色模型（GM）、维纳过程（WP）及香农熵等。该类方法基于历史数据在概率框架下构造随机系数模型或随机过程模型来描述的电池容量退化过程，不依赖于专家知识，可以有效描述电池退化的不确定性，而且建模过程简单易实现。有学者通过建立 GM（1，1）模型来描述电池退化趋势和预测误差，实现 RUL 预测。考虑到样本熵是对非稳定时间序列信号的复杂度的度量，在现有研究中样本熵分析被广泛用于从电压、电流、温度等数据中提取出电池健康特征因子的方法。基于此，信号处理方法被广泛应用于 RUL 预测，例如基于离散小波变换（DWT）方法可以把信号分解成多个不同频率的分量，可以用来分析非平稳信号，相关研究者提出了基于离散小波变换（DWT）的电池 RUL 预测方法。

（3）基于融合算法的 RUL 预测 数据驱动的 RUL 预测方法具有强非线性映射能力，实现起来也比较容易，但需要大量的电池历史数据对模型进行训练，但是训练数据存在偏差将会影响预测精度；基于模型的方法，对数据的准确性需求较低，且鲁棒性和稳定性较强，但适用性较差。因此，为了克服单一基于模型预测和单一基于数据驱动预测的局限性，近年来结合模型和数据驱动的融合模型方法成为研究热点之一。

基于融合算法的 RUL 预测方法可以总结为三类：

第一类是将滤波算法与数据驱动方法结合以提高预测精度；例如根据 D-S 证据理论对滤波算法进行初始化，解决传统滤波算法中由于参数初值选择的不确定性带来的算法收敛速度慢甚至不收敛的问题。为了避免粒子滤波（PF）算法中由于粒子退化和样本贫化缺陷导致的精度下降，可以基于支持向量回归、马尔可夫链蒙特卡洛（MCMC）等数据驱动方法计算重采样粒子权重以提高电池 RUL 预测精度。

第二类融合算法利用数据驱动为滤波算法构建观测方程，为滤波算法提供未来时刻"虚拟观测值"，从而基于滤波算法不断更新模型参数提高 RUL 预测精度。

第三类是利用数据驱动方法对原始电池数据进行预处理，避免由于原始电池衰减数据中存在的容量恢复效应和测量误差而降低预测精度；可基于经验模态分解（EMD）分离异常数据，或利用小波去噪（WD）降低数据噪声，提高数据质量从而更高效地训练模型，提高 RUL 预测精度。基于融合算法的 RUL 预测方法可以发挥数据驱动方法非线性映射能力强且易于实施，以及基于模型的方法对数据需求少、鲁棒性和稳定性好的优势，拥有更高的精度和更好的适用性。

1.5 本章小结

本章围绕新能源汽车的发展以及动力电池安全管理研究两方面进行介绍，从国内外对新能源汽车销售数据以及政策支持展开分析，梳理了国内有关新能源汽车发展的重要政策，另外对新能源汽车当前及未来可使用的动力电池进行了简单介绍。重点详细综述了动力电池状态估计研究进展，针对动力电池荷电状态估计、健康状态估计以及剩余使用寿命预测等关键功能，分别从建模方法和估计算法等方面进行了对比总结分析，对动力电池状态估计研究现状及未来趋势搭建了明确的框架。

第 2 章

动力电池测试及基本概念

2.1　动力电池组系统的基本结构

2.1.1　单体电池及电池组

单体电池外部由电池壳进行封闭，内部主要由正极、负极、电解液和隔膜构成。其中单体电池的电极材料和电解质的性质决定了电池的性能。电极材料一般由活性物质和导电骨架组成，其中活性物质提供电化学反应所需的物质，导电骨架主要用于传递电子并且支撑活性物质。锂离子电池的负极材料包括碳、纳米碳、合金材料和金属氧化物等，电池的负极材料决定了电池的电化学性能。锂离子的正极材料主要有 $LiCoO_2$、$LiFePO_4$、$Li[Ni_xCo_yMn_z]O_2(NCM)$、$Li[Ni_xCo_yAl_z]O_2$、LiM_2O_4 等物质。在充电和放电的过程中，Li^+ 在这两个电极间来回嵌入和嵌出。

电解质相当于电池的"血液"，在锂离子电池中负责在正负极之间传递锂离子。电解质一般可分为液体电解质和固体电解质，其中液体电解质常称为电解液，一般是酸、碱、盐的水溶液；固体电解质一般为盐类，由固体电解质组成的电池称为"干电池"。锂电池电解液的基本功能是在充放电过程中，通过扩散使锂离子在电极之间转移。锂离子在电极之间的转移产生电流，并将所需的负载传递到外部电路。电解质的性质决定了电极之间会接触。为了防止电池内部正极和负极由于靠近发生内部短路，通常在电极之间放置绝缘隔膜（板），以避免发生电池内部短路。这种隔离正负极的材料，又称为电池的隔离物（隔膜）。隔膜是锂离子电池的另一个重要组成部分，它是一种浸有电解质并放置在电极之间的多孔膜。隔膜的主要功能是通过阻止电极之间的直接接触来防止电池短路。除此之外，隔膜应允许离子流动并充当电子绝缘体。它应具有机械和尺寸稳定性，还应该对电极材料和电解质具有高耐化学性，并且它还应保持均匀的厚度并阻止电极之间的任何颗粒迁移。

锂离子电解质由锂盐、溶剂混合物和添加剂组成，根据电解质的需求选择适当溶剂和添加剂。例如为了加速锂离子传输、诱导形成具有低阻抗的坚固 SEI 层、稳定电解液或电极以防止副反应、降低工作温度或在较大温度范围内保持电解液稳定，将各种目标添加剂引入电解液中。

2.1.2 电池组系统

电动汽车的动力电池包通常由数百个单体电池串联或并联组成。传统的电池包由单体电池、模块和电池组组装而成。除电池单元外，模块还包括金属盖板短板、线束、黏合剂、热润滑脂、模块控制单元和其他部件。

通常单体电池通过串联、并联或者两者结合的方式组合成电池组，在特定情况下，生产厂家也会按照不同的方式组装以满足特定需求。通过单体电池串联从而满足更高的电压需求，并联单体电池从而满足更大的容量需求。目前最常见的组合方式是先把单体电池并联然后串联，或者先串联然后并联。在稳定性方面，理论上先把单体电池并联然后串联的方式的稳定性要高于先串联后并联的方式，但是在实际应用时电池组的串并联方式要考虑实际需求。当电池组中某一单体出现断路时，若电池组采用先串联后并联，则该单体所在整个分支将从电池组中断开，其他支路上的单体电池将会输入或者输出更大的电流；若电池组采用先并联后串联，则只有与其并联的单体电池受到影响，其余单体电池将不会受到影响，因此对于容量较小的单体并且并联模组中单体数量较多的电池组影响较小，对于容量较大的单体并且并联模组中单体数量较小的电池组影响较大。当电池组中某单体出现短路时，若电池组是先串联后并联，则其单体所在支路的充放电倍率将较其他支路高，并且其他支路可能会给该支路充电；若电池组是先并联后串联的组合方式，则与其并联的单体也会出现短路，对于其余串联单体来说会受到更大的负载。由此可知，在发生断路的情况下，先并联后串联的电池组受到的影响较小，可靠性更高；在发生短路的情况下，先串联后并联的电池组受到的影响较小。

理想状态下电池总电压是单体电池电压乘以串联单体电池的数目，电池组串联提供高压输出，最大限度地减少电池电流和导通损失。然而，电池参数（如容量、串联电阻和自放电率）的不匹配，使串联有固有的局限性。由于老化和制造问题，两个不同电池的容量、串联电阻、自放电和库仑效率等参数不会完全相同。根据制造质量的不同，电池在寿命开始时的不匹配率可能为 1% ~ 10%。其他重要因素如温度分布和电池模块之间的其他物理不对称会导致电池单元不均匀退化。因此，电池组的寿命通常由电池组中质量最差的单体电池决定，所以，弱电池最终成为整个电池组的限制因素。在现有系统中，一旦电池组中最弱的电池达到一定的可用容量限制，就需要更换整个电池组。

动力电池的性能是否优越不是由单体电池决定的，而是由电池组决定的。

因此在进行电动汽车性能设计时，需要根据电动汽车性能需求对电池组的性能参数进行匹配，如根据电动汽车结构对电池组形状进行设计，根据电动汽车动力需求对电池组电压和容量进行匹配。电池组进行串联可以提供高压输出，电池组并联可以提供较大的电池容量，所以动力电池组都是若干单体进行并联，或者是若干单体进行串联组合起来的单体网络结构。经过串并联后的电池组相较于单体，其容量、使用寿命和安全性等性能指标会降低，此时电池组的性能不能通过相似原理使用单体进行衡量。各单体电池的内阻变化、容量不均、老化和环境温度变化导致电池组不一致，对电池组的性能和使用寿命均有一定的影响。为了延长电池组的使用寿命，需要对电池组进行均衡化处理。

电池均衡器本质上是一种电力电子转换器。它通过电阻将多余的热能耗散，或通过电容器、电感器、变压器将高压电池中的多余能量转移到低压电池中，从而实现电池组的电压或能量均衡。通过这种方式，使每个电池组都具有相同的电压或能量，并且它们在重复充电或放电条件下同时老化，从而提高电池组的循环寿命和性能。平衡电路是电池均衡器的重要组成部分，平衡电路的效率、速度和复杂度是设计电池均衡器时需要考虑的三个主要条件。电池均衡技术可分为被动法和主动法。被动均衡主要通过并联电阻来以热量的形式消散高能电池的多余能量。这种均衡方法控制简单、成本低、可靠性高，但存在损耗大、均衡效率低、均衡时间长等问题。考虑到均衡中的能量利用率和均衡速度，主动均衡法备受关注。主动均衡法的原理是通过电感、电容、变换器等储能元件作为能量传输介质的均衡方法。

对于电池组系统而言，需要对电池总电压、总电流进行检测，并且还需要采集单体电池的电压、温度等其他参数。电池组系统应当保证单体电池工作的温度适宜，电池在工作时会产生大量热量，如果热量不能有效散发，电池组系统就会"热失控"。同时电池组系统应当防止单体电池出现过充电和过放电行为。更为先进的电池组系统能够快速诊断单体电池的不良行为，并且能够做出相应调整，从而提高系统性能，延长电池使用寿命。

根据实际需求，电池组系统通常包括以下几个部分：

（1）电池组外壳 电池组外壳用来安置电池组，可以有效地保护电池组免受外部冲击，当电池组外部发生火灾时，可以起到保护内部和隔离光热辐射的作用。

（2）电池组 电池组作为电池组系统的核心部件，是电动汽车的动力来源，直接决定了车辆的续驶里程，并且电池组的其他部件都是用来保障电池组安全运行的。

（3）电池管理系统（BMS） 电池管理系统作为连接电池包、整车系统和电机的重要纽带，对于动力电池的状态监测和管理、充分发挥其性能、保障其安全至关重要。

（4）安全系统　安全系统的主要作用是当电池出现安全事故问题时诊断和保护电池组。其中故障检测包括电池漏液、短路和断路等其他问题的检测。另外电池安全系统还起到防止外部冲击的作用，如防止碰撞、隔离光热辐射和防水。

（5）热管理　电池热管理系统的功能是确保电池在适宜的温度下运行。电池在持续充电和放电时会产生大量热量，电池的温度分布以及运行条件都会影响电池的安全性和性能，所以必须采用冷却系统来管理电池在充电和放电循环期间产生的热量。有效的电池热管理系统可以提高电池的性能和寿命，并确保足够的安全性和可靠性。

（6）充电系统　充电管理系统可以对电池组进行充电管理，有助于减少单体电池充电不一致问题，提高充电效率，并且可以保障电池组的使用性能，延长电池使用寿命。

2.2　动力电池的基本性能参数

电池基本的性能参数有电池电压、容量、内阻、电流倍率、荷电状态、自放电率和循环寿命等，是评价电池性能的标准。了解电池各个性能参数的含义，可以大致确定电池的状态信息。

1. 电池电压

（1）电动势　电动势是电池无负载时正负两极间平衡电极电势之差。当其他条件都一样时，电动势越高，电池能提供的电量就越多。

（2）开路电压　开路电压是电池无负载静置足够长时间后，正负极电势之差。电池的开路电压与电池两极材料性质、电解质、温度等因素有关，与其几何形状和尺寸无关。通常，电池的开路电压都比其电动势小。

（3）额定电压　电池的额定电压是指在规定条件下电池工作的正常电压，它可以区分电池的化学体系。各单体电池额定电压见表 2-1。

表 2-1　各单体电池额定电压

电池类型	单体额定电压 /V
铅酸电池（VRLA）	2
镍镉电池（Ni-Cd）	1.2
镍锌电池（Ni-Zn）	1.6
镍氢电池（Ni-MH）	1.2
锌空气电池（Zn-Air）	1.2
铝空气电池（Al-Air）	1.4

（续）

电池类型	单体额定电压 /V
锰酸锂电池（LiMn$_2$O$_4$）	3.8
磷酸铁锂电池（LiFePO$_4$）	3.2
镍钴锰酸锂（LiNiMnCoO$_2$）	3.6
镍钴铝酸锂（LiNiCoAlO$_2$）	3.6

（4）工作电压　　工作电压是指电池在实际使用过程中放电所表现出来的电压。电池在放电时，由于其内部结构、化学反应等原因，会产生相应的阻抗，所以电池的端电压与工作电压之间存在一定的电压差。在电池放电初始的电压称为初始电压。当电池处于工作状态时，电池的工作电压低于开路电压

$$V = E - IR_{内} = E - I(R_\Omega + R_f) \tag{2-1}$$

式中，I 为电池的工作电流；R_f 和 R_Ω 分别为极化内阻和欧姆内阻。

2. 电池的容量

电池的容量是在不同压力下（温度、放电电流、截止电压），电池完全放电后所能放出的电量。根据不同标定方法可以划分为如下三种：理论容量、额定容量、实际容量以及剩余容量。

（1）理论容量　　理论容量（C_0）可根据电池反应式中电极活性物质的用量和按法拉第定律计算的活性物质的电化学当量精确求出。

（2）额定容量　　额定容量是指电池厂家按照设定的条件（如温度、放电率、终止电压等）进行放电，电池所能放出的最低容量，单位为 A·h，以符号 C 表示，其值一般小于理论容量。

（3）实际容量　　实际容量（C）是指电池放电至截止电压时所能放出的电量，实际容量的大小受充放电电流、温度、截止电压、循环次数等因素影响，因而实际容量会比理论容量和额定容量要低。而且随着循环老化，容量会不断下降。由于电池的工作环境并不能达到理想状态，并且电池的放电电流和器件温度之间是呈非线性，因此它的实际容量并不是一个固定数值，计算方法如下。

恒电流放电时：

$$C = IT \tag{2-2}$$

恒电阻放电时：

$$C = \int_0^T I \mathrm{d}t \tag{2-3}$$

式中，I 为放电电流；T 为放电至终止电压的时间。

鉴于内部电阻和其他多种因素，电池无法充分利用活性物质，也就是说，活性物质的利用率总是小于 1，所以，电池实际容量和额定容量总是比理论容量

低。活性物质的利用率定义为：

$$\eta = \frac{m_1}{m} \times 100\% \quad 或 \quad \eta = \frac{C}{C_0} \times 100\% \qquad （2-4）$$

式中，m 为活性物质的实际质量；m_1 为放出实际容量时所应消耗的活性物质的质量。

3. 电池的能量与能量密度

电池的能量是在特定条件下电池对外做功产生的电能，单位为 W·h。电池的能量分为理论能量和实际能量。

（1）理论能量　假设在放电期间，电池一直处于平衡的状态，电压维持在电动势的数值且活性物质具有 100% 的有效使用率，此时电池的输出能量是理论能量 W_0，即：

$$W_0 = C_0 E \qquad （2-5）$$

（2）实际能量　实际能量是使用过程中实际输出的能量，在数值上等于电池实际容量与电池平均工作电压的乘积，即：

$$W = C V_平 \qquad （2-6）$$

因为不能充分使用活性物质，因此，电池的工作电压始终比电动势小，也就是说，电池的实际能量始终比理论上的要低。

4. 电池的功率与功率密度

（1）电池的功率　电池的功率是指在一定条件下单位时间内电池输出的能量，单位为瓦（W）或千瓦（kW），可以表示为：

$$P_0 = \frac{W_0}{t} = \frac{C_0 E}{t} = \frac{ItE}{t} = IE \qquad （2-7）$$

式中，t 为放电时间；C_0 是电池的理论容量；I 是恒定的放电电流。此时，电池的实际功率应当为：

$$P_0 = IV = I\left(E - IR_内\right) = IE - I^2 R_内 \qquad （2-8）$$

式中，$I^2 R_内$ 是消耗于电池内阻上的功率，这部分功率对负载是无用的。

（2）电池的功率密度　单位质量或单位体积电池输出的功率称为功率密度，又称比功率，单位为 W/kg 或 W/L。比功率的大小体现了电池所能承受的工作电流的强度，电池如果有较大的比功率，说明电池能够经受较大的放电电流。比功率是衡量能源能否满足电动汽车加速性能和爬坡性能的一个重要指标。

5. 电池的荷电状态

电池的荷电状态是指电池剩余容量与额定容量的百分比，相应的计算公式为：

$$SOC = \frac{C_\mu}{C_{额}} \times 100\%$$ （2-9）

式中，$C_{额}$为额定容量；C_μ为电池剩余的按额定电流放电的可用容量。

由于 SOC 受充放电倍率、温度、自放电、老化等因素影响，实际应用中要对 SOC 的定义进行调整。对于电池组系统，由于单体电池间的差异，如何确定电池组的 SOC 仍然是一个难点。

6. 电池循环寿命

电池的循环寿命是衡量电池性能的一个重要指标。电池经历一次充放电为一个周期或循环。在一定的放电体系中，当电池的容量低于规定的数值时，该蓄电池能够经受的周期叫作循环寿命。循环寿命是评价电池性能的一个关键指标。电池寿命受到工作环境的影响，包括放电深度、温度、荷电状态、充放电电流等。电动汽车动力电池的使用寿命会受到外部环境和运行条件的影响，即使相同的电池，驾驶环境的不同，其使用周期也会存在较大差异。

7. 电池组的不一致性

电池组包含许多复杂的电化学反应，并且对环境条件很敏感。电池组不一致的原因相当复杂，它通常取决于材料、组装技术和使用工况等因素。在生产过程中，由于单体电池的内部特性、材料和成分的缺陷以及温度、使用情况和老化等外部特性的差异，电池组内部存在不一致性。此外，在电池生命周期中，如果不对电池组进行控制，其不一致性会加剧，最终导致效率降低。

电池组不一致性具体产生的原因主要有以下两个方面：

（1）静态不一致　在生产或储存过程中发生的不一致称为静态不一致。生产过程和操作环境中的细微差异可能会导致很严重的不一致，随着时间的推移，这种不一致会变得更加明显。特别是在生产阶段，电极的厚度和密度会影响电池的初始容量和容量衰减率。在安装阶段，接触电阻和引线电阻的差异会导致单体电池的等效电阻差异。由于结构不当而导致的单体电池之间的温度不均匀会改变电池组的内部参数。

（2）动态不一致　在车辆使用期间发生的不一致称为动态不一致。动态不一致主要受到电池内阻、容量、自放电率和电池管理系统的影响。

8. 电池内阻

电池内阻是电池内部电化学反应和它自身结构产生的电流流动时受到的阻力。电池在放电过程中因电池内部电阻而导致其端电压比电动势和开路电压低，而充电过程中的端电压比电动势和开路电压要高。电池内阻是衡量导电离子和电子传输难易程度极为重要的参数。它直接影响电池的工作电压、工作电流、输出能量与功率，在实际使用中，电池内阻越低，电池性能越好。

由于反应物质成分、电解液浓度及环境的持续变化，所以在放电期间，电池内部电阻并非是恒定的。根据产生的机理不同，可分为欧姆内阻（R_Ω）和电极在电化学反应时所表现出的极化内阻（R_f），电池内阻即为两者之和。

$$R_内 = R_\Omega + R_f \tag{2-10}$$

（1）欧姆内阻　欧姆内阻是由电池电极材料、电解液、隔膜及其他部件的接触电阻组成。电池尺寸、结构、电极成型方法和组装的松紧程度都会对欧姆内阻产生一定的影响，并且欧姆电阻遵守欧姆定律。

（2）极化内阻　极化内阻是由于内部离子移动造成浓度差而引起的电势差所带来的阻抗。极化内阻分为电化学极化所引起的电阻和浓差极化所引起的电阻，其参数值与活性物质的本性、结构和循环次数有关。极化内阻受电池的工作条件影响，放电电流和温度对其影响很大。电化学极化和浓差极化随着电流密度的增大而增加，甚至可能引起负极的钝化和极化内阻增加。温度降低对电化学极化、离子的扩散均有不利影响，故在低温条件下电池内部离子转移速度减慢，极化内阻增大。因此，极化内阻不是恒定的，它会随着温度、放电率等条件的变化而变化。

9. 自放电率

自放电是一种现象，在开路条件下，当电池处于静止状态时，电池电压也会自发下降。锂离子电池的自放电虽然不如其他电池化学反应那么显著，但仍然比较迅速。自放电一般可分为可逆自放电和不可逆自放电。可逆自放电是指可以通过充电来补充损失的电量。不可逆自放电表示电量的损失无法弥补，是电池容量的真正损失。自放电的程度取决于阴极和电池的制备、电解质的性质和纯度、温度和储存时间等因素。自放电率用单位时间内电池容量下降的百分数来表示。

$$自放电率 = \frac{C_a - C_b}{C_a t} \times 100\% \tag{2-11}$$

式中，C_a 为电池储存时的容量（$A \cdot h$）；C_b 为电池储存若干小时以后的容量（$A \cdot h$）；t 为电池储存的时间（天或月）。

自放电率不是一个固定的数值，它取决于电池的结构和外部环境，通常受电解液浓度、隔膜品质、材料杂质、储存环境等因素影响。在环境温度较高的情况下，自放电现象会更加显著。因此，长时间放置时应经常补充电量，并保持适当的温度和湿度。

2.3　动力电池测试规程

动力电池的测试是电池研制、出厂检测和产品评估的必要手段。电池测试用于检测电池的电压特性、容量、内阻和故障状态下的安全性能等，并记录测试数据，用于电池性能分析和安全检测。

2.3.1　动力电池基本测试原理与方法

考虑到车辆的使用情况，电动汽车的动力电池测试必须以电池组为试验对象，进行一系列适合于汽车使用的试验，如：静态容量检测、动态容量检测、部分放电检测、静置试验、起动功率测试、快速充电测试、循环寿命测试以及电池安全性测试等。

（1）静态容量检测　试验的目标是检测汽车在实际运行中是否具备足够的电力和能量，能否在设定的不同放电倍率和温度条件下运行。

（2）动态容量检测　在电动汽车的运行中，电池的工作温度和放电倍率都随时间的推移而发生了变化。该试验以电池组的动态放电性能为主要指标，测得在不同的温度和放电倍率下所产生的能量和容量。

（3）部分放电检测　此项试验旨在检测电池对部分放电的响应，以及因部分放电所导致的容量损耗。

（4）静置试验　这项测试通过模拟一辆电动汽车在长期不使用且电池处于断路状态下的情况，来检测长时间不使用后的电池容量损耗。该试验又称为自放电及存储性能测试，是指在特定的环境下，电池在开路时储存电量的能力。

（5）起动功率测试　由于车辆起动功率大，为了满足车辆在各种工况下的起动要求，需要对其进行低温起动和高温起动功率试验。

（6）快速充电测试　这项试验旨在对电池进行高速率的充电，以检测其是否具有较高的充电速度，同时观察其效率及其他影响。

（7）循环寿命测试　在一定的充放电条件下，当电池的容量下降到某个特定数值时，电池可以承受的循环次数就是电池的循环寿命。根据储能理论，循环寿命是衡量电动车电池寿命的一个关键指标。如果电池容量小于原来容量的80%，则被认为电池的使用寿命结束。循环寿命测试的基本检测手段是在某一工况下进行充电和放电循环，以周期数来衡量其使用寿命。

（8）电池安全性测试　电池的安全性是指在其使用和放置过程中，电池对人体和设备的潜在损害的评价。在众多化学电源中，金属锂和锂离子电池的安全问题尤其突出。尤其是当电池滥用时，因某一因素的影响，会使电池内的成分发生物理或化学反应，产生大量的热能，如果不能及时散发，就会造成电池热失控。热失控会损害电池，例如突然的泄气、破裂，并引起火灾，从而导致安全问题。通用的电池安全测试项目如表 2-2 所示。

表 2-2　电池安全测试项目

类别	主要测试方法
电性能测试	过充电、过放电、外部短路、强制放电等
机械测试	自由落体、冲击、针刺、振动、挤压、加速等
热测试	焚烧、热像、热冲击、油浴、微波加热等
环境测试	高空模拟、浸泡、耐菌性测试等

（9）电池振动测试　测试的目标是研究汽车在路面上频繁的振动和冲击对电池的电性能和使用寿命的影响。由于电力系统中的振动能在一定程度上影响到电力系统的绝缘结构，因此，电力系统的结构设计人员要充分考虑其是否能够承受各种振动，从而保证其安全性。这就要求单体电池、模组、电池包以及电气连接之间要留有足够的空间，既要保证电池体系的绝缘材料在振动环境中的稳定性，又要保证在长时间的工作中即使发生一定的结构改变，也不会发生绝缘失效。一般为了更好地反映电池的工作状态，在振动测试中通常采用两种形式：一种是正弦振动，另一种是随机振动。表 2-3 是锂离子电池标准的主要测试项目和指标。

表 2-3　GB 38031—2020 锂离子电池标准主要测试项目及指标

项目	测试方法	指标要求
过放电	单体电池以 1 I_1 电流放电 90min	不起火、不爆炸
过充电	单体以小于 1 I_3 的电流恒流充至制造商规定的充电终止电压的 1.1 倍或 115% SOC	不起火、不爆炸
外部短路	单体正负极外短路 10min，外部线阻小于 5mΩ	不起火、不爆炸
加热	锂离子单体电池以 5 ℃/min 速率升温至（130±2）℃并保持 30min	不起火、不爆炸
温度循环	单体按照标准中温度、时间和温度变化率循环 5 次（25℃→ −40℃→ 25℃→ 85℃→ 25℃）	不起火、不爆炸
挤压	单体：受垂直于单体电池极板方向施压，或与单体在整车布局上最容易受到挤压的方向相同。挤压板半径 75mm 的半圆柱体，挤压速度不大于 2mm/s，挤压至电压达到 0V 或挤压力达到 100kN 或 100 倍实验对象质量后停止	不起火、不爆炸
	电池组：选择两种挤压板中的一种，x、y 两个方向，挤压速度不大于 2mm/s，挤压力达到 100kN 或挤压形变量达到挤压方向整体尺寸的 30% 时，停止挤压并保持 10min	不起火、不爆炸

（续）

项目	测试方法	指标要求
振动	按照标准将试验对象安装在振动台上，每个方向分别施加随机和定频振动	无泄漏、外壳破裂、起火或爆炸现象，且不触发异常终止条件。试验后的绝缘电阻应不小于 $100\Omega/V$
机械冲击	对试验对象施加半正弦冲击波，±z 方向各 6 次，共计 12 次	无泄漏、外壳破裂、起火或爆炸现象。试验后的绝缘电阻应不小于 $100\Omega/V$
模拟碰撞	按照试验对象车辆安装位置和 GB/T 2423.4—2008 的要求，将试验对象水平安装在带有支架的台车上，根据试验对象的使用环境，给台车施加规定的脉冲	无泄漏、外壳破裂、起火或爆炸现象。试验后的绝缘电阻应不小于 $100\Omega/V$
湿热循环	按照 GB/T 2423.4—2008 执行实验 Db：交变湿热实验，循环 5 次	无泄漏、外壳破裂、起火或爆炸现象。试验后 30min 之内的绝缘电阻应不小于 $100\Omega/V$
浸水	试验对象按照整车连接方式连接好线束、接插件等零部件，按照标准中的 8.2.6.2 进行实验	方式一不起火、不爆炸；方式二无泄漏、外壳破裂、起火或爆炸现象。试验后的绝缘电阻应不小于 $100\Omega/V$
热稳定性	1）外部火烧：温度为 0℃以上，风速不大于 25km/h，试验分为预热、直接燃烧、间接燃烧和离开火源四个阶段 2）热扩散：电池包按照标准中的 8.2.7.2 进行热扩散乘员保护分析和验证	火烧试验，应不爆炸；热扩散，电池包或系统在由于单个电池热失控引起热扩散、进而导致乘员舱发生危险之前 5min，应提供一个热事件报警信号
温度冲击	试验对象置于（-40±2）～（60±2）℃的交变温度环境中，两种极端温度的转换时间在 30min 以内。试验对象在每个极端温度环境中保持 8h，循环 5 次	无泄漏、外壳破裂、起火或爆炸现象。试验后的绝缘电阻应不小于 $100\Omega/V$
盐雾	在 (35±2) ℃下向试验对象喷雾 8h 然后静置 16h，在一个循环的 4～5h 之间进行低压上电监控	无泄漏、外壳破裂、起火或爆炸现象。试验后的绝缘电阻应不小于 $100\Omega/V$
高海拔	气压条件为 61.2kPa，搁置 5h 后继续在低气压测试环境下，对试验对象按照制造商规定的不小于 1 I3 的电流放电	无泄漏、外壳破裂、起火或爆炸现象，且不触发异常终止条件。试验后的绝缘电阻应不小于 $100\Omega/V$
过温保护	试验对象应由外部充放电设备进行连续充电和放电，使电流在电池系统制造商规定的正常工作范围内尽可能快地升高电池的温度，直到试验结束	无泄漏、外壳破裂、起火或爆炸现象，且不触发异常终止条件。试验后的绝缘电阻应不小于 $100\Omega/V$

（续）

项目	测试方法	指标要求
过流保护	启动外部直流供电设备对电池系统进行充电以达到电池系统制造商规定的最高正常充电电流，然后将电流在 5s 内从最高正常充电电流增加到与电池系统制造商协商确定可以施加的过电流	无泄漏、外壳破裂、起火或爆炸现象，且不触发异常终止条件。试验后的绝缘电阻应不小于 $100\Omega/V$
外部短路保护	正负极端子相互连接短路电阻不超过 $5m\Omega$，保持短路状态直至达到一定条件结束。	无泄漏、外壳破裂、起火或爆炸现象。试验后的绝缘电阻应不小于 $100\Omega/V$
过充电保护	试验对象应由外部充电设备在电池系统制造商许可的用时最短的充电策略下进行充电	无泄漏、外壳破裂、起火或爆炸现象，且不触发异常终止条件。试验后的绝缘电阻应不小于 $100\Omega/V$
过放电保护	应与电池系统制造商协商在规定的正常工作范围内以稳定的电流进行放电	无泄漏、外壳破裂、起火或爆炸现象。试验后的绝缘电阻应不小于 $100\Omega/V$

2.3.2　典型的测试设备

电池测试设备主要包括电池充放电试验机、电池三综合（温度、湿度、振动）试验系统、动力电池组温度冲击试验箱、电池滥用试验设备、电池针刺试验机、电池冲击试验机和电池跌落试验机等。

1. 电池充放电试验机

电池充放电测试设备主要用于锂离子、铅酸、磷酸铁锂电池等动力电池的检测，一般包括两个部分：充放电单元和控制程序单元。充放电测试可以远程控制或者手动控制，电池充放电试验机通过运行设定好程序或者行驶工况，采集运行中电池的基本性能参数，如电池外特性参数容量、电压和电池温度的变化，恒流恒压工况下电池充电曲线，恒流恒压工况下电池放电曲线。通过电池充放电试验机获得的电池参数可以衡量电池是否满足电动汽车的性能要求。

2. 电池三综合试验系统

三综合试验系统主要由振动试验系统和环境试验箱组成。试验过程中，根据实验规定将周期性空间温度（高温或低温、温度变化）、湿度、振动和电应力同时作用于电池上，进行温度、湿度和振动试验。与单个因素的作用比较，该方法能较好地反映出电池在汽车上的使用情况，对其在不同的条件下的适应能力进行了评估，揭示了电池及系统的结构缺陷，并对其可靠性进行了评估。

3. 动力电池组温度冲击试验箱

温度冲击试验箱主要用于测试动力电池和电池系统在快速温度变化环境下的储存、运输和使用适应性。温度冲击试验箱可以根据用户要求或者试验标准进行相关测试，在温度快速变化的情况下，对电池和电池系统进行环境模拟试验。经试验来评测产品性能能否通过试验预定要求，便于产品后续的性能调整、改进、鉴定和出厂检验。

4. 电池滥用试验设备

电池滥用试验设备是模拟在车辆碰撞、正负极短路、限压限流故障等条件下，电池是否发生火灾、爆炸等危险情况的试验装置。针刺试验机、冲击试验机、跌落试验机、挤压试验机等是对汽车碰撞过程中电池的损伤进行仿真研究的试验平台。

5. 电池针刺试验机

针刺试验是一种评估锂离子电池安全性的有效方法，目前已被各大厂商所广泛应用。使用针刺试验机进行电池针刺试验时，首先用一根金属针刺穿电池，将电池组的内部结构破坏，引起电池短路，其中针刺位置要选择能够引发单体电池热失控的部位和方向。将钢针置于电池中，对其进行 1h 的观察，并对电池的各项参数进行监测，包括是否发生着火、燃烧、爆炸等危险情况。另外，在试验过程中，还需要考虑到电池的温度变化和分布情况。

6. 电池冲击试验机

冲击试验机的试验平台为完全密闭的箱形，其工作腔体与机械部分、电气线路等部分隔绝。工作腔有隔爆与气体排放作用，可以及时将样品的爆炸压力和烟雾排放出去。实验平台的工作腔体应具有防腐蚀性，易于清理，可承受来自电池爆炸时的腐蚀性液体的腐蚀，易于清洗。为了监测冲击的进程，工作腔一般安装一个观测窗口。在进行冲击试验时，根据规范，采用不同高度、不同重锤、不同的受力区域进行电池的安全性能测试，如果电池不着火、不爆炸，则为合格。

7. 电池跌落试验机

跌落试验机主要用于检测电池因坠落而造成的产品包装损伤，以及在运输过程中电池的抗冲击能力。测试方式是：把测试用的电池从一定的高处垂直落至水泥地上，观察检测电池是否会发生燃烧、爆炸等现象。在测试期间，需要对电池变化进行监测并记录，以对电池壳体的应力失效和失效模式进行研究。

2.4 动力电池测试数据分析

2.4.1 锂离子电池测试方案及数据库

对于锂离子电池来说，合适的运行条件不仅可以延缓电池的衰退，满足长时间使用寿命需求，同时还能保证电池在使用过程中的安全性。为了确定电池使用的适用区间，必须深入了解电池在各种循环应力条件下的老化机理以及衰退特性。另外，在实际应用中，锂离子电池的状态不仅与用户的充放电使用习惯相关，而且还受到其他外界环境因素影响。为了尽可能在实验室测试过程中覆盖实际使用的场景，在实验室测试中一般要考虑环境温度、充放电截止电压、充放电电流倍率、放电深度以及循环的 SOC 区间。本节将从以上五个方面进行分析、设计合理的测试方案并建立电池在多压力情况下的老化衰退数据库。该老化试验选择了 24 块软包锂离子电池，在不同的应力下进行测试，共设计为 8 组不同的测试方案，其中每个测试方案中包括 3 块锂电池，以避免测试过程中随机特性的影响，具体测试方案如表 2-4 所示。在该方案中考虑到电动汽车实际使用过程中的充电行为，所有测试电池充电截止电压设计为 4.15V（即电池上限 SOC 为 97%），放电截止电压根据电池测试方案设定。

表 2-4 锂离子电池多压力衰退测试方案

序号	充电倍率 /C	放电倍率 /C	充电截止电压 /V	放电截止电压 /V	环境温度 /℃	下限 SOC	上限 SOC
1	1	1	4.15	3.197	25	5%	97%
2	0.5	1	4.15	3.197	25	5%	97%
3	1	1	4.15	3.197	35	5%	97%
4	1	1	4.15	3.197	45	5%	97%
5	1	1	4.15	3.293	45	10%	97%
6	1	1	4.15	3.466	45	30%	97%
7	0.5	0.5	4.15	3.248	45	5%	97%
8	0.5	1	4.15	3.197	45	5%	97%

为了提升充电效率，当前电动汽车充电过程主要采用多段阶恒流充电模式。因此，在试验设计过程中，为了尽可能模拟实车充电行为，设计了阶梯充电方案：以一定倍率电流进行充电到某截止电压（模拟快充过程），随后按照不同的电流梯度降低充电电流倍率；当充电电流达到设定充电电压后降低充电倍率，最终进入恒压阶段进行充电；当电流小于等于 0.05C 时完成充电。另外，考虑到电动汽车主要在常温及高温情况下运行，低温时随着运行其温度也会迅速上升，因此，在锂离子电池衰退测试方案中，主要考虑电池在常温及高温下进行（25℃，35℃，45℃）。在该测试方案中电池的充放电流倍率设计为 0.5C 和 1C，在充放电测试过程中包括 3 个不同的 SOC 区间（5%～97%，10%～97%，30%～97%）。以上电池衰退性能测试均在 5V-100A 的多通道 Arbin 电池充放电测试设备上进行，同时电池全程放置在不同温度的恒温箱中，保证环境温度的稳定。

为了更加清晰呈现锂离子电池测试特性变化，绘制了锂离子电池在不同测

试条件下的外特性参数（电流、电压、温度）变化曲线，如图 2-1 所示。图 2-1a
为电池在 45℃下以 0.5C 充放电的电池外特性变化曲线。可以看出，随着充电的
进行，电池表面温度逐渐上升，在放电过程中电池的温度也逐渐上升，然而由
于电池的充放电电流较小，电池内部温度增加到可测量的表面温度有延时。对
比于图 2-1b 该测试方案中锂电池放电电流为 1C，该电池表面温度明显上升。
图 2-1c~ 图 2-1f 模拟了电动汽车高效充电情况下锂离子电池多阶段充电测试方

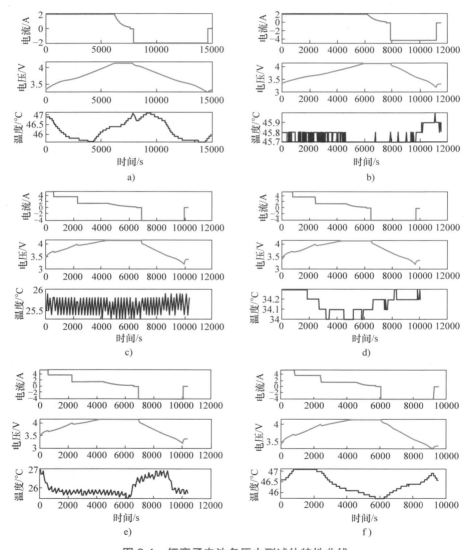

图 2-1　锂离子电池多压力测试外特性曲线

a）电池在 45℃下 0.5C 充放电外特性变化曲线　 b）电池在 45℃ 1C 放电外特性变化曲线
c）~f）电池多阶段充电外特性变化曲线

案，从图中可以看出主要分为四个充电阶段，首先以 1C 对电池进行充电，当充电电压达到 3.8V 时减少电池充电倍率，进入第二阶段的恒流充电过程；当第二阶段电池充电电压达到 4.0V 时，再次减小充电倍率，对电池进行充电直至电池端电压达到 4.15V（上截止电压）时，电池进入恒压充电阶段；当充电电流小于设置的电流时充电结束，随后电池搁置 10min 进行 1C 放电。从图中可以看出，电池在不同的环境温度下，充放电过程中电池的温升不同：在高温条件下进行大倍率充电时，电池温升速率较快，当电池充电倍率下降后，温度逐渐下降，同时在 1C 放电过程中电池温度又继续上升。

2.4.2 单体动力电池衰退性能特性分析

目前关于锂离子电池衰退的定义主要有两种：电池容量的衰减与电池内阻的增加。通常电池容量的衰减表现为电池能量的衰退特性，在电动汽车使用过程中表现为续驶里程的下降；电池内阻的增加主要表现为电池动力特性的衰退，具体表现为电池使用过程中的功率输出能力降低。这一部分主要从动力电池容量衰退特性的角度出发，分析电池容量在不同压力条件下的衰退特性。电池的容量衰退过程受温度、电流倍率、SOC 区间等因素的影响，在理想状态下，锂离子随着电池的充放电过程在电池正负极之间来回嵌入和脱出，电池的容量不会减少。但在实际运行过程中，由于电池工作过程中每时每刻都有不可逆的副反应发生，从而使得活性物质含量减少，经过长时间的损耗积累，电池会随着使用周期增加而出现电池容量、功率、能量等性能衰退现象，电池的性能也会逐渐下降。

1. 实验室多倍率放电工况下动力电池衰退性能

动力电池放电倍率对其容量衰减特性以及寿命具有重要影响，不同的放电倍率影响电池正负极接收或者放出锂离子的能力，从而导致电池放电容量不一致。为了分析锂离子电池在不同倍率充放电循环条件下的衰退情况及变化规律，在 45℃ 条件下，分别以 0.5C 和 1C 的倍率对电池进行充放电实验，分析电池在不同倍率条件下端电压及容量的变化规律，具体变化如图 2-2 所示。图 2-2 首先分别描述了锂离子电池在不同充放电倍率下电流和电压的变化特性，其中图 2-2a 为 0.5C 电流充放电情况下电流和电压的变化趋势。从图中可以看出，随着循环次数的增加，该锂离子电池的充放电电压曲线均逐渐左移，同时电流充放电时间逐渐变短。这表明，随着电池不断地循环老化，电池的实际可用容量逐渐减少。对比于图 2-2a，图 2-2b 描绘了该锂离子电池在 0.5C 充电 1C 放电情况下电压和电流的变化趋势。从该图中可以更加清晰地看出，随着电池循环次数的增加，电池的放电电压曲线明显向左偏移。另外值得注意的是，在该充放电条件下，该锂离子电池的恒压充电阶段时间显著减少，表明该电池在充电过程中，到达充电截止电压的时间逐渐缩短，这些变化最终体现为锂离子电池的实际可用容量衰减。

为了更贴近电动汽车实际充电过程，图 2-2c 中展示了在 45℃的条件下电池以不同倍率进行多阶段充电电压以及电流的变化情况，对比于图 2-2b，可见利用该多阶段充电方式，可以有效缩短充电时间，同时在恒压阶段的充电时间也相对较短。此外，在采用多阶段不同倍率对电池进行充电，还可以有效缓解电池在充电过程中温升过快、温度过高的问题，保证电池充电时在合适的温度范围内，不仅可以提高电池的充电效率，也可以延长电池的使用寿命，更重要的是避免电池在充电过程中因温度过高而引发热失控等事故。图 2-2d 描述了该款锂离子电池多倍率充电下的容量衰退曲线，四个电池分别标记为 AC32、AC99、AC85 以及 AC90，电池 AC99 的容量衰退曲线为图 2-2c 所示的多阶段充电情况下的结果。从图 2-2d 可以看出，在小倍率（0.5C）充放电情况下，电池容量衰退速率较小，电池到达寿命截止（EOL）的循环次数较多，对比于小倍率充放电情况（在 1C 放电倍率条件下），电池到达寿命截止时的循环次数少了大约 300 次。实验结果表明，电池在小倍率充放电的情况下使用寿命较长，高放电倍率会缩短电池的使用寿命。

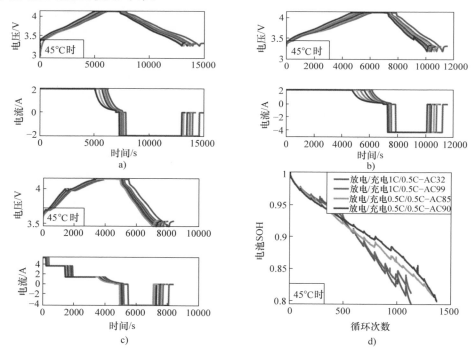

图 2-2 多倍率充放电条件下电池容量衰退

a）0.5C 充放电电流及电压变化趋势 b）1C 充放电电流及电压变化趋势
c）多倍率充电电流及电压变化趋势 d）电池容量衰退趋势

2. 实验室多温度环境下动力电池衰退性能

锂离子电池对使用温度较为敏感，不同的温度下，锂离子电池内部电化学反应速率不一致，导致电池放电容量结果有很大的差异。为确保锂离子电池发挥最佳性能，通常需要通过低温加热和高温散热的方法，使电池运行在合适的温度范围内。在低温条件下，锂离子电池不仅充放电容量严重下降，而且内阻增大使放电效率降低。更重要的是，在低温下电池内部锂离子在石墨中的扩散运动受到限制，使电池电解液的导电能力下降，导致锂离子在石墨中的嵌入速率下降，容易在石墨表面发生镀锂反应，缩短锂离子电池的使用寿命。但与低温条件相比，电动汽车大多运行在较高温度条件下，因此，研究高温条件下锂离子电池的衰退情况同样具有重要的意义。

为了研究锂离子电池在不同温度下的容量衰退情况，对锂离子电池进行 0.5C 充电、1C 放电以及多阶段充电 1C 放电，研究其在不同温度（25℃，35℃，45℃）条件下的电池电流、电压以及容量衰减趋势，具体变化特性如图 2-3 所示。图 2-3 描述了在不同温度、不同循环次数下电池的电流和电压变化曲线，其中图 2-3a 为电池在 25℃ 条件下以 0.5C 充电、1C 放电不同循环次数的电压电流曲线。同样可以看出，随着循环次数的增加，电池的放电电压曲线逐渐左移，同时在恒压充电阶段电池的充电时间逐渐减少，在恒流充电时到达上截止电压的时间也逐渐减少，表明电池的充电容量逐步衰减。为了模拟电动汽车的实际充电工况，该部分以电池在 35℃ 下多阶段充电研究电池容量衰退情况。图 2-3b 描绘了电池在该条件下，不同循环电流及电压的变化趋势。从图中可以看出，随着电池不断循环老化，在充电过程中不同阶段的充电电压也逐渐左移；当电池的充电电流下降后，该老化状态下的电池充电电压相对于少循环条件下的充电电压仍然处于左侧，因此得出当电池老化后，其充电电压曲线不会因电池充电电流减小而改变其特征属性的结论。

与图 2-3b 类似，图 2-3c 描绘了电池在 45℃ 多阶段充电及 1C 电流放电条件下，不同循环老化条件下电压和电流的变化趋势。在该测试条件下与在 35℃ 时的特性趋势相同。图 2-3d 描述了三个电池（AC36，AC01，AC89）在不同的温度下容量的衰退情况。从中可以看出，电池容量衰退速率随着环境温度的增加而逐渐增加，具体以 25℃ 下电池容量衰退趋势为基准分析，对比电池在 35℃ 以及 45℃ 下容量衰退趋势。可以看出，随着温度升高，电池容量衰退速率也在增加。从电池老化循环次数方面分析，电池在 25℃ 下循环 3000 ~ 4000 次到达电池截止寿命（EOL），在 35℃ 下大约循环 3000 次电池达到截止寿命（EOL），然而当电池在 45℃ 的条件下，仅循环约 1500 次该款电池就达到了截止寿命（EOL）。由此可见，高温对于电池容量衰退的影响较为严重。另外值得注意的是，在高温情况下，利用多阶段充电方式测试电池衰退时，可以降低电池内部的温升，有效延长电池的使用寿命。如果在全荷电状态范围内使用恒流充电，则电池衰退情况将大幅度下降。因此，在使用过程中要对电池系统进行合理的温度管理，控制电池运行在合理的温度范围内，同时还有必要合理设计电池系统的充电方式，延长电池使用寿命，确保电池系统安全、高效、稳定运行。

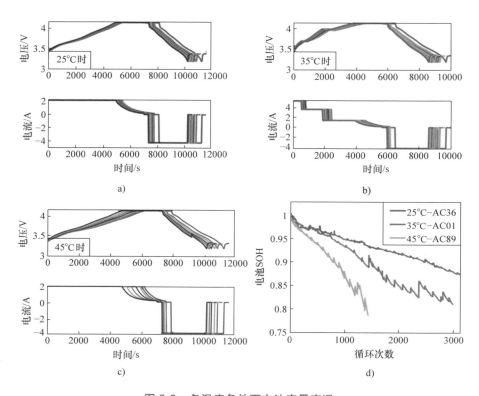

图 2-3　多温度条件下电池容量衰退

a）电池 AC36 在 25℃下衰退电流电压变化曲线　b）电池 AC01 在 35℃下衰退电流电压变化曲线
c）电池 AC89 在 45℃下衰退电流电压变化曲线　d）不同温度条件下电池容量衰退趋势

3. 实验室不同 DOD 区间下动力电池的衰退性能

一般锂离子电池在实验室里进行衰退老化试验，主要的测试方案是对电池进行满充满放（0 ~ 100% SOC）循环。然而在电动汽车实际使用过程中，动力电池衰退性能与用户对于汽车的充电与使用习惯相关，并且具有很大的随机性，往往电动汽车不能进行完全放电后再进行充电，导致各电动汽车电池系统的充放电过程具有很大的差异性。因此，选择不同的充放电区间对电池进行循环老化测试，对于验证测试电动汽车使用寿命具有重要的研究价值。为了探究不同 DOD 区间下动力电池的衰退性能，实验分别选择了三种不同的放电区间对电池进行老化测试,并讨论了在不同放电区间内,不同循环下电池的电流、电压变化曲线,同时也对比了在三种不同放电区间下电池的容量衰退趋势,具体描述如图 2-4 所示。需要指出的是,该多 DOD 区间的测试环境温度为 45℃。

图 2-4a 所示为电池 AC66 在放电深度为 92% 的条件下,不同循环状况下电流以及电压的变化情况。该电池的放电截止电压为 3.197V,充电截止电压为 4.15V,图中所描绘的电压及电流曲线间隔为 100 次循环,共计为 16 条电流及电压变化曲线。可以看出,随着电池不断的循环老化,放电时间不断缩短,在该恒流放电情况下电池的放电电压曲线逐渐左移,表明电池充电容量在不断缩减。考虑到通常情况下用户使用电动汽车不会极限运行,故该测试实验可以作为电动汽车电池系统老化实验的边界测试。与图 2-4a 对比,图 2-4b 是在放电深度为 87% 区间内进行衰退测试。在该图中同样以 100 次循环间隔来描述电压及电流的变化趋势,图中描述了 18 条电流电压曲线变化规律,显示在该放电深度下电池循环大约 1800 次到达寿命截止(EOL)。这一放电深度可以近似模拟用户极限使用电动汽车,进行长时间的电池放电行为,例如长距离驾驶或在使用汽车后忘记充电而导致电动汽车严重放电的场景。

对上述两种放电间区间而言,电池在放电深度为 67% 的区间内进行循环老化测试,对研究电动汽车电池系统的实际使用寿命具有重要的参考价值。如图 2-4c 所示,该电池在 3.466 ~ 4.15V 的电压范围内进行循环放电老化测试。从图中可以看出,在该放电深度下,电池达到寿命截止的循环次数较大,约 2200 次。从图 2-4d 可以清晰地看出,随着电池放电深度的减少,电池达到寿命截止的循环次数逐渐增加。另外可以看出,电池放电深度在 87% 与 92% 的循环老化条件下,该款电池的容量衰退路径基本一致,大约在 1200 次循环的时候(此时电池的健康状态为 85% 左右),放电深度为 92% 的电池的实际可用容量迅速下降。这种现象在锂离子电池老化过程中被称为容量"跳水"。这种特性极大地降低了电池的使用能量及功率性能,同时使电池的安全性大幅度下降。对于电动汽车电池系统而言,若有一块单体电池在使用过程中出现容量"跳水",则首先将拉低整个电池并联模组的使用性能(功率、能量)。其次,对于整个电池系统来说,将从整体上降低电池系统的实际可用容量。通常表现为在放电过程中,该模组的电池电压最先触发电动汽车的使用截止电压,极大地降低了电动汽车的续驶里程。然而对于锂离子电池容量"跳水"机制的辨识较为困难,主要由于电池容量"跳水"是在电池发生较大程度衰退后显现出的现象。因此,为了探究锂离子电池容量"跳水"问题,需要基于大量的实验测试数据(针对特定某款电池),对于容量衰退情况(即当前通用的电池健康状态)进行有效精准地估计和预测,实现对电池容量"跳水"的精准识别。

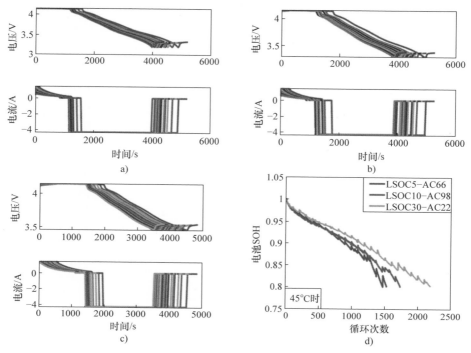

图 2-4 多 DOD 区间条件下电池容量衰退

a）电池 AC66 在 92%DOD 区间下衰退电流电压变化曲线   b）电池 AC98 在 87%DOD 区间下衰退
电流电压变化曲线   c）电池 AC22 在 67%DOD 区间下衰退电流电压变化曲线
d）不同 DOD 区间条件下电池容量衰退趋势

2.4.3 实车动力电池衰退性能特性分析

1. 实车数据下不同空间区域动力电池衰退分析

目前电动汽车电池系统的健康状态诊断，在人工智能和大数据的驱动下，从基于单体电池级别的健康情况分析转移到基于整车多源数据融合的健康状态监测和预测。根据健康状态诊断建模数据选择机制的不同，通常在时间尺度及数据维度方向分为：纵向整车长时间尺度数据分析及横向多车短时间尺度分析。在实际运行过程中，电池系统会在不同的环境温度和负载条件下运行，其衰退情况不仅会受到季节的影响，还会受到工况的影响。基于大数据长时间尺度实车数据衰退容量建模表明，电池使用寿命在美国佛罗里达州约为 5.2 年，在美国阿拉斯加州约为 13.3 年。因此，通过分析汽车历史数据，考虑电动汽车在不同地理区域的行驶行为，建立不同时间尺度的数据模型，不仅可以预测电池系统的寿命，还可以对电池故障进行预警。本节通过国家电动汽车大数据运营监测平台，从 8000 余辆同型号电动汽车中选取具有代表性的车型，以相同运行起止时间（2017 年 6 月—2019 年 6 月）在不同地区运行的数据，对电动汽车电池系统的健康状态进行分析，如图 2-5 所示。

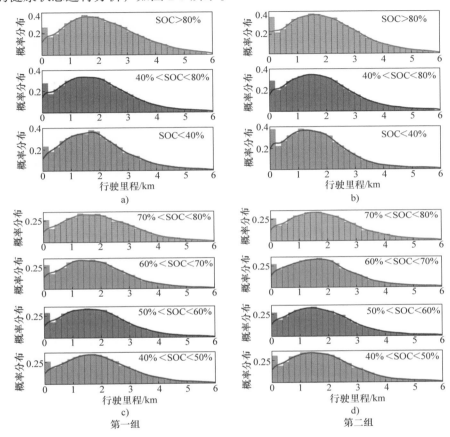

图 2-5　不同 SOC 范围内单位 SOC 行驶里程分布统计

a)、c）第一组车辆不同 SOC 区间内单位 SOC 行驶里程概率分布

b)、d）第二组车辆不同速度区间内单位 SOC 行驶里程

通过对某地区六辆电动汽车三年的运行数据进行统计，并将这六辆车分为两组，分析电动汽车在不同 SOC 区间内单位 SOC 汽车可以行驶里程的变化情况，间接得到电池系统实际可用容量随电动汽车使用时间的增加而变化的趋势。考虑到统计结果的准确性与电池 SOC 区间取值之间的关系，该部分对于 SOC 的区间以两种方式分类：第一类分为高中低三部分，其中 SOC 间隔分别为 80% SOC 以上部分（高）、40% SOC ~ 80% SOC（中）以及 40% SOC 以下部分（低），另一类考虑 SOC 在 40% ~ 80% 之间分别以 10% SOC 为间隔共分为四个部分。

比较图 2-5a 与图 2-5b，尽管两组车辆运行的工况路径均不相同，但是从整体上可以看出，两组车辆在单位 SOC 区间内汽车运行的里程基本相同。具体而言，在高 SOC 区间内，单位 SOC 两组车辆行驶的里程主要集中在 1.5～2.5km；在 40%<SOC<80% 的区间内，单位 SOC 区间内两组车辆运行里程 1～2km 覆盖的范围更大；在低 SOC 范围内，单位 SOC 区间车辆运行里程和中 SOC 区间类似。总体来说，当电池 SOC 处在高位时，单位 SOC 车辆行驶的里程大概率相比于中低 SOC 区间内的较长，另外，对于第一组车辆在高 SOC 区间单位 SOC 内行驶 2.5～4km 的概率要大于第二组车辆，在中低 SOC 区间两组车辆单位 SOC 区间所运行里程概率密度均接近，初步可以判断随着车辆的使用，电池呈现衰退的趋势，在高 SOC 区间内出现单位 SOC 可行驶里程下降的情况。为清楚地了解中低 SOC 区间内车辆行驶里程的概率分布情况，将 SOC 区间进行更精细的划分。从图 2-5c 和图 2-5d 可以看出，两组数据在低 SOC 区间内行驶里程也会出现类似趋势，通过比较同 SOC 区间内单位 SOC 下车辆行驶里程的变化，大致可以得到在不同运行的空间区域，电动汽车的衰退老化程度有所差异的结论。

通过深入分析，不同运行空间内车辆单位 SOC 可行驶里程的影响因素较多，包括环境温度、驾驶习惯、行驶路况等。除了环境温度外，后两种影响因素均与车辆行驶速度有关，因此在本研究中，对以上两组车辆三年内运行的车速进行分析统计，将车速切分为四个部分，具体以 90km/h、60km/h、30km/h 为切分分界，如图 2-6 所示。从图中可以看出，在速度低于 30km/h 的区间内，两组车辆单位 SOC 区间内行驶里程主要概率分布在 1～2km，在 30～60km/h 的速度区间内，主要的行驶里程也集中在该区间范围内。对于第二组车辆，行驶里程在 2～3km 内占有较大比例，该趋势在车速 60～90km/h 的范围内更为显著。

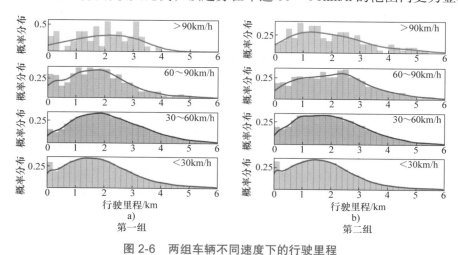

图 2-6　两组车辆不同速度下的行驶里程

a）第一组车辆不同速度区间内单位 SOC 行驶里程概率分布

b）第二组车辆不同速度区间内单位 SOC 行驶里程概率分布

此现象进一步表明，在不同的行驶空间内，电池的衰退程度会有差异，使得同样车速范围单位 SOC 内的行驶里程略微不同。然而在统计分析图中，车速高于 90km/h 的区间内，单位 SOC 区间内车辆的行驶里程出现较大差异，主要是由于该车速出现的频率较少，不具有统计意义。

2. 实车数据下不同运行季节内动力电池衰退分析

在电动汽车实际使用过程中，不同季节引起的环境温度变化，对电池的衰退有重要的影响，提取六辆同款车型连续运行两年半（2017 年 6 月—2019 年 12 月）的数据进行统计，并分析环境温度与电池衰退之间的关联关系。由于所选择的车辆集中于北京市某地区，考虑到该地区年季节温度变化范围大致在 −13 ～ 38℃，将一年分为高温区间和低温区间两个部分，其中高温区涵盖每年的 4—9 月，其余月份为低温区间。为了更加清晰地反映出电池系统衰退程度，在本研究中通过对比分析不同环境温度下单位 SOC 区间内车辆可行驶里程的变化情况，统计行驶里程的变化间接描绘电动汽车的衰退规律。如图 2-7a 所示，高 SOC 区间内低温条件下单位 SOC 行驶里程主要分布在 1 ～ 2km 之间，高温条件下单位 SOC 行驶里程主要分布在 1 ～ 3km 之间。在 40%<SOC<80% 区间以及低 SOC 区间，高温条件下单位 SOC 车辆行驶里程范围总体上大于低温条件下行驶里程，然而随着 SOC 的减少该趋势逐渐弱化。通过上节分析，低 SOC 区间对电池衰退不敏感。另外，如图 2-7b 所示，将车辆行驶里程以行驶 8 万 km、10 万 km、12 万 km 为边界切分为四个部分，从图中可以看出，不论高温条件还是低温条件，随着车辆行驶里程的增加，单位 SOC 内可行驶里程都会逐渐下降。

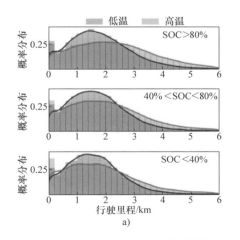
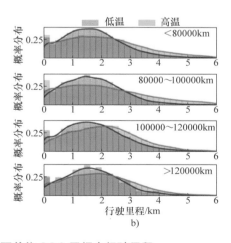

图 2-7　不同温度以及行驶里程下单位 SOC 区间内行驶里程

a）高温条件下不同 SOC 区间内单位 SOC 行驶里程概率分布

b）低温条件下不同 SOC 区间内单位 SOC 行驶里程概率分布

　　根据车辆在实际运行过程中的充电数据，同样将电池充电以环境温度划分为高温及低温两个部分，分析统计实车动力电池系统充电行为，重点从动力电池系统总压变化范围及 SOC 区间进行探究，结果如图 2-8 所示。图 2-8a 展示了车辆在高温环境下的充电行为，从中可以看出，充电电压范围主要在 325 ～ 370V 之间，其对应的电池 SOC 区间为 40% ～ 90%，图 2-8b 呈现了车辆在低温环境下的充电情况，相对于高温环境其充电电压范围变窄，大致在 330 ～ 365V 之间，对应的 SOC 区间主要集中在 40% ～ 85%，该结论对于后续电池健康状态研究提供了重要的参考价值。另外，获取车辆电池系统实际可用容量进行分析统计，如图 2-9a 可知，高温下电池整体可用容量大于低温下，电池可用容量主要分布在 95 ～ 110A·h 区间，图 2-9b 展示了电池容量与温度间的整体变化关系。

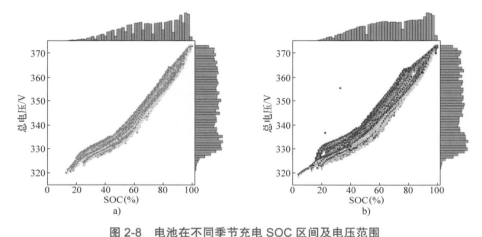

图 2-8　电池在不同季节充电 SOC 区间及电压范围

a）高温条件下充电电压区间　b）低温条件下充电电压区间

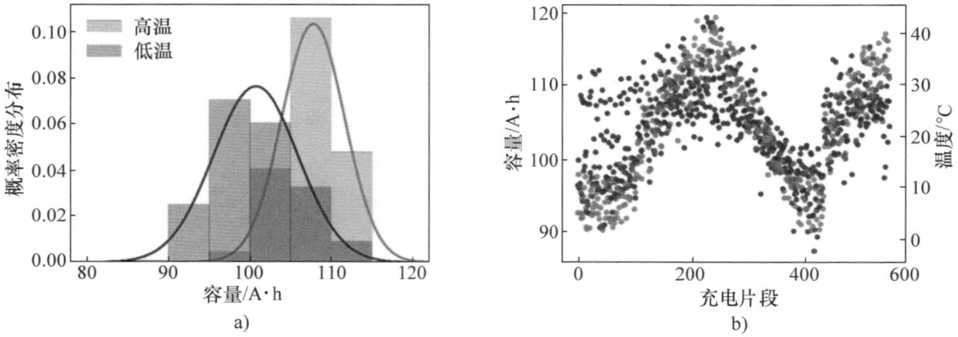

图 2-9　电池在不同季节不同老化程度下充电容量分析

a）不同温度下电池可用容量概率密度分布　b）电池可用容量与温度间的变化趋势

2.5 本章小结

本章节主要从单体电池层面以及实车系统层面多影响因素角度，包括不同的充放电倍率、不同的环境温度以及不同的放电深度等方面，对动力电池衰退特性进行了分析，总结了各影响因素对电池衰退变化的基本规律，主要发现可以概括为：

1）相对于放电倍率和放电深度，环境温度是影响电池容量衰减速率的重要因素。因此，管理和控制电池在合适的温度范围内运行可以有效延长电池的使用寿命。

2）在合理的运行温度和放电倍率下，浅 DOD 可以减缓电池退化以及保护电池性能。

通过分析六台车辆三年内近 5×10^8 条数据，采集车辆行驶过程中电压、SOC、车速、里程的等多个特征参数，统计分析不同的空间区域和运行季节下动力电池衰退变化，确定了实际车辆运行动力电池主要使用的区间范围，为后续章节研究动力电池衰退建模、精准状态估计提供了有价值的指导，是实现精细化车用动力电池健康状态综合评估的重要方案。

第 **3** 章

动力电池荷电状态（SOC）估计

电动汽车运行需要对电池状态进行实时监测及估计，电池监测需要采集电池的表征数据即可完成，然而为了保证汽车更加安全行驶，需要对电池状态进行估计。研究人员为了简化电池模型，使电池模型能够更加简单便捷地服务于状态估计，提出了大量的通过电子元件可以拟合的电路模型（通常称这些模型为等效电路模型），该模型基于电池在充放电情况下电化学反应特性，利用电子元件（包括电阻、电容以及恒压源）特性模拟电池的特征。

不同模型各有利弊，其中 Rint 模型是一种较为理想的电池充放电模型，电池内部的动态特征在 Rint 模型中并没有涉及，一般只是用于简单电路的仿真，不适用于实际电池管理系统算法所需的模型，具体如图 3-1 所示。同 Rint 模型相比，Thevenin（戴维宁）模型增加了一个 RC 环用于模拟电池的极化效应，有更好的动态特性，具体如图 3-2 所示。PNGV 模型是在戴维宁电路模型上添加了一个电容元件，用来描述随放电过程中电流累加之后开路电压变化的具体情况，电路结构和各电子元件参数值的确定相对复杂，模型如图 3-3 所示。考虑计算精度，戴维宁模型更易于工程应用，本节内容中主要采用戴维宁模型来仿真电池的动静态特性。由于戴维宁模型中具有一个 RC 环该模型也称作一阶等效电路模型。

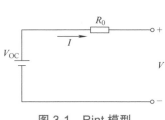

图 3-1　Rint 模型

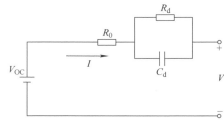

图 3-2　Thevenin 模型

动力电池一阶等效电路模型既能表达电池的动态和静态特性，又具有简单、计算成本低的特点，因此，该方法适合于实际应用，并在学术界及工业界得到了广泛推广。一阶电池模型由电阻电容（RC）网络、开路电压源和欧姆内阻三部分组成，如图 3-4 所示。RC 并联网络用来模拟电池内部的极化情况，开路电压源也称为 OCV，OCV 由 SOC 控制，电压随 SOC 增加，反之亦然。内阻表示为电极和电解液中的电阻力，当电流改变时，由于内阻存在，会导致电压变化。

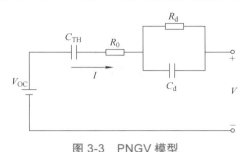

图 3-3　PNGV 模型

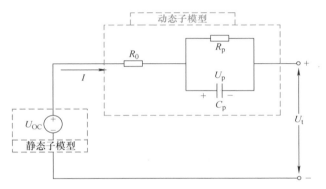

图 3-4　锂离子电池的等效电路模型（ECM）

在等效电路模型中利用开路电压与电池 SOC 之间的关系来（OCV-SOC）描述放电 / 充电过程中的静态特性，剩余部分反映放电 / 充电过程中的动态特性。一阶等效电路模型的电路表示如下：

$$\begin{cases} I = \dfrac{U_p}{R_p} + C_p \dfrac{\mathrm{d}U_p}{\mathrm{d}t} \\ U_t = U_{OCV} - R_0 I - U_p \end{cases} \tag{3-1}$$

式（3-1）的离散形式可简化为

$$\begin{cases} U_{p,k+1} = U_{p,k} \exp \dfrac{-\Delta t}{R_p C_p} + 1 - \exp \dfrac{-\Delta t}{R_p C_p} R_p I_{0,k} \\ U_{t,k+1} = U_{OCV,k+1} - U_{p,k+1} - R_0 I_{0,k+1} \end{cases} \tag{3-2}$$

式中，Δt 和 I_0 分别为采样间隔时间及负载电流，在这里定义为充电为负放电为正；R_0、R_p、C_p 分别表示为电池欧姆内阻、极化内阻和极化电容；U_{OCV}、U_p、U_t 分别定义为开路电压、极化电压和端电压，以上参数均通过混合脉冲功率特性（HPPC）和城市循环工况（UDDS）等大量离线测试数据进行确定。

3.2 动力电池模型参数辨识

根据所建立的电池模型，需要确定模型中各个电子元件的参数值，用以实现对电池系统的精准控制。因此，对于电池建模而言，电池模型的准确性与所获得的电池参数值的结果密切相关，动力电池模型参数辨识方法主要包括基于优化算法的全局离线辨识方法，以及基于最小二乘等算法在线参数辨识方法，以上两种不同形式的参数辨识方法各有利弊，也可以将两种方法结合，在使用过程中，需要考虑辨识精度、计算量、辨识效果等影响因素，主要目的是获取精确稳定的电池参数。

3.2.1 动力电池离线参数辨识

动力电池的离线参数辨识实现过程，是根据收集的电池历史测试数据，应用优化算法对提出的电池模型进行辨识，获取数据集内最优的电池参数值。本部分基于遗传算法实现对电池模型离线参数辨识，遗传算法通过借鉴物种繁殖在大量种群中搜索获得最优解，以"优胜劣汰"的选择方式，模拟生物进化，通过概率理论的分析手段寻优，能自主获得最优的搜索解，在每一次迭代过程中，根据目标问题中个体的适应度函数值、确定个体值，并通过遗传学理论中的遗传算子进行交叉以及变异，产生出取代原种群的新解集的种群，该算法目前已经被广泛应用于信号处理、组合优化、机器学习、人工生命和自适应控制等领域。

在参数辨识过程中将测试电池的电压和电流数据，以及利用遗传算法随机生成的模型参数值作为初始输入值，然后遗传算法通过一系列的过程，包括交叉、突变以及选择等步骤，在辨识过程中将由电流激励产生的模型端电压与电池实际测试端电压对比，当模型输出电压与实际测试电压值在整个辨识过程中之间的误差达到设置精度，电池电子元件参数值的获取过程结束。另外，若辨识过程中最大的迭代次数达到遗传算法设置的迭代次数限制，辨识过程也将终止，在这里设置电池最小误差值为 0.01，即电压差为 10mV。最终辨识完成后将输出模型参数值，基于遗传算法的系统辨识方法对所建立的电池模型参数进行辨识，详细的辨识过程如图 3-5 所示。

　　该研究中所提到的系统辨识，属于时变参数问题，解决该问题的主要方法是缩减前期数据对整体数辨识结果的产生影响，主要采用滚动数据更新信息加快旧数据的衰减速度。系统辨识包括结构辨识和参数估计两个方面，主要原理是根据输入输出时间函数来建立一个系统的数学模型，然后通过系统辨识的方法来估计系统内部的重要参数，建立接近真实系统的模型，用当前可测量系统的输入数据通过所建立的数学模型来预测系统下一步将要输出的结果。

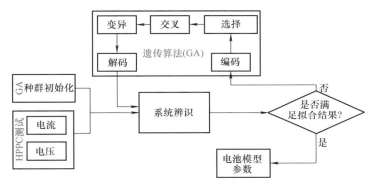

图 3-5　基于遗传算法参数辨识流程图

　　根据所建立的电池等效电路模型，电池模型的状态空间方程标准形式描述如下：

$$\begin{cases} \dot{X} = AX + Bu \\ y = CX + Du \end{cases} \tag{3-3}$$

　　将模型电路的状态方程与标准状态方程相对应，取 $X = \begin{cases} U_p \\ SOC \end{cases}$，$u = I$，$y = U_t$，根据式（3-1）和式（3-2），求其微分方程，将其转换为标准状态方程形式同时离散化为：

$$\begin{bmatrix} U_p(k+1) \\ SOC(K+1) \end{bmatrix} = \begin{bmatrix} \exp\dfrac{-\Delta t}{R_p C_p} & 0 \\ 0 & 1 \end{bmatrix} \begin{bmatrix} U_p(k) \\ SOC(K) \end{bmatrix} + \begin{bmatrix} R_p\left(1 - \exp\dfrac{-\Delta t}{R_p C_p}\right) \\ -\dfrac{\Delta t}{Q_0} \end{bmatrix} I(k) \tag{3-4}$$

$$[U_t(k)] = [1,0] \begin{bmatrix} U_p(k) \\ SOC(k) \end{bmatrix} + R_0 I(k) + U_{OCV} \tag{3-5}$$

　　电池状态空间模型对应的 A、B、C、D 分别为：

$$A = \begin{bmatrix} \exp\dfrac{-\Delta t}{R_{\mathrm{p}}C_{\mathrm{p}}} & 0 \\ 0 & 1 \end{bmatrix}, \quad B = \begin{bmatrix} R_{\mathrm{p}}\left(1 - \exp\dfrac{-\Delta t}{R_{\mathrm{p}}C_{\mathrm{p}}}\right) \\ -\dfrac{\Delta t}{Q_0} \end{bmatrix}, \quad C_k = \begin{bmatrix} 1, & \dfrac{\partial U_{\mathrm{OCV}}}{\partial \mathrm{SOC}} \end{bmatrix}, \quad D = R_0 \circ$$

根据对电池模型的解析，将对模型中的参数进行充分的辨识与求解。模型参数辨识中遗传算法主要优化 A、B、C、D 的值。GA 优化 A、B、C、D 值时为多目标优化，算法初始化 A、B、C、D 为随机值，算法中适应度函数设置为模型的状态方程，终止条件是 GA 的输出电压与系统辨识中实际电压之间的误差达到一定的精度（即 GA 收敛的精度）。GA 算法的结果与系统辨识中实际电压比较的精度决定 A、B、C、D 的优化程度及 GA 的迭代次数。

HPPC 测试是获取电池参数的重要方式，利用单体电池放电过程、搁置以及充电时电压特性变化的曲线，获得电池直流内阻、极化内阻以及极化电容与电池的荷电状态（SOC）之间的函数关系，为进行模型的参数辨识提供有利条件。通过静置电压获取开路电压对应的 SOC 关系，将测试数据在 MATLAB 中进行标记分段，以 10% 的放电深度为分段梯度，选择合适的电池静置电压及相对应的 SOC 值进行拟合。由于电池材料不同，所对应的电压平台以及外特性参数各异，本部分中所选择的磷酸铁锂电池具体参数在表 3-1 给出，该电池所对应的 HPPC 测试电流及电压数据分别如图 3-6 所示。

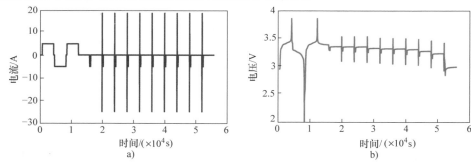

图 3-6 磷酸铁锂电池 HPPC 工况测试实验

a）HPPC 工况电流　b）HPPC 工况电压

表 3-1 磷酸铁锂电池的规格

参数	变量值
额定容量 /（A·h）	5.0
额定电压 /V	3.25
上截止电压 /V	3.65
下截止电压 /V	2.0
质量 /g	120
直径 /mm	32
长度 /mm	65

根据 HPPC 测试，在每次放电静置 1h，提取此时电池端电压，认为该电压值即为该容量下的开路电压值，将所提取到的电压与该状态下所对应的 SOC 值，进行不同形式的拟合获得 OCV-SOC 曲线，在本部分中主要以多项式拟合进行分析，对于本文测试所采用的电池，利用七阶多项式参数拟合。磷酸铁锂电池 SOC-OCV 拟合曲线如图 3-7 所示，其 OCV-SOC 函数具体参数值见表 3-2。

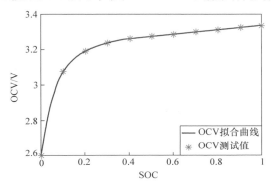

图 3-7　磷酸铁锂电池 SOC-OCV 拟合曲线

表 3-2　磷酸铁锂电池 OCV-SOC 函数具体参数值

参数	P_1	P_2	P_3	P_4	P_5	P_6	P_7	P_8
取值	70.9239	−280.5262	453.039	−386.261	188.29	−53.2899	8.5636	2.6

将所获取的电池测试数据，利用 MATLAB 对电池电压以及电流进行整理，作为模型辨识输入值，根据所设计的模型辨识方法进行辨识。模型辨识参数结果包含电池的直流内阻R_0，电池极化内阻R_p以及电池的极化电容 C_p 三个参数，参数的结果分别为 0.0146Ω，0.0092Ω 和 3073.4F。模型辨识结果与实际输出电压值比较如图 3-8 所示，参数辨识结果误差分析如图 3-9 所示，电池模型电压与实际 HPPC 测试电压之间的最大误差为 0.067V，整体上验证了电池模型的精确性。

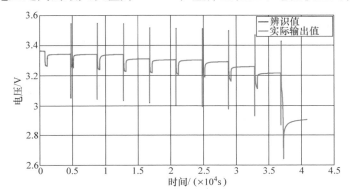

图 3-8　基于 HPPC 测试参数辨识结果验证

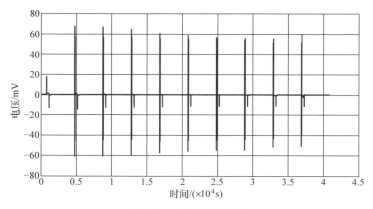

图 3-9　参数辨识误差

　　该部分运用遗传算法全局搜索的优点获取动力锂离子电池参数值，从全局的角度出发得到最优电池等效电路模型基本参数，能够较好地实现电池精确建模，为动力电池以后的状态估计提供了模型基础，由于在实际使用过程中参数固定，该辨识方法有较强的稳定性。

3.2.2　动力电池在线参数辨识

　　本部分中，根据三元电池测试数据，介绍利用最小二乘法在线参数辨识的方法，为了确定电池模型参数，采用 HPPC 测试获得 SOC-OCV 曲线，用以表明 SOC 与 OCV 之间的非线性关系。HPPC 测试由大倍率充放电电流脉冲、恒流充放电以及长时间搁置三部分组成，用来确定电池的动态和静态特性，并可以量化 OCV 和 SOC 之间的关系。通常 HPPC 由 10 个循环组成，每个循环包含一个 2C 充电和 2.5C 放电脉冲电流负载，以及一个 1C 放电电流和 1h 休息时间，如图 3-10 所示。实验电池的额定容量为 2.6A·h，在环境温度 25℃下以采

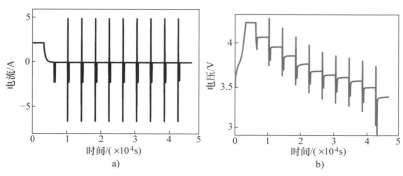

图 3-10　三元电池 HPPC 工况测试实验

a）HPPC 测试工况电流示例　b）HPPC 测试工况电压示例

样率为 1Hz 进行测试，为了避免过充和过放，截止电压分别为 4.25V 和 2.75V，具体规格见表 3-3。

表 3-3   测试电池的规格

参数	变量值
额定容量 /（A·h）	2.6
额定电压 /V	3.6
上截止电压 /V	4.25
下截止电压 /V	2.75
电池组成材料 /V	NCM 正极和石墨负极
质量 /g	45 ± 2
直径 /mm	18.3
长度 /mm	65

基于 HPPC 测试，OCV 曲线可以通过多项式方程拟合，所对应的系数如表 3-4 所示。对应的 OCV-SOC 曲线如图 3-11 所示，该曲线通过多项式方程，有效地描述了电池静态开路电压与电池 SOC 间的非线性关系。

表 3-4   三元电池 OCV-SOC 函数具体系数值

参数	P_1	P_2	P_3	P_4	P_5	P_6	P_7
取值	11.004	−27.657	21.126	−0.609	−5.284	2.417	3.234

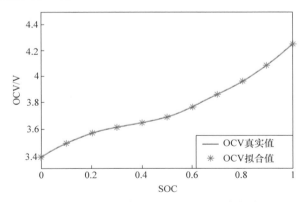

图 3-11   三元电池 SOC-OCV 拟合曲线

UDDS 循环工况测试用于模拟车辆实际运行条件下的负载情况，该循环工况由不同倍率充 / 放电电流负荷和静态搁置组成，由于 UDDS 循环工况具有良好的动态特性，因此，RLS 算法可以很好地辨识等效电路电池模型的参数，UDDS 测试工况的电流和电压动态响应如图 3-12 所示。

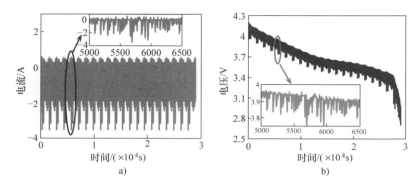

图 3-12　UDDS 测试工况实验

a）UDDS 测试工况电流示例　b）UDDS 测试工况电压示例

基于以上 UDDS 工况的测试数据，该部分利用回归最小二乘法（RLS）算法来求解等效电路参数 R_0、R_p 和 C_p 的值。由式（3-6）可定义端电压与 OCV 之差：

$$E_{t,k+1} = U_{t,k+1} - U_{OCV,k+1} \tag{3-6}$$

其中 U_{OCV} 通过离线 HPPC 测试获得，并与 SOC 拟合为 OCV-SOC 曲线。因此式（3-6）右边的两个参数为已知值，根据式（3-6）两个电压参数的差值，可以通过 3 个未知电池模型参数（R_0、R_p 和 C_p）来描述，由电池 ECM 和电路定律，3 个未知参数的差可以表示为：

$$E_{t,k+1} = -U_{p,k} \exp \frac{-t}{R_p C_p} - \left(1 - \exp \frac{-t}{R_p C_p} \right) R_p I_{0,k} - I_{0,k+1} R_0 \tag{3-7}$$

为了使用 RLS，我们引入变量 E，递归函数表示如下：

$$\iota = R_p C_p \tag{3-8}$$

$$E_{t,k+1} = \exp \frac{-t}{\iota} E_{t,k} - R_0 I_{0,k+1} + \left[\exp \frac{-t}{\iota} R_0 - \left(1 - \exp \frac{-t}{\iota} \right) R_p \right] I_{0,k} \tag{3-9}$$

$$E_{t,k+1} = \alpha_1 E_{t,k} + \alpha_2 I_{0,k+1} + \alpha_3 I_{0,k} \tag{3-10}$$

其中，α_1、α_2 和 α_3 分别定义如下：

$$\begin{cases} \alpha_1 = \exp \dfrac{-t}{\iota} \\[2mm] \alpha_2 = R_0 \\[2mm] \alpha_3 = \exp \dfrac{-t}{\iota} R_0 - \left(1 - \exp \dfrac{-t}{\iota} \right) R_p \end{cases} \tag{3-11}$$

通过简单的数学变换，可以求出一阶电池模型的参数

$$\begin{cases} R_0 = \alpha_2 \\ R_p = \dfrac{\alpha_1 \alpha_2 + \alpha_3}{\alpha_1 - 1} \\ C_p = \dfrac{t}{R_p \log(\alpha_1)} \end{cases} \qquad (3\text{-}12)$$

基于 RLS 算法，电池模型可以重写为

$$y_k = \boldsymbol{\phi}_k \boldsymbol{\theta}_k + \varepsilon \qquad (3\text{-}13)$$

式中，ε 为模型误差；$\boldsymbol{\phi}$ 和 $\boldsymbol{\theta}$ 分别为数据矩阵（电压、电流）和参数矩阵。RLS 算法辨识模型参数的详细过程，如表 3-5 所示。

表 3-5　基于 RLS 的参数识别

（1）初始化

$$\boldsymbol{\phi}_0, \boldsymbol{\theta}_0, \boldsymbol{P}_0, \boldsymbol{K}_0$$

（2）迭代数据

$$\begin{cases} \boldsymbol{\phi}_k = [E_{t,k-1} \quad E_{t,k-2} \quad I_{0,k} \quad I_{0,k-1} \quad I_{0,k-2}] \\ \boldsymbol{\theta}_k = [\alpha_1 \quad \alpha_2 \quad \alpha_3 \quad \alpha_4 \quad \alpha_5]^{\mathrm{T}} \end{cases}$$

（3）计算误差协方差及增益矩阵

$$\begin{cases} \boldsymbol{K}_k = \dfrac{\boldsymbol{P}_{k-1} \boldsymbol{\phi}_k^{\mathrm{T}}}{1 + \boldsymbol{\phi}_k \boldsymbol{P}_{k-1} \boldsymbol{\phi}_k^{\mathrm{T}}} \\ \boldsymbol{P}_k = \boldsymbol{P}_{k-1} - K_k \boldsymbol{\phi}_k^{\mathrm{T}} P_{k-1} \end{cases}$$

（4）参数更新

$$\begin{cases} \varepsilon_k = y_k - \boldsymbol{\phi}_k \boldsymbol{\theta}_k \\ \hat{\boldsymbol{\theta}}_k = \hat{\boldsymbol{\theta}}_{k-1} + \boldsymbol{K}_k \varepsilon_k \end{cases}$$

UDDS 循环工况下模型参数辨识的具体结果如图 3-13 所示，从图可以看出，最大误差在放电末端，为 90mV 以内，模型内各元件的参数值如图 3-13b~图 3-13d 所示，在整个放电过程中欧姆内阻基本保持不变，放电结束时极化内阻和电容发生了明显增长变化。另外，这些物理元素参数随着电池充电状态和电池健康状态的变化而变化，对电池模型的准确性有很大影响。因此，为了保证模型的准确性和较好的状态估计精度，重点在于通过自适应调整相应的参数来解决参数随使用寿命变化的问题。

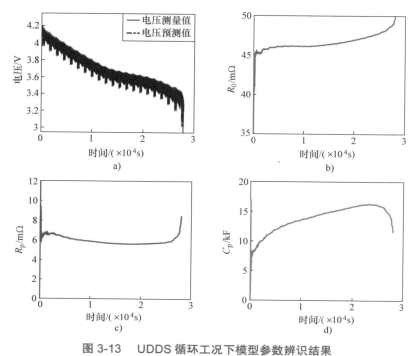

图 3-13   UDDS 循环工况下模型参数辨识结果

a）端电压响应曲线   b）欧姆电阻 R_0 c）极化电阻 R_p d）极化电容 C_p

3.3   **动力电池 SOC 估计算法设计**

电动汽车在实际运行过程中，由于电池非线性的特征与运行过程中的干扰，给汽车运行中的电池状态估计带来一定的难度，因此对于电动汽车有必要建立一种精确的电池 SOC 估计方法。电池 SOC 估计是电池管理系统（BMS）中最重要的功能，也是电动汽车运行过程中做出控制策略的依据。另外，精确的电池 SOC 估计不仅能够保证汽车在实际运行过程中的安全，同时也能有效地延长电池的使用寿命。对于电池 SOC 估计要通过大量的实验测试数据，建立准确的动力电池等效电路模型，将开路电压看作一个电压源，通过增加电阻以及电容等电子元件模拟电池内部的极化反应，欧姆极化以及浓差极化等影响因素，以实现精确稳定的动力电池 SOC 估计。

3.3.1   自适应扩展卡尔曼滤波原理

卡尔曼滤波是利用计算最小平方误差思想，通过一系列数学方程实现系统模型状态的估计。卡尔曼滤波器在导航、参数估计、状态估计等领域得到了广泛的应用，该滤波器充分利用了线性系统的优点，然而它不能很好地处理非线性问题。因此，Efe 等人提出了扩展卡尔曼滤波，通过将均值和协方差的状态线性化来解决非线性问题。在使用扩展卡尔曼滤波估计一些非线性问题时，估计误差协方差不能满足实际要求，不仅会导致估计问题发散降低估计精度，在某些条件下甚至会不断增大。因此，本文采用一种自适应扩展卡尔曼滤波算法来估计电池 SOC。

离散系统的状态方程和观测方程如下：

$$\begin{cases} X_k = A_{k-1}X_{k-1} + B_{k-1}u_{k-1} + \Gamma_{k-1}w_{k-1} \\ Y_k = C_k X_k + D_k u_k + v_k \\ v_k : (r_k, R_k) \\ w_k : (q_k, Q_k) \end{cases} \tag{3-14}$$

式中，A_k、B_k、C_k、D_k 为各状态矩阵的离散形式；X_k、Y_k 分别为第 k 个样本点处的状态向量和观察矩阵；v_k 为测量噪声其均值和协方差分别为 r_k 和 R_k；w_k 为过程噪声其均值和协方差分别为 q_k 和 Q_k。

通常卡尔曼滤波算法包括 3 个部分：1）初始化，2）时间更新，3）测量更新，具体流程如下

1）滤波方程初始化

$$\begin{cases} \hat{x}_0^+ = E(x_0) \\ P_0^+ = E[(x_0 - \hat{x}_0^+)(x_0 - \hat{x}_0^+)^{\mathrm{T}}] \end{cases} \tag{3-15}$$

式中，$\hat{x}_0^+$ 和 P_0^+ 分别为状态变量的均值和系统的协方差，上标"+"表示后验状态。

2）时间更新，包括状态空间和基于式（3-15）的协方差误差更新

$$\underbrace{\hat{x}_{k+1}^- = A_k \hat{x}_k^- + B_k u_k + \Gamma_k w_k}_{Predicted\ State\ Estimate} \tag{3-16}$$

$$\underbrace{P_k^- = A_k P_k A_k^{\mathrm{T}} + Q_k}_{Priori\ Covariance\ Matrix} \tag{3-17}$$

3）测量更新

$$\underbrace{H_k = P_k^- C_k^{\mathrm{T}} / (C_k P_k^- C_k^{\mathrm{T}} + R_k)}_{Kalman\ Gain\ Update} \tag{3-18}$$

$$\underbrace{\hat{x}_k^+ = \hat{x}_k^- + H_k(y_k - C_k \hat{x}_k^- - D_k u_k)}_{State\ Estimation\ Measurement\ Update} \tag{3-19}$$

$$\underbrace{\boldsymbol{P}_k^+ = (\boldsymbol{I} - \boldsymbol{H}_k\boldsymbol{C}_k)\boldsymbol{P}_k^+}_{Posteriori\ Covariance} \quad (3\text{-}20)$$

从式（3-17）和式（3-18）中，需要对两个协方差自定义 $\boldsymbol{Q}_{k-1}$ 和 $\boldsymbol{R}_{k-1}$。严格来说，扩展卡尔曼滤波估计结果依赖于 Q 和 R 的精度，这两个参数通常利用试错方法被定义为常数矩阵，为了解决这一问题，本文利用一种自适应估计方法，通过协方差匹配方法，自适应获得上述两个协方差值，该协方差匹配方法主要通过对新息值或残差值的协方差矩阵进行调优。新息值定义为实际测量值与其预测值之差，同样，残差定义为实际测量值与其利用先验值获得的估计值之间的差值。新息与残差值具体可用如下公式计算：

$$\underbrace{d_k = y_k - C_k\widehat{x}_k^- - D_ku_k}_{Measurement\ Innovation} \quad (3\text{-}21)$$

$$\underbrace{\varepsilon_k = y_k - C_k\widehat{x}_k^+ - D_ku_k}_{Residual} \quad (3\text{-}22)$$

为保证 $\boldsymbol{R}_k$ 是一个正矩阵，本文引入残差值来估计 $\boldsymbol{R}_k$ 具体计算公式如下：

$$\boldsymbol{R}_k = \boldsymbol{E}[\varepsilon_k\varepsilon_k^{\mathrm{T}}] + \boldsymbol{C}_k\boldsymbol{P}_k^-\boldsymbol{C}_k^{\mathrm{T}} \quad (3\text{-}23)$$

为了实现（3-23），$\varepsilon_k\varepsilon_k^{\mathrm{T}}$ 的期望值是通过计算 $\varepsilon_k\varepsilon_k^{\mathrm{T}}$ 在时间变化上的平均值。这里引入遗忘因子来简化移动窗口平均方法，因此 R_k 可以写成

$$\boldsymbol{R}_k = \alpha\boldsymbol{R}_{k-1} + (1-\alpha)(\varepsilon_k\varepsilon_k^{\mathrm{T}} + \boldsymbol{C}_k\boldsymbol{P}_k^-\boldsymbol{C}_k^{\mathrm{T}}) \quad (3\text{-}24)$$

上式中 α 为遗忘因子，该遗忘因子与权重因子具有相同的功能。具体来说，当 α 的值越大，意味着更多的权重在之前的估计情况，即更侧重于之前的估计值，这需要捕获更长时间的信号变化使得 R_k 较为平滑，本文中将遗忘因子设为 0.98。与测量协方差 R_k 相似，过程协方差 Q 计算如下：

$$\boldsymbol{Q}_k^{\cdot} = \alpha\boldsymbol{Q}_{k-1} + (1-\alpha)(\boldsymbol{H}_k\boldsymbol{d}_k\boldsymbol{d}_k^{\mathrm{T}}\boldsymbol{H}_k^{\mathrm{T}}) \quad (3\text{-}25)$$

自适应扩展卡尔曼滤波电池 SOC 估计实则由两部分组成，其中一部分为根据电流积分计算实际消耗电量的安时积分法，另一部分为利用卡尔曼滤波算法通过追踪实际电池电压的变化情况进行修正。首先，将简单介绍安时积分法的计算过程，然后详细描述自适应扩展卡尔曼滤波在电池 SOC 估计中的应用。

安时积分法是最常用的 SOC 估计方法，若设置充放电初始 SOC 记为 SOC_0，那么当前 SOC 为：

$$\mathrm{SOC} = \mathrm{SOC}_0 \pm \eta\int_0^t \frac{1}{Q_0}I\mathrm{d}t \quad (3\text{-}26)$$

式中，Q_0 为电池额定容量；I 为电池电流；η 为充放电效率（也称库仑效率）；η 与充电效率有关，常温状态下设置充放电时 η 均为 1。

安时积分法目前应用于大多数电动汽车电池的 SOC 估计中，若电流采集精确，且能够获取较精确的初值，它是一种可靠、简单的 SOC 估计方法。安时积分法应用中需要考虑电流积分，若电流采样不准或者电流传感器测量有偏差，将造成电池 SOC 计算过程中的误差且该误差将不断累积；另外，需要考虑对电池初始 SOC 的标定；同时计算过程中需要考虑电池的在实际运行过程中的充放电效率，在电流采集不稳定和高温的情况下，误差相对较大。电流测量需通过使用较高分辨精度的电流传感器测量，这样会使得计算成本增加。考虑到安时积分的缺点，通过利用卡尔曼滤波算法进行修正，获取更准确的电池 SOC 估计结果。

将卡尔曼滤波算法应用于电池模型中，得到的离散化模型如下：

$$\dot{X} = \begin{bmatrix} U_p(k+1) \\ SOC(K+1) \end{bmatrix} = A_k \times \begin{bmatrix} U_p(k) \\ SOC(K) \end{bmatrix} + B_k \times I(k) \qquad (3\text{-}27)$$

$$y = \begin{bmatrix} U_t(k) \end{bmatrix} = C_k \times \begin{bmatrix} U_p(k) \\ SOC(k) \end{bmatrix} + D_k \times I(k) \qquad (3\text{-}28)$$

式中，$A_k = \begin{bmatrix} \exp\left(-\dfrac{\Delta t}{R_p C_p}\right) & 0 \\ 0 & 1 \end{bmatrix}$；$B_k = \begin{bmatrix} R_p\left\{1 - \exp\left(-\dfrac{\Delta t}{R_p C_p}\right)\right\} \\ -\dfrac{\Delta t}{Q_0} \end{bmatrix}$；$C_k = \begin{bmatrix} 1 & \dfrac{\partial U_{ocv}}{\partial SOC} \end{bmatrix}$；

$D_k = R_0$。

3.3.2 动力电池测试平台及电池组 SOC 估计策略

1. 动力电池测试平台

利用卡尔曼滤波算法实现动力电池 SOC 估计，需要搭建电池测试平台用以获取电池运行数据，本研究对于单体电池 SOC 测试所采用的电池测试平台，如图 3-14 所示，该测试平台所采用的动力电池额定容量为 5.0A·h，额定电压为 3.3V，在室温下对电池进行测试。电池充放电的测试所采用的测试设备为深圳新威公司的 Neware BTS-400 充放电柜，该设备可以实时采集电池运行过程中容量、充放电电流以及电压数据，并作为电池数据的标准值，输入电脑终端。同时利用电池电压采集系统获取电池的电压数据，以及利用传感器采集电池充放电电流数据，将以上系统采集到的电压及电流数据输入到 BMS 中进行电池 SOC

估算，将 BMS 对电池 SOC 估计结果与电池测试系统获取的数据进行对比分析。

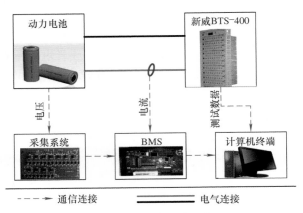

图 3-14　电池测试平台

卡尔曼滤波算法在电池 SOC 估计过程中要嵌入到 MCU 当中，MCU 所用的执行命令的程序是由 C 语言编写。因此要将开发语言转化为 C 语言，其具体算法执行过程保持不变。但是由于电池管理系统中所用到的 MCU 运算能力限制，在对数值运算过程中，在保证运算精度的前提下要进行数值转化，要对电池的电压、电流以及电池模型进行相应的修改。具体修改部分总结为以下内容：

1）降低运算量，保证 MCU 的负荷。在 CPU 运行过，较高的运算量会占用大量的 CPU 储存空间，增加 CPU 的负荷。这样对于电动汽车的电池管理系统来说，不仅影响到测量的精度，同时影响到汽车运行过程中对正常信息掌握的实时性，另外也不能保证较舒适的用户体验。因此，在对电压和电流数值的处理精度过程中保证到毫伏和安级，同时对电池模型中出现的指数运算进行泰勒展开，将指数运算转化为线性运算，以达到减少计算成本的目的。

2）考虑到电池电压在静置或放电之后的回滞问题。由于对于电池 SOC 的计算只在有电流流过的情况下。因此当电动汽车在停机的时候，不进行电池 SOC 的计算。为了保证电动汽车在停机时的安全性，需对电动汽车电池电压实施全天候二十四小时监控，防止电池在停机时出现短路而导致起火等事故发生。当电动汽车在重新开启运行的时候，电池 SOC 值按照上次停机时的数值，通过卡尔曼滤波算法在本次运行过程中进行校正及预测。

3）为了保证电动汽车在再次开机时 SOC 值上升，根据基本 SOC 的定义，只有电流在时间上的累积增加的时候 SOC 才上升，同时当累积值减少时 SOC 才能下降。为了避免这种情况发生，设置在汽车运行过渡期间，当卡尔曼滤波运算收敛值大于上次保留值时，电动汽车对外显示 SOC 值保持不变，当卡尔曼滤波计算值小于上次保留 SOC 值时，等卡尔曼滤波的估计值逐步收敛到稳定值。

4）在进行电池包整体 SOC 估计的过程中，在单体 SOC 估计的基础上设计电池包 SOC 估计算法。根据所设计的算法对电流进行处理，保证电池包 SOC 估计过程的精度。在估计之前首先判断电池包内各个模块工作是否正常，然后运行具体估计程序。

2. 电池组 SOC 估计策略

对于电池组 SOC 估计不仅要考虑到运算复杂性，同时要在保护电池过充电过放电的基础上提高电池组整体 SOC 估计精度。电池组是由先并后串的方式组成，如图 3-15 所示，电池组内部不一致性示例如图 3-16 所示。由于在充放电过程中电池组中各个单并电池容量不一致，通常利用卡尔曼滤波算法计算各个单体电池的 SOC，然后将各单体平均 SC 作为最终的输出值。由于电池组内单并电压极值的影响，该方法不能较精确估计电池组实际剩余容量，而且无法避免电池在使用过程中发生过充电过放电。基于单体电池 SOC 估计，本书中介绍一种简单易实现的数学理论模型的算法估计电池组 SOC，该方法可以有效地防止电池出现过充电过放电现象，在提高了电池组 SOC 估算精度的同时也减轻了电池组 SOC 估计的计算量。

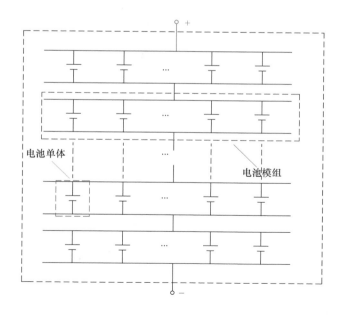

图 3-15　锂离子动力电池组的组装方式

如何通过一个电池容量值来反映出电池包整体容量是极大的挑战。本研究从两个方面提出电池组 SOC 估计策略。首先减少计算过程，在不降低电池组估计精度的前提下，减少估计电池组内所有单并电池 SOC。其次保证电池组内各个电池单体在充电过程中只要有一个单并电池达到截止电压时电池组就输出 SOC 满充显示，防止电池组内单体电池出现

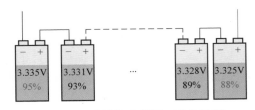

图 3-16　电池组内部不一致性示例

过充。相反，当放电时若出现电池单并达到截止放电电压时，电池组 SOC 显示放电完全。另外，当电池整体容量较高时，电池组对外显示 SOC 更应该倾向于较高 SOC 值，当电池整体容量较低时，电池组显示 SOC 更应该接近于较低 SOC 值。

通过获取电池管理系统中，最高及最低单并电池电压 V_{max} 和 V_{min}，然后利用自适应扩展卡尔曼滤波估计单并电池 SOC 分别为 SOC_{max} 和 SOC_{min}。在本研究中对于电池组 SOC 的估计只考虑最高和最低单并电压所对应的 SOC 值，因此在每次计算电池组 SOC 时，只需要运行两次 AEKF 算法，因此相对于计算所有单并电池 SOC 减少了较大的量。本书对于电池组 SOC 的计算根据最高及最低 SOC，还需要引出两个权重因子 w_1 和 w_2，该权重因子随着 SOC_{max} 和 SOC_{min} 而变化，最终电池包输出 SOC 如下式所示：

$$SOC_{pack}(k) = SOC_{max}(k) \times w_1(k) + SOC_{min}(k) \times w_2(k) \qquad （3-29）$$

式中，$w_1(k)$ 和 $w_2(k)$ 的范围为 $0 \sim 1$。

通过分析电动汽车的实际运行情况，保证驾驶员有更好的用户体验，采用更加合理的权重系数。在汽车运行中，驾驶员通常较为关注电池的两个状态，即满充状态和满放状态。当电池充电过程中电池 SOC 平滑达到满充状态即等于 SOC_{max}，当电池在放电的过程中电池应根据实际电压情况平稳且快速达到放空状态即接近 SOC_{min} 值，因此这样有效地避免了电池组可能存在的过充电过放电现象。另外，当电池组实际 SOC 在满充满放之间时，权重因子应该调整 SOC 在最高 SOC 及最低 SOC 之间平滑转化。因此，基于 $SOC_{max}(k)$ 及 $SOC_{min}(k)$ 估计整个电池组估计过程将被分为 3 个部分，3 个部分之间平滑连接，电池组输出 SOC 值不会出现波动，具体的计算流程如图 3-17 所示。特别指出当电池最高 SOC 与最低 SOC 的差值大于 0.5 时，BMS 将发出警告信息，电池组运行程序将停止。

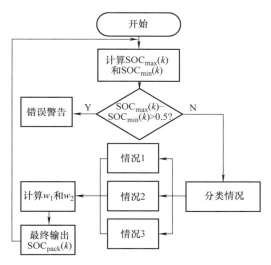

图 3-17　电池组 SOC 估计计算流程

1）情况 1：

条件：

$$\text{SOC}_{\text{max}}(k) - \text{SOC}_{\text{min}}(k) < \text{SOC}_{\text{pack}}(k-1) < 1 - (\text{SOC}_{\text{max}}(k) - \text{SOC}_{\text{min}}(k)) \quad （3\text{-}30）$$

权重因子计算：

$$\begin{cases} w_1(k) = (\text{SOC}_{\text{max}}(k) + \text{SOC}_{\text{min}}(k)) / 2 \\ w_2(k) = 1 - (\text{SOC}_{\text{max}}(k) + \text{SOC}_{\text{min}}(k)) / 2 \end{cases} \quad （3\text{-}31）$$

在情况 1 中，权重因子 $w_1(k)$ 为 $\text{SOC}_{\text{max}}(k)$ 与 $\text{SOC}_{\text{min}}(k)$ 的平均值，权重因子 $w_2(k) = 1 - w_1(k)$，因此根据公式（3-29）可知，输出电池组 SOC，在最高 SOC 与最低 SOC 之间平滑转换。

2）情况 2：

条件：

$$\text{SOC}_{\text{pack}}(k-1) \leqslant \text{SOC}_{\text{max}}(k) - \text{SOC}_{\text{min}}(k) \quad （3\text{-}32）$$

权重因子计算：

$$\begin{cases} w_1(k) = 0 \\ w_2(k) = (\text{SOC}_{\text{max}}(k) - \text{SOC}_{\text{min}}(k)) / \text{SOC}_{\text{min}}(k) \end{cases} \quad （3\text{-}33）$$

在情况 2 中，考虑到电池组处于放电过程，电池组内部最高 SOC 与最低 SOC 存在较大的差值。此时，该算法转化为一种追踪系统，电池组输出 SOC 尽力去追踪最低 SOC，保证当电池组内部最低 SOC = 0 时，电池组输出 SOC 值也同时为 0。在该情况下权重因子 $w_1(k)$ 被设置为 0，而 $w_2(k)$ 的值影响电池组输出 SOC 的追踪时间与追踪速率，在该过程中 $w_2(k)$ 根据电池组内部最高及最低 SOC 确定为一恒定常数。

3）情况 3：

条件：

$$SOC_{pack}(k-1) \leqslant 1-(SOC_{max}(k)-SOC_{min}(k)) \tag{3-34}$$

权重因子计算：

$$\begin{cases} w_1(k) = (SOC_{max}(k)-SOC_{min}(k))/(1-SOC_{max}(k)) \\ w_2(k) = 0 \end{cases} \tag{3-35}$$

情况 3 与上述情况 2 相似，当电池在充电过程中，电池组输出 SOC 尽力追踪最高 SOC，此时权重因子 $w_2(k)$ 设置为 0。

3.3.3 动力电池 SOC 估计结果验证分析

1. 单体动力电池 SOC 估计

由于电动汽车在实际运行过程中电流充放电变化较为频繁，因此为了保证所设计的算法对电池 SOC 估计的精度，首先对电池 SOC 的一致性进行检测。电池一致性是指当电池充电过程中电池 SOC 不会下降，放电过程中电池 SOC 不会上升，当电池无负载的情况下电池 SOC 不会升高或者降低。

利用电池 HPPC 测试数据对电池 SOC 进行估计，电池 HPPC 测试在高脉冲部分包含大电流充放电，因此可以有效地验证电池一致性测试。对 HPPC 数据进行 SOC 估计，初始 SOC 设置为 0.6，从图 3-18 可以看出当程序运行到 230s 左右时，估计值接近于标准值，取 6500~8500s 的数据，可以看出在电池放电的时候 SOC 值下降，电池充电的时候 SOC 值上升，在电池无负载的时候电池 SOC 保持恒定，如图 3-19 所示。

自适应扩展卡尔曼滤波算法可以消除安时积分法无法确定初值的情况，在估计过程中通过调整 SOC 值减少电池模型端电压与实际采集端电压之间的差，使得电池估计 SOC 值与标准 SOC 越来越接近。因此，如果所建立的电池模型有误差时，通过卡尔曼滤波算法估计电池 SOC 将会产生一定的静态误差，该误差很显然并不是由算法估计所产生的，准确来说自适应扩展卡尔曼滤波估计算法可以消除在测量过程中所带来的噪声影响，但是不能消除电池建模过程所引入的误差，所以对于不同的充放电倍率下，电池 SOC 估计误差会有所不同。当在实际运行过程中随着运行工况的不同，电池 SOC 估计精度由于模型误差以及

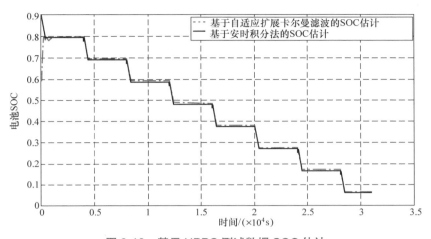

图 3-18　基于 HPPC 测试数据 SOC 估计

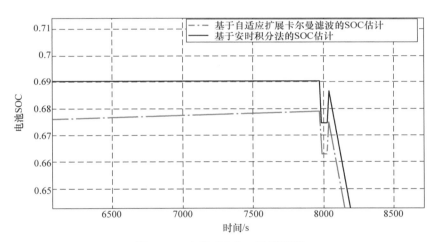

图 3-19　电池 SOC 一致性验证

放电倍率不同导致容量与标定容量的差异，将导致精度不能保证一个确定的值，只能保证一定的误差范围。图 3-20 和图 3-21 表明，AEKF 的电池 SOC 估计算法可以避免由于初值选择导致的累积误差，另外，图 3-22 描述通过电池 SOC 调整模型电压与实际采集端电压之间的收敛过程。

　　从图 3-22 可以看出，当初值设置为 0.2 时，初始时期电池的模型端电压与实际采集的电池电压差别比较大，经过 SOC 的调整电压逐渐与真实电压值接近，当到达放电末端的时，因电池末端电压的非线性特性以及模型放电截止电压设置的不同，在放电末端电池模型电压与实际采集电压差别再次变大。由于电池

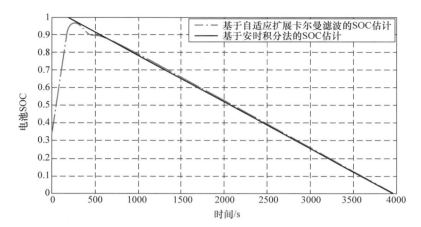

图 3-20 SOC 初值为 0.2 的收敛性

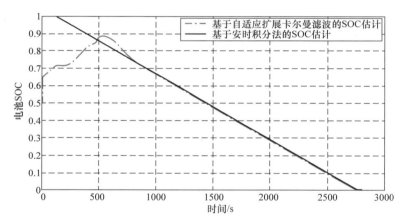

图 3-21 SOC 初值为 0.5 的收敛性

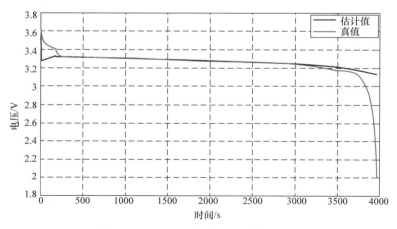

图 3-22 SOC 设置为 0.2 时电压变化

内部电阻的存在，所以当电池电流越大，在电阻上产生的电压降就会变大。这样导致电池 OCV 下降的越快，越容易到达放电截止电压，这样电池放电量就越小。电池 SOC 通过自适应扩展卡尔曼滤波算法根据电压值实时调节电池的 SOC，防止电池在放电过程中出现过放现象。相反，当电池用大倍率电流充电的时候，电压在充电末端上升较快，电池充电容量要小于额定容量，但是通过算法对电池 SOC 的调整，使电池 SOC 上升到充电截止电压时可以终止充电过程防止电池出现过充现象。

2. 动力电池组 SOC 估计

目前基于电池模型的滤波算法对于电池单体 SOC 的估计已经达到相当高的精度，然而对于电池成组 SOC 的估计既要考虑到内部各个单体电池之间的不一致性，同时由于锂电池对电压的敏感性，还要保护电池组避免在使用过程中发生过充电过放电现象。因此对于电池组 SOC 估计既要求相对简单的计算过程，同时又要对电池组起到保护作用。

对于以上提出的电池组 SOC 估计算法，以 12 串 2 并电池串为测试平台，对电池串 SOC 测试时，将电池串视为一个整体，防止电池组在不同条件的充电过程中超过充电截止电压而导致过充现象，同时，还需保证电池组在放电过程中内部电池电压达到放电截止电压时终止电池放电，充放电过程中两端显示 SOC 分别为 100% 和 0%。测试中，通过采集模块将每个单体电池的电压同时上传至主机，然后在主机内部将电压进行由大到小排序，从中选择最高电池电压及最低电池电压分别计算两个 SOC 值，最大和最小 SOC 在运行过程中采用一定的权重，实现满充与满放 SOC 对外平滑过渡输出。另外，对于内部计算的 SOC 采用卡尔曼滤波算法进行分段修正，分段以 SOC 达到 85% 以上及 SOC 达到 30% 以下为界，这样在电池两个末段分别进行修正，不仅消除了安时积分法在电池 SOC 估计过程中带来的累积误差，而且通过修正保护电池过充电过放电，也避免了电池在放电平台区单纯由卡尔曼滤波算法估计的不稳定性。

首先，验证电池组内最高及最低 SOC 估计精度，采集电池组内各个单并电池的电压，将采集到的电压排序，提取电池组中最高及最低单并电压，利用自适应扩展卡尔曼滤波同时估计电池单并电池 SOC，具体测试结果如图 3-23 所示。其中分别将算法估计 SOC 结果与标准 SOC 估计结果对比，选择最低电压所对应的单并 SOC 结果进行误差结果分析如图 3-24 所示。

其次，验证在不同温度下电池组 SOC 估计精度，在电池温度分布为 20~40℃的条件下进行完整的充放电测试。在不同温度下电池的充放电容量将会出现差别，本测试主要目的是测量当电池容量与额定容量不同时，电池组 SOC 的估计精度。另外还验证了当电池出现衰退时，电池组 SOC 的估计精度。电池组在不同温度下 SOC 估计结果如图 3-25~ 图 3-27 所示。

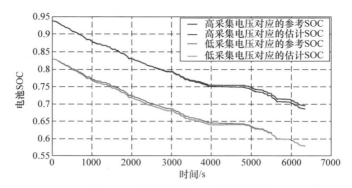

图 3-23 电池单并 SOC 估计结果

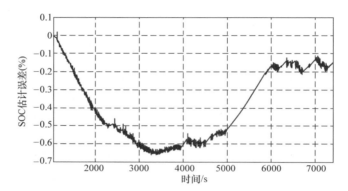

图 3-24 电池 SOC 估计误差分析

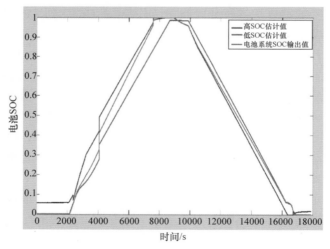

图 3-25 40℃电池组测试算法结果

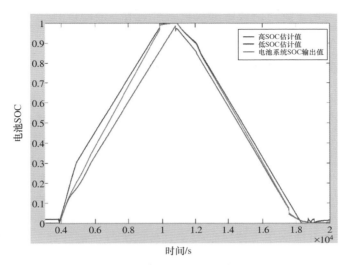

图 3-26　30℃电池组测试算法结果

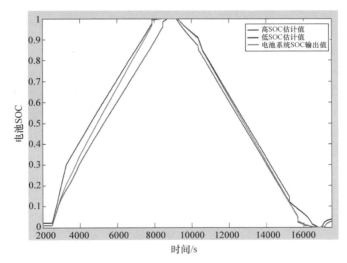

图 3-27　20℃电池组测试算法结果

由图 3-25 可以看出电池包在 40℃下以 0.5C 恒流充电至 3.9V，显示 SOC 可达到 1。SOC 估计值在 30% 左右时出现变化，这是由于此时所设置的权重因子对卡尔曼滤波算法 SOC 估计值进行修正所导致。

从图 3-26 中可以得出，电池包在 30℃下以 0.5C 恒流充电至 3.9V，显示 SOC 可达到 1，过程中算法得到的 SOC 比较平滑。从图 3-27 中可以得出，电池包在 20℃下以 0.5C 恒流充电至 3.9V，显示 SOC 可达到 1，放电初期有一个很小的变化，这是由于此时所设置的权重因子对卡尔曼滤波算法 SOC 估计值进行修正所导致。

3.3.4 实车电池系统 SOC 估计及验证

电动汽车在实际工况使用过程中，动力电池为其主要动力源，为了确保动力电池在实际使用程中的安全性及稳定性，电池参数以及电池的各种状态成为研究电池性能的重要参数依据。电动汽车的安全隐患目前来说主要包括电池的过充、过放以及过热等因素对电池带来的危害。在对数据进行实际采集过程中，并不是任何一个单体电池的电压及温度都可以实时采集到，根据不同的电池包设计方式，对于电池电压等特征参数的采集方式各有差异，在每个电池并和电池串模组中各种传感器分布的结构和数量也是不同的。通常对于电池状态估计要根据电池包内电池的组成设计结构先对数据进行分析处理，然后对电池包整体状态进行估计。

本研究中，通过大数据监控平台获取一辆物流车实时运行过程中的数据，该物流车如图 3-28 所示。所测试物流车由 150 个单并电池模组串联组成，每个电池模组由 28 个单体电池并联组成。该电动汽车的额定容量为 140A·h，额定电压为 540V。把电池包 SOC 估计算法嵌入到电池

图 3-28　测试物流车

管理系统中，在汽车运行过程中通过 GPRS 远程获取数据。

在电动汽车实车验证过程中，对于电池管理系统所采集的电流及电压数据进行处理后，将电池包输出电流转化为单体电池的输出电流。另外对整体采集的电压进行排序，按照所设计的电池包 SOC 估计算法，取最高及最低单并电池电压，取 1600 个采样点的数据作为验证区间，在验证区间内最高及最低电压如下图 3-29 所示，从图中可以看出最高及最低电压之间的最大差值为 50mV。同时，所采集的电池包输入/出电流，基于电池包分别转化为单体电池的电流输入输出，数据如图 3-29 所示。

根据以上测试区间电流图所示，电动汽车运行过程包括加速、减速以及怠速模式，该测试区间包含了日常使用过程中电动汽车运行的各种情况。下面基于本书所提出的整车电池 SOC 估计算法与目前市场上大多数厂商所采用的整车电池 SOC 估计算法进行对比分析。首先从计算成本考虑，本书仅计算两组电池

的 SOC 值，而普通电池包 SOC 估计算法所计算的电池 SOC 个数多于本书所计算的数量。因此从计算成本方面考虑，本书的方法大大降低了 CPU 的计算成本，提高了计算过程中的稳定性，增强了对电池包 SOC 估计的实时性。另外，将以上两种电池包 SOC 估计算法同时应用于验证区间内的电流及电压，分别得到两组电池包 SOC 估计值，同时为了更清晰有效地描述所提出方法在实际估计中的运行过程，在图中将电池包内根据最高最低电压所获得的 SOC 值进行调整，其 SOC 变化如图 3-30 所示。从图中可以清楚地观察到，本书所提出的方法相比整车电池 SOC 估计方法更具代表性。

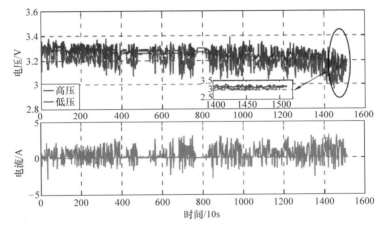

图 3-29　实车最高、最低电压以及运行过程电流

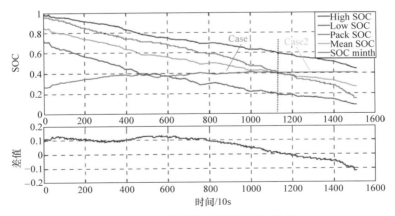

图 3-30　不同估计方法下 SOC 比较

3.4 本章小结

本章节介绍的内容为基于自适应扩展卡尔曼滤波算法通过精确估计单体电池的剩余电量，提出电池组剩余电量估计策略，主要工作包含锂离子电池建模及参数辨识、基于 AEKF 的电池 SOC 估计算法设计、电池组 SOC 估计算法设计和实车验证。具体主要工作如下：

1）首先分别介绍了当前主流的锂离子电池模型，分析了各个模型的优缺点，最终建立起锂离子一阶等效电路模型，应用戴维宁电路原理建立电路方程，并介绍了在线及离线参数辨识方法。

2）设计了基于自适应扩展卡尔曼滤波的电池 SOC 估计算法，利用电池测试平台对电池 SOC 估计算法的一致性以及收敛性进行验证，并将所提出的 SOC 估计算法与安时积分法进行了比较分析。

3）将所提出的自适应扩展卡尔曼滤波单体电池 SOC 估计算法与电池组 SOC 估计算法相结合，应用于电池组 SOC 估计中。通过设置权重因子调节电池组内部最高及最低电压所对应的 SOC，根据两个 SOC 值决定最终电池组 SOC 的输出值，并通过某公司生产的物流车进行了实车测试与验证。

第 4 章

动力电池健康状态（SOH）估计

4.1 动力电池衰退数据分析

4.1.1 动力电池老化实验及数据库

1. NASA 电池老化数据集

美国国家航空航天局（National Aeronautics and Space Administration，NASA）埃姆斯研究中心（PCoE）以爱达荷州国家实验室生产的第二代 18650 钴酸锂（$LiCoO_2$）电池为研究对象，在不同工况下进行了 9 组电池老化测试，包括不同温度下充电、放电和电化学阻抗谱（EIS）测试。

以第一组电池（N5，N6，N7，N18）为例，在 24℃恒定室温，锂离子电池在充电时采用先恒流后恒压的充电方式，充电过程先以 1.5A 恒定电流进行充电至充电电压达到 4.2V，再以恒压充电模式进行充电，直到电流下降至 20mA，充电结束；放电过程采用恒流放电，以 2A 恒定电流放电到设定的放电截止电压（分别为 2.7V、2.5V、2.2V 及 2.5V），放电结束；充放电过程中分别采集电池端和充电器端的电流和电压数据，并通过热电偶采集电池表面温度数据，如表 4-1 所示。锂离子电池在进行多次充放电循环测试后，利用电化学阻抗测试仪对其进行 EIS 测试，获取电池阻抗变化趋势。重复上述过程，直至达到使用寿命（EOL）标准，即额定容量下降 30%（从 2A·h 降至 1.4A·h）时，实验停止。图 4-1a 展示了 6 号电池典型测试工况的电压、电流和温度数据，图 4-1b 显示了具有不同老化测试工况的 4 个电池的容量曲线。值得注意的是，由于在循环过程中会出现一些再生容量，因此这 4 个容量曲线随着循环次数的增加不是单调下降的。由于电池容量和循环次数之间的非线性关系，这种小范围的容量不稳定现象对电池的 SOH 估算有重要影响。因此，将从增量容量（IC）曲线中提取的一些特征参数用于映射电池容量下降并构建准确可靠的电池 SOH 估算模型。

表 4-1 NASA 电池老化数据集测试工况

电池编号	电池循环工况				
	充电截止电压 /V	放电截止电压 /V	恒流充电电流 /A	放电电流 /A	环境温度 /℃
N5	4.2	2.7	1.5	2	24
N6	4.2	2.5	1.5	2	24
N7	4.2	2.2	1.5	2	24
N18	4.2	2.5	1.5	2	24

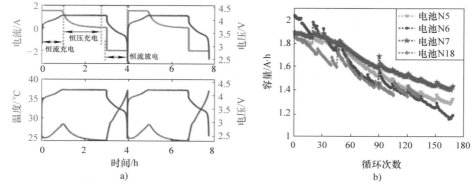

图 4-1 NASA 电池老化循环工况和容量衰退曲线

a）电压、电流和温度 b）容量衰退曲线

2. Oxford 电池老化数据集

Oxford 电池数据集使用 8 个锂离子电池进行了老化实验，所用的电池为制造商 Kokam 生产的额定容量为 740mA·h 的锂离子软包电池（型号 SLPB 533459H4）。整个实验过程中，用黏合剂将电池安装在定制的支架上，并保持 40℃的恒定环境温度以加速电池的老化过程，采用 8 通道的 Bio-Logic MPG-205 电池测试仪记录测试数据。如表 4-2 所示，实验分为老化循环和容量标定测试，其中老化循环包括 2C 恒流恒压（CCCV）充电和 Artemis 驾驶循环工况放电过程，其中放电电流是根据 Artemis 驾驶工况的速度曲线，利用简化的车辆模型计算并换算成最大电流为 5A 的动态负载电流曲线。在进行老化循环测试之前，需要对电池进行初始性能测试。老化循环对应的电压、电流和表面温度数据如图 4-2a 所示。在每经过 100 次老化循环后，需要对电池进行一次容量标定测试，首先使用 74mA 恒定电流对电池充电至 4.2V，并静置 8h 以上使电池内部处于平衡状态，然后采用 40mA 的恒定电流放电到截止电压 2.7V，随后再以同样的倍率恒流充电至 4.2V 结束。经过上述完整的老化试验得到的电池容量衰退曲线如图 4-2b 所示。

表 4-2　Oxford 电池老化数据集测试工况

测试	步骤	电流	截止标准
容量标定	恒流充电	74mA	$V > 4.2V$
	静置	0mA	$t > 8h$
	恒流放电	40mA	$V < 2.7V$
	恒流充电	40mA	$V > 4.2V$
老化循环	恒流充电	1480mA	$V > 4.2V$
	Artemis 工况放电	变化	$t > 52min$

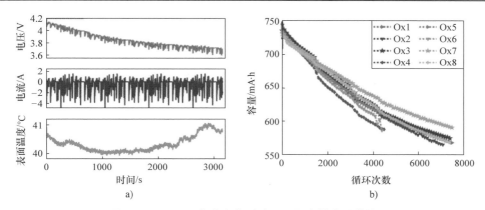

图 4-2　Oxford 电池老化测试工况及容量衰退曲线

a）Artemis 测试工况电压、电流及表面温度　b）电池容量衰退曲线

4.1.2　电压差分（DV）计算方法

电池电压为电池正极、负极电压之差，其计算公式如下：

$$V_{cell} = V_p - V_n \tag{4-1}$$

式中，V_{cell} 为电池电压；V_p 为电池正极电压；V_n 为电池负极电压。

令电池充电或放电容量为 Q，容量与电池电压、正极电压、负极电压函数曲线分别为 $V_{cell}(Q)$、$V_p(Q)$、$V_n(Q)$，则根据式（4-1）可知，电池容量 - 电压曲线关系如下：

$$V_{cell}(Q) = V_p(Q) - V_n(Q) \tag{4-2}$$

式（4-2）中的 $V_p(Q)$、$V_n(Q)$ 可以分别转换为正极、负极特定放电曲线 $V_p(q_p)$、$V_n(q_n)$，即

$$V_{cell}(Q) = V_p(q_p) - V_n(q_n) \tag{4-3}$$

式中，q_p、q_n 分别为正极、负极活性材料单位质量的放电容量。

放电容量 Q 与 q_p 和 q_n 之间的关系如下：

$$Q = m_p q_p - \delta_p = m_n q_n - \delta_n \tag{4-4}$$

式中，m_p、m_n 分别是正极、负极活性材料的可用质量，即参与电化学反应并影响放电容量的质量；δ_p、δ_n 为常数。

对式（4-2）两端进行微分，然后在式（4-3）和式（4-4）的基础上用 $m_p \, \mathrm{d}q_p$、$m_n \mathrm{d}q_n$ 代替 $\mathrm{d}Q$，则差分电压值 $\mathrm{d}V_{cell}(Q)/\mathrm{d}Q$ 为

$$\frac{\mathrm{d}V_{cell}(Q)}{\mathrm{d}Q} = \frac{\mathrm{d}V_p(Q)}{\mathrm{d}Q} - \frac{\mathrm{d}V_n(Q)}{\mathrm{d}Q} = \frac{1}{m_p}\frac{\mathrm{d}V_p(q_p)}{\mathrm{d}q_p} - \frac{1}{m_n}\frac{\mathrm{d}V_n(q_n)}{\mathrm{d}q_n} \tag{4-5}$$

差分电压值 $\mathrm{d}V_{cell}(Q)/\mathrm{d}Q$ 直接与电池内部参数 m_p、m_n、q_p、q_n 相关。

上述内容针对电池内部电化学机理分析并验证电池差分电压值可以反映电池容量退化过程，差分电压值，即特定容量增量下的电压变化率，可根据电池外部参数进行计算。因此，差分电压值考虑电池的外部数据特征和内部电化学反应机理，可分析电池容量退化状态。电池容量、差分电压值的计算公式分别为

$$Q = \int_{t=1}^{T} I\mathrm{d}t \tag{4-6}$$

$$\frac{\mathrm{d}V}{\mathrm{d}Q} = \frac{\mathrm{d}V}{I\mathrm{d}T} = \frac{1}{I}\frac{\mathrm{d}V}{\mathrm{d}T} \tag{4-7}$$

式中，I 为恒流充电或放电电流；V 为恒流充电或放电电压；T 为恒流充电或放电时间。

4.1.3 容量增量（IC）曲线获取方法

电池在不断运行使用过程中，由于其不可逆的物理和化学特性，其性能逐渐退化，通常电池老化过程涉及多种机制，表现为电池容量下降、电阻增加等。与电流不稳定的放电过程相比，恒定电流充电过程被视为获得电池退化特征的理想条件，考虑到这种情况下的充电电压和电流，可以将 IC 曲线作为电池 SOH 估算的有效分析工具。由于容量增量曲线分析方法可以从电化学的角度考虑电池衰退的机理，所以被认为是研究电池老化的重要方法。

通过锂电池充放电循环过程中的实验数据，可以得到锂电池容量增量曲线，曲线上的容量增量变化值能够反映电池内部化学反应性质的变化。容量增量分析法的基本原理是通过 BMS 实时测量恒流充电过程中的电压和电流，将电池充

电电压曲线转换为 dQ/dV 容量增量曲线。容量增量曲线是指当电池进行恒流充电时，在一个单位电压内电池充入的容量。通过容量增量分析定性地来提取与电池 SOH 下降有关的隐含参数信息。具体而言，容量增量曲线用于表征充电过程中容量随电压变化的变化率。

容量增量曲线与电池内部化学反应中离子嵌入过程有关，可以通过恒流充电过程的电压演化曲线得到，相应的容量和电压如下：

$$Q = It \tag{4-8}$$

$$V = f(Q) \tag{4-9}$$

式中，Q 和 t 分别为电池容量和充电时间；I 为恒流；V 为电池电压。函数 $f(\cdot)$ 用来描述 Q 和 V 之间的关系，因此 IC 曲线可以推导为

$$\left(f^{-1}\right)' = \frac{dQ}{dV} = \frac{Idt}{dV} = I\frac{dt}{dV} = g(V) \tag{4-10}$$

由于电池电压和电流采样时间间隔固定为 1s，所以增量容量的离散形式为

$$Q_{V_k|V_{k+1}} = I\left(t_{k+1} - t_k\right) \tag{4-11}$$

式中，$Q_{V_k|V_{k+1}}$ 为电压从 V_k 到 V_{k+1} 过程中容量的变化量；k 为电压变化的阶跃；t 为对应电压的采样时间。

在有限的电压范围内，得到容量增量曲线的离散形式，容量的变化幅度与电池电压间隔密切相关。一般来说，较小的电压间隔可能会导致一些噪声扰动导致无法轻松捕获特征，而较大的电压间隔会淹没一些重要的特征信息。因此，要得到理想的容量增量曲线，就需要适当的电压间隔和先进的滤波算法，具体增量容量曲线的离散形式可以表示为

$$\left.\frac{dQ}{dV}\right|_{V_w} = \frac{1}{V_w}\sum_{h=k}^{k+s}Q_{V_h \to V_{h+1}} = \frac{1}{V_w}\sum_{h=k}^{k+s}I\left(t_{h+1} - t_h\right) \tag{4-12}$$

式中，V_w 为电压间隔；h 为开始采样时间；s 为连续两个电压间隔之间的时间范围。

由于电池的化学成分不同，每种类型的电池都有其独特的放电/充电电压特性，该研究提到的两种电池电压演化曲线如图 4-3 所示。对比两种类型的电池，随着电池循环次数的增加，老化试验下的充电电压曲线各异。从图 4-3a 中可以看出，该三元电池充电电压曲线有明显的差异。而在图 4-3b 中，磷酸铁锂电池电压平台区域差异较小。因此，仅通过捕捉电池电压衰退特征来预测电池 SOH 仍然具有挑战性。

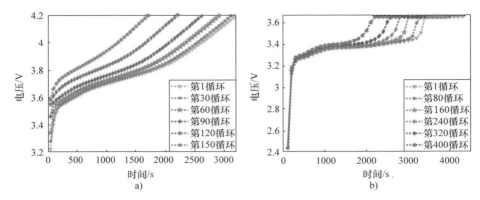

图 4-3　两种类型电池在不同老化周期下的电压演化曲线

a）电池 Y1 曲线　b）电池 F1 曲线

容量增量曲线可以通过微分容量和电压的变化来提取稳态特征，然而由于容量增量曲线对噪声的敏感性，初始曲线通常包含很多信号干扰，不能直接获得有效的特征。针对这些问题，提出了一些有效的滤波方法来平滑曲线以提取有用的特征，例如可以用小波变换（WT）滤波和移动平均（MA）方法等滤波算法来用于获得平滑的容量增量曲线。为了解决测量噪声对 IC 曲线的影响，本文介绍两种滤波算法——移动平均滤波方法和高斯滤波（GS）方法对初始容量增量曲线进行预处理，然后选择相对稳定的曲线提取健康特征。

1）平均移动滤波是一种简单的平滑瞬时波动的方法，它通过用相邻数据点的平均值来代替数据点，通过定义移动窗口大小并在数据序列上移动，每次计算后将移动一个时间步长。该方法可以用一般的表达形式为

$$y(i) = \frac{1}{N} \sum_{j=0}^{N-1} x(i+j)$$ （4-13）

式中，$x(\cdot)$、$y(\cdot)$ 为输入和输出信号的函数；N 是级数的固定窗口大小。

2）MA 方法通常可用于消除随机测量的噪声和脉冲响应信号。实际上，MA 方法的思想是用其邻居的平均值替换每个样本数据，因此，MA 方法的过滤结果紧密取决于移动窗口的尺寸，该尺寸应控制在合适的范围内。然而，该滤波算法窗口尺寸的选择非常耗时，因此不适合对大型数据集进行定量分析。

高斯滤波方法作为一种实用的滤波工具，广泛应用于图像处理等许多领域，它可以将低频信号从噪声中分离出来，从而捕捉到信号的本质。高斯滤波方法具有极好的鲁棒性，可以看作是信号处理的理想方法。高斯滤波方法作为有效的滤波工具，具有将低频信号与高频噪声分离来捕获信号的性质。该方法具有高斯分布的特征，可以表示如下：

$$G(x) = \frac{1}{\sigma\sqrt{2\pi}} \exp\frac{-(x-\mu)^2}{2\sigma^2} \qquad (4\text{-}14)$$

式中，μ 和 σ 分别为均值和标准差。

在使用 GS 滤波过程中，每个初始数据点都可以用相邻数据点的加权平均值代替。因此，离该数据点越近，数据对平均值的影响就越大；越远，则数据影响力就越小。因此，最接近的采样点对结果的影响最大，而距离远的点的重要性降低。应用 GS 滤波来平滑 IC 曲线，由于无法对样本序列的头和尾 $\mu/2$ 个采样点进行平滑，因此将 μ 设置为较小的数字。参数 σ 用来决定最终 IC 曲线的平滑度，更具体地说，确定用于平均的固定大小。一般较小的固定窗口无法获得所需的平滑曲线，而较大的窗口则可能会导致丢失重要信息。

基于以上两种滤波算法，对比滤波后的曲线与原始容量增量曲线结果，如图 4-4 所示。图 4-4a 所示为包含噪声脉冲的初始容量增量曲线，然而由于这些噪声信号干扰，不能直接获取对电池衰退建模有价值的信息。为了解决这个问题，使用两种滤波算法对原始容量增量曲线进行平滑处理，结果如图 4-4b 所示。比较两种滤波算法的滤波结果，大致可以看出两种滤波算法都能获得平滑的容量增量曲线，但是基于移动平均滤波的方法结果仍然存在一些轻微的波动，这可能会影响对容量增量曲线峰值位置的正确获取。基于高斯滤波的方法均获得了平滑稳定的容量增量曲线，如图 4-4c 和图 4-4d 所示，这说明，基于高斯滤波方法对所有类型电池的容量增量曲线都具有良好的平滑能力。因此，该方法被用于提取重要特征信息之后的电池建模。基于高斯滤波方法，可以清楚地分辨出每种类型电池在不同周期之间容量增量曲线的差异，然而，利用滤波后的容量增量曲线并不容易直接估计电池健康状况，因此需要从滤波后的曲线中提取显著特征，然后建立电池退化模型。

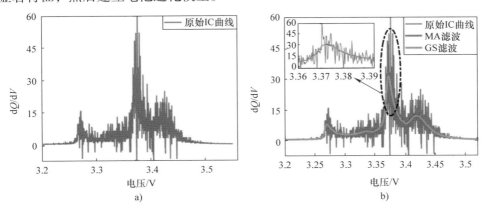

图 4-4　容量增量曲线滤波及变化趋势

a）、b）电池 Y1 和 F1 原始容量增量曲线的滤波

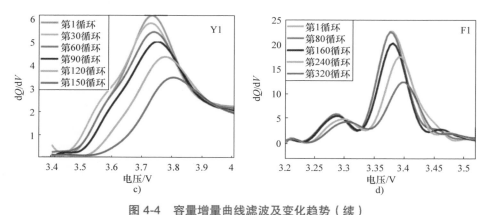

图 4-4　容量增量曲线滤波及变化趋势（续）

c）、d）电池 Y1 和 F1 在不同老化周期下的容量增量曲线

4.1.4　温度差分（DT）曲线滤波算法

锂离子电池在整个使用寿命周期内会随着复杂的电化学机制而退化。由于目前技术条件的限制，有必要绕过这一障碍，采取一些巧妙的方法来准确估计电池容量损失。基于对电池老化理论的基本理解，表面温度和终端电压与电池老化密切相关。因此，引入 DTV 方法，综合考虑电压和温度的变化，对电池容量衰减进行分析。DTV 的基本表达式如下所述：

$$\mathrm{DTV} = \frac{\mathrm{d}T}{\mathrm{d}t} / \frac{\mathrm{d}V}{\mathrm{d}t} = \frac{\mathrm{d}T}{\mathrm{d}V} \tag{4-15}$$

鉴于样本参数的性质，在实际应用中，需要对 DTV 的基本表达式进行解离，离散表达式可推导如下：

$$\mathrm{DTV}(k) = \frac{T_{V(k)} - T_{V(k-1)}}{V(k) - V(k-1)} \tag{4-16}$$

式中，$V(k)$ 是指样本 k 处的终端电压；$T_{V(k)}$ 是 $V_{(k)}$ 处的表面温度。根据式（4-16）可知电压间隔对温差有很大影响。通常，电压间隔越小，DTV 值越大。此外，较大的电压间隔可能会掩盖一些重要信息，但较小的电压间隔容易受到噪声影响。不同电压间隔的 DTV 曲线如图 4-5a 所示。然而，选择合适的尺寸是一项耗时且难以完成的任务。因此，需要一些先进的滤波算法来平滑数字 DTV 曲线，使重要特征易于捕获和提取。

局部加权回归散点平滑（LOWESS）方法是利用滑动窗口生成平滑线的回归分析方法。这种平滑技术的优点是不需要指定函数来拟合样本数据，因此，滤波方法是非常灵活和容易的。表 4-3 列出了 LOWESS 滤波算法的详细计算过程。这里应用 LOWESS 滤波算法对 DTV 曲线进行平滑处理，并以电池 Ox3 的第一个循环为例演示滤波结果。下面以移动平均窗法为比较算法，说明滤波法的优点，如图 4-5b 所示。

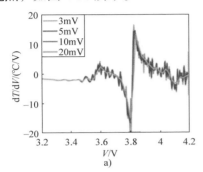 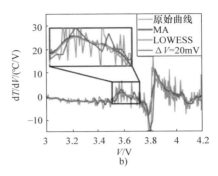

图 4-5　Ox3 电池的 DTV 曲线分析

a）不同电压间隔下的 DTV 曲线　　b）用两种不同的滤波算法来平滑原始的 DTV 曲线

从图 4-5b 可以看出，采用两种滤波算法对 Ox3 电池的原始 DTV 曲线进行平滑处理。总体来说，这两种算法对获得平滑曲线都有一定的有效能力。然而，MA 方法需要手动调整窗口大小，耗时且难度大，而 LOWESS 可以根据一定比例自适应获取窗口大小。因此，与 MA 方法相比，LOWESS 算法具有节省时间和灵活性的优点。从图 4-5b 的缩放图可以看出，LOWESS 算法给出的曲线比MA 方法更平滑。因此，本研究将 LOWESS 方法应用于 DTV 曲线的滤波。

表 4-3　LOWESS 滤波算法的计算过程

步骤 1：点 x_0 处的近似函数

$$\begin{cases} S = \sum_{i=1}^{K} \omega_i \left(y_i - P(x_i) \right)^2 \\ P(x) = a_0 + a_1 x + a_2 x^2 \end{cases}$$

步骤 2：相应的矩阵形式

$$S = (\boldsymbol{b} - \boldsymbol{Aa})^{\mathrm{T}} \cdot \boldsymbol{W} \cdot (\boldsymbol{b} - \boldsymbol{Aa})$$

权值 ω 的约束条件

$$\forall a,b \in [0;1], a < b : \omega(a) \geqslant \omega(b) \wedge \omega(0) = 1 \wedge \forall c \geqslant 1 : \omega(c) = 0$$

三次方权函数

$$\omega\left(r = \|x_i - \xi\| \right) = \omega_i = \begin{cases} \left(1 - r^3\right)^3 & r \in \langle 0;1 \rangle \\ 0 & r > 1 \end{cases}$$

步骤 3：S 的扩展形式

$$S = \boldsymbol{b}^{\mathrm{T}} \boldsymbol{W} \boldsymbol{b} - \boldsymbol{b}^{\mathrm{T}} \boldsymbol{W} \boldsymbol{Aa} - (\boldsymbol{Aa})^{\mathrm{T}} \boldsymbol{W} \boldsymbol{b} + (\boldsymbol{Aa})^{\mathrm{T}} \boldsymbol{W} \boldsymbol{Aa}$$
$$= \boldsymbol{b}^{\mathrm{T}} \boldsymbol{W} \boldsymbol{b} - \boldsymbol{b}^{\mathrm{T}} \boldsymbol{W} \boldsymbol{Aa} - \boldsymbol{a}^{\mathrm{T}} \boldsymbol{A}^{\mathrm{T}} \boldsymbol{W} \boldsymbol{b} + \boldsymbol{a}^{\mathrm{T}} \boldsymbol{A}^{\mathrm{T}} \boldsymbol{W} \boldsymbol{Aa}$$

（续）

步骤 4：最小化 S

$$\frac{\partial S}{\partial a} = -\left(\boldsymbol{b}^{\mathrm{T}}\boldsymbol{WA}\right)^{\mathrm{T}} - \boldsymbol{A}^{\mathrm{T}}\boldsymbol{Wb} + 2\boldsymbol{A}^{\mathrm{T}}\boldsymbol{WAa} = 0$$

$$a = \left(\boldsymbol{A}^{\mathrm{T}}\boldsymbol{WA}\right)^{-1}\boldsymbol{A}^{\mathrm{T}}\boldsymbol{Wb}$$

4.2　基于数据驱动模型的动力电池 SOH 估计

人类可以通过学习，从已知的事实或知识中分析、总结出规律，并且可根据规律对未来的现象做出预测和判断。在人工智能的研究中，人们希望机器可以模拟人良好的学习能力和预测能力，这就是机器对于数据的分析和学习，是当前人工智能技术中的重要方向。机器学习的目的是通过对已知数据的学习，分析得出数据之间的相互关系，从而实现对未知数据的判断和预测能力。数据驱动的电池健康状态评估一般通过回归分析方法或机器学习的算法，建立电池退化特征或健康因子与电池健康状态的关联模型。以电池数据中提取出的退化状态特征作为模型输入，以电池的最大容量或内阻作为模型输出，得到关联二者耦合关系及演变规律的模型，从而实现对电池未来 SOH 的估计。通过判断电池容量循环曲线到达容量退化阈值的循环次数，可对电池 RUL 进行预测。数据驱动方法不需要考虑电池内部的复杂电化学反应与非线性退化机理，避免了不同锂离子电池内部结构、化学成分、制造工艺、使用条件、个体差异等困难参数的辨识过程，仅依靠电池实时监测或离线积累的数据即可建立电池的数学模型，并对电池健康状态进行分析预测，具有极强的鲁棒性与自适应性。本章节基于容量增量分析方法建立电池衰退模型，利用支持向量机机器学习算法，实现动力电池健康状态估计。

4.2.1　容量增量曲线峰值点提取方法

容量增量方法是检测电池健康状况（SOH）的一种有效手段。为了建立准确、稳健的电池退化模型，从容量增量曲线中提取峰值和对应位置等健康特征，有必要探索一些灵活的技术手段，从容量增量曲线中挑选和捕捉这些特征。回顾大量的相关文献，研究人员和学者主要关注于开发各种健康特征，但很少对特征提取技术进行深入的探究。本书介绍一种新的信号处理方法，即对容量增量曲线进行分解，然后从分解后的容量增量曲线中提取特征。该方法的关键技术是找到对称中心和 / 或容量增量曲线的峰值，作为重要的健康指标。从理论上可以清楚地知道，容量增量曲线峰值的一阶导数在峰的最大值处有向下的过零点，这可以用来确定峰的位置，如图 4-6a 所示。如果信号经过了很好的滤波，那么信号最低点的值都将对应峰值的最大值。在实际操作中，可能会由于一些噪声导致许多错误的过零点，因此，需要选择滤波算法，在寻找向下的过零点之前对原始信号进行平滑处理，然后只取那些在原始信号幅度超过某一预先确定的最小值的过零点。得益于上述高斯滤波方法的贡献，在本研究中寻找向下的过零点之前，可以提供一个平滑的曲线。

根据所确定的峰位，利用最小二乘算法调整每个峰的宽度和高度，曲线拟合结果如图 4-6 所示。

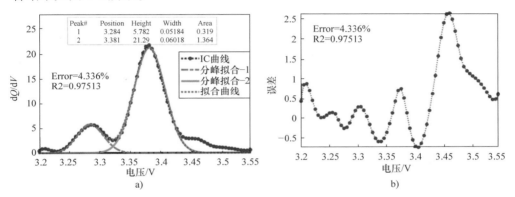

图 4-6　容量增量曲线的峰值拟合及误差分析

a）容量增量曲线拟合　b）误差分析

从图 4-6b 可以看出，相对误差小于 2.5，平均相对误差为 4.336%，其中较大的偏差集中在充电端，这对未来的建模影响不大，因为主要的特征值没有在这个范围内。同时，通过对峰值的多个数据点进行曲线拟合，降低了信号中随机噪声的影响，保证这些峰曲线拟合的精度。通过曲线拟合计算出位置、高度、宽度、面积等重要参数。根据实车充电数据分析，可得到消费者的充电行为，充电范围主要分布在 40% ~ 80%SOC 范围内。因此，本研究以峰值面积、位置和高度为重要特征值建立电池老化模型，为了保证特征提取的质量，采用 Pearson 相关分析方法对特征值与老化容量趋势之间的相关性进行分析。详细的 Pearson 分析方法如下：

$$r_{xy} = \frac{\sum_{i=1}^{n} (\boldsymbol{x}_i - \overline{\boldsymbol{x}})(y_i - \overline{y})}{\sqrt{\sum_{i=1}^{n} (\boldsymbol{x}_i - \overline{\boldsymbol{x}})^2} \sqrt{\sum_{i=1}^{n} (y_i - \overline{y})^2}} \tag{4-17}$$

$$\overline{y} = \frac{1}{n} \sum_{i=1}^{n} y_i \tag{4-18}$$

式中，n 为样本序个数；x 为以 i 为索引的单个特征变量的样本点；y 为电池容量序列；$\bar{y}$ 为容量平均值。容量增量曲线被分解成图 4-6a 所示的两个峰，两种电池相关分析的详细结果见表 4-4。从表可以看出，电池 F1 第二个峰值的相关性优于第一个峰值，因此，利用第二个峰值的特征建立电池退化模型。

表 4-4　电池特征值相关性分析结果

	峰值位置	峰值面积	峰值高度
Y1	0.97	0.98	0.92
F1 和 P1	0.87	0.85	0.89
F1 和 P2	0.95	0.95	0.93

4.2.2　支持向量机算法原理

支持向量的概念最早出现在 20 世纪 60 年代。从 20 世纪 90 年代中期开始，支持向量机（Support Vector Machines，SVMs）受到越来越多的关注。SVMs 在处理小样本数据等方面具有很大的优势，得到了研究人员的青睐，已经广泛应用于医学、控制和建模等领域。该算法在解决非线性和高维问题方面具有突出的能力。支持向量机最初是由 Vapnik 根据统计学习理论中结构风险最小化原则提出、为分类问题而设计的，但目前在回归问题研究中也得到了广泛应用。支持向量机可以解决分类问题和回归问题两大类：分类问题实现离散变量的预测；回归问题实现连续变量的预测。在研究电池容量和健康状态估计的任务中，电池容量是一个合理范围内任意取值的连续变量，因此属于回归问题。

支持向量回归分为线性回归和非线性回归两种：线性回归是基于输入特征采用线性函数估计样本数据；非线性回归是支持向量机的优势所在，其基本思想是通过非线性映射函数将低维数据非线性映射到高维特征空间（即 Hilbert 空间），并在高维空间内进行线性回归运算，通过非线性映射，高维特征空间的线性回归本质上对应于低维数据的非线性回归。与人工神经网络相比，SVMs 具有更严格的数学证明，计算复杂度较低，收敛速度较快。同时，SVMs 克服了 ANN 易陷入局部参数最优的问题，对小样本数据的训练能力强，预测精度高。由于核函数在 SVMs 中被使用，这就使得 SVMs 在处理非线性问题方面具有很大的优势。核函数可以把低维空间映射到高维空间，也同时可以在求解模型时候降低计算难度。对于 SVMs 来说，最大的特点就是支持向量的存在，其对模型的精度起到主要的作用。SVMs 需要的存储空间小，非常适合应用于 BMS，可以很好地满足 BMS 的实时需求。

通过使用特征选择（方差选择、相关系数法等）或降维的方法（主成分分析、线性判别分析法等），可以得到训练样本集合 $\{(\boldsymbol{x}_1, y_1), (\boldsymbol{x}_2, y_2), \cdots, (\boldsymbol{x}_i, y_i)\}$，

其中，$x_i \in R^d$是 d 维的输入特征向量，$y_i \in R$是输入向量 x_i 对应的输出。支持向量回归的估计函数使用如下的形式：

$$f(x) = w^{\mathrm{T}}\phi(x) + b \qquad (4\text{-}19)$$

式中，$\phi(x)$表示一个高纬空间，可以把输入向量转化到高纬空间。

传统的回归模型一般都是在模型求得的预测值 $f(x)$ 和样本的实际值 y 完全一样的时候，损失函数的值才为 0。然而，SVR 不一样，允许 $f(x)$ 与 y 有偏差。换句话就是说当$|f(x) - y| \leqslant \varepsilon$，损失函数为 0。

为求解式（4-19）中的参数 w 和 b，可以通过最小化风险函数实现。SVR 模型可形式化为：

$$\min \quad \frac{1}{2}\|w\|^2 + C\sum_{i=1}^{l}\ell_{\varepsilon}\big(f(x_i) - y_i\big) \qquad (4\text{-}20)$$

式中，首项被称为正则化项，用来描述划分超平面"间隔"大小，最小化$\|w\|^2$控制着函数的估计能力；第二项$\sum_{i=1}^{l}\ell_{\varepsilon}\big(f(x_i) - y_i\big)$用来描述训练数据的误差；$C$ 为正则化系数；ℓ_{ε}是损失函数，有如下形式：

$$\ell_{\varepsilon} = \begin{cases} 0, & |y - f(x_i)| \leqslant 0 \\ |y - f(x_i)| - \varepsilon, & |y - f(x_i)| > 0 \end{cases} \qquad (4\text{-}21)$$

为求解上述问题，引入松弛变量 ξ_i 和 ξ_i^*，那么式（4-21）可以被写为

$$\min_{\omega, b, \xi_i, \xi_i^*} \quad \frac{1}{2}\|w^2\| + C\sum_{i=1}^{l}\big(\xi_i + \xi_i^*\big)$$

$$\text{s.t } \big(w\phi(x_i)\big) + b - y_i \leqslant \varepsilon + \xi_i \qquad (4\text{-}22)$$

$$y_i - \big(w\phi(x_i)\big) - b \leqslant \varepsilon + \xi_i^*$$

$$\xi_i, \xi_i^* \geqslant 0, i = 1, 2, \cdots, l$$

其相应的优化问题为

$$\min_{\alpha, \beta} \frac{1}{2}\big(\alpha - \alpha^*\big)^{\mathrm{T}} Q\big(\alpha - \alpha^*\big) + \varepsilon\sum_{i=1}^{l}\big(\alpha_i + \alpha_i^*\big) - \sum_{i=1}^{l}\big(\alpha_i - \alpha_i^*\big)y_i$$

$$\text{s.t.} e^{\mathrm{T}}\big(\alpha - \alpha^*\big)^{\mathrm{T}} = 0 \qquad (4\text{-}23)$$

$$0 \leqslant \alpha_i, \quad \alpha_i^* \leqslant C, \quad i = 1, 2, \cdots, l$$

求解式（4-23）可以得到 SVR 最终的解：

$$\sum_{i=1}^{l}\left(-\alpha_i+\alpha_i^*\right)\boldsymbol{K}\left(\boldsymbol{x}_i,\boldsymbol{x}\right)+b \tag{4-24}$$

1. 核函数

核函数对于 SVM 来说非常重要，能否选择一个合适的核函数关系到训练模型的精度。常见的核函数有：

（1）线性核函数

$$\boldsymbol{K}\left(x_i,x_j\right)=x_i^{\mathrm{T}}x_j \tag{4-25}$$

（2）多项式核函数

$$\boldsymbol{K}\left(x_i,x_j\right)=\left(x_i^{\mathrm{T}}x_j\right)^d \tag{4-26}$$

（3）拉普拉斯核函数

$$\boldsymbol{K}\left(x_i,x_j\right)=\exp\left(-\frac{\|x_i-x_j\|^2}{\sigma}\right) \tag{4-27}$$

（4）高斯核函数

$$\boldsymbol{K}\left(x_i,x_j\right)=\exp\left(-g\|x_i-x_j\|^2\right)\exp\left(-\frac{\|x_i-x_j\|^2}{2\sigma^2}\right) \tag{4-28}$$

（5）Sigmoid 核函数

$$\boldsymbol{K}\left(x_i,x_j\right)=\tanh\left(\beta x_i^{\mathrm{T}}x_j+\theta\right) \tag{4-29}$$

锂离子电池是一个高度复杂的非线性系统，因此选择高斯核函数作为模型的核函数。

2. 参数的优化

对于 SVM 来说，在建立模型的时候需要选择合适的参数。研究 SOH 估计可以看作是一个非线性问题，高斯核函数通常是处理这类问题的一个选择。在式（4-20）中参数 C 和式（4-28）中参数 g 是需要优化的参数，这两个参数会影响到模型的精度。常见的优化算法有网格搜索法、遗传算法、粒子群算法等。

（1）网格搜索算法　网格搜索算法是指尝试所有（C，g）的值，找到使得交叉验证模型的精度最高的（C，g）组合。网格搜索算法虽然显得非常直观和原始，但确实是非常有效的方法，是经常用来选择 SVM 模型参数的方法。尽管网格搜索算法可以看作一个遍历所有可能性的全局搜索算法，但是由于只是寻找两个参数，所以和一些高级的智能算法相比并不会带来更大的计算量。

（2）遗传算法　遗传算法是一个用途十分广泛的智能优化算法。常常把交叉验证集下求得模型的均方根误差作为遗传算法的目标函数。遗传算法具有很高的快速搜索能力，需要调整的参数比较多，比如初始种群的设置、交叉概率、变异概率、种群的规模、迭代的次数等。如果参数设置不理想，就会影响到算法的精度。与网格搜索法相比，遗传算法并没有带来计算时间明显的提升，反而由于容易陷入局部最优，所以在很多情况下，可能不能取得最理想的结果。

（3）粒子群算法　和遗传算法一样，粒子群算法也是广泛应用于寻优的常用方法之一。该算法的思路是通过个体和群体之间的协助和共享来寻找模型的最优解。在粒子群算法中，并没有很多的参数需要调整，该算法应用也十分广泛。但是和遗传算法一样，这个算法也容易限于局部最优，可能找不到最好的（ C , g ）组合。

4.2.3　基于支持向量机电池衰退模型

在提取健康特征的基础上，采用支持向量回归算法建立电池老化模型。随着老化循环的不断增加，电池的老化特征呈现出越来越明显的差异。收集电池老化的特征变量为

$$X=[x_1, x_2, \cdots, x_n]$$

式中，X 为三维矢量；n 为总循环数。输出观测数据集由被测电池的容量系列组成。值得注意的是，所提出的基于 SVR 的模型需要训练，才能实时预测电池的健康状况。为了进一步探究电池衰退模型的性能，基于不同大小、次序的训练数据集（前 50% 循环、前 60% 循环和随机 60% 循环）建立了 3 种退化模型，选取两种类型电池的数据集，将其输入支持向量回归算法进行学习，建立电池衰退模型，剩余的电池数据用于验证电池模型。

为了验证所提方法的性能，本文采用均方根误差（RMSE）和平均绝对误差（MAE），两种误差分析方法对电池健康估计结果进行了定量评价。这两种方法可以定义如下：

$$MAE=\frac{1}{N}\sum_{i=1}^{N}|y_i-\overline{y}_i^*| \tag{4-30}$$

$$RMSE=\sqrt{\frac{1}{N}\sum_{i=1}^{N}(y_i-\overline{y}_i^*)^2} \tag{4-31}$$

式中，$\overline{y}^*$为电池健康状态的估计值；y_i为实际测量值；N 总的循环次数。图 4-7 所示为基于 SVR 算法的电池健康预测模型的具体方案，该框架可分为四个主要步骤：特征值提取、模型训练、健康状态（SOH）估计和误差分析。

第一步是从电池测试数据库中采集电压、电流和容量，根据这些数据计算容量增量曲线。第二步是从分解的容量增量曲线中提取重要特征值，这些特征变量作为电池退化过程建模的输入数据集。第三步是基于 SVR 算法的 SOH 估计，描述了测试和训练模型的具体过程，其中离线学习是通过学习历史数据建立电池退化模型，然后使用完成的模型在线估计电池 SOH。第四步是通过三种误差分析方法对测试数据集的结果进行评价和分析。

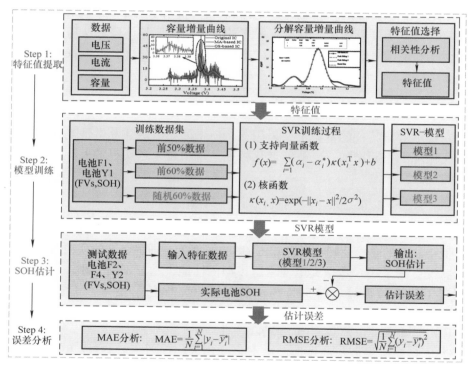

图 4-7　基于 SVR 算法的电池健康状态估计框架

4.2.4　动力电池 SOH 估计验证分析

为了更清楚地表明所提出预测模型的有效性和鲁棒性，通过设计不同形式的实验进行验证。针对每种类型的电池建立了三种不同的退化模型，利用所建立的电池衰退模型，对相应类型的电池进行健康状态评估，然后采用两种误差分析方法对所提方法的结果进行评价。

1. 建立电池衰退模型

有效的电池退化模型对实现电池健康预测的准确性具有重要意义，其中高质量的训练数据集是建立电池退化模型的核心。一般来说，输入的训练数据越多，模型就越准确。然而，在相同规模的输入数据下，训练数据的质量对模型的性能有本质的影响。本文从不同类型的电池中选取不同大小的数据集作为构建退化模型的训练数据。具体来说，训练数据集分为三类：前 50% 数据序列、前 60% 数据序列和随机 60% 数据序列。为了便于区分，根据不同的训练数据集定义电池退化模型为模型 1、模型 2 和模型 3。基于离线训练数据集利用支持向量机算法建立健康特征与电池退化容量之间的映射关系，在 MATLAB 机器学习工具箱下进行完整的建模过程，设计基于 SVR 的模型超参数优化，以获得各模型最适合的模型构型。这里，SVM 算法的迭代和标准差分别设为 100 和 1×10^{-4}，其中，y_i 为电池目标容量。

选择 F1# 和 Y1# 两个电池数据对模型进行验证，结果如图 4-8 所示。图中"SOH 真实值"表示实际测量的电池健康状态，"模型误差"表示预测和测量结果之间的相对误差。图 4-8a 呈现了三种电池模型的 SOH 结果，均具有较高的精度。另外，从图 4-8b 可以看出，三种学习模型的性能都很好，前 255 个周期（60% 的数据）的预测误差主要在 2% 以内，在第 255 个周期之后，各模型的预测结果出现了一些差异，而其中 Model3 仍然保持较高的精度。另外，两个模型（模型 1 和模型 2）的最大相对误差分别在 3% 和 4% 以上。类似地，对于电池 Y1# 前 100 次（60% 的数据）的结果具有较高的精度，但相对误差随着循环次数的增加而增加，然而在老化周期结束时，模型 3 的相对误差小于 2%。综合可知，模型 3 的性能最好，两种电池的最大和最小相对误差见表 4-5。

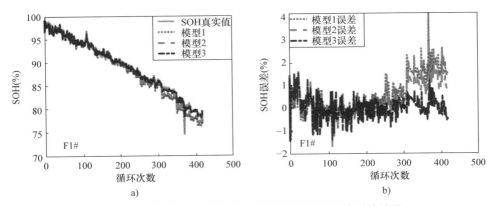

图 4-8 对于电池 F1# 和 Y1# 三种不同的退化模型的结果

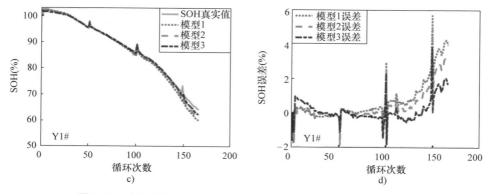

图 4-8 对于电池 F1# 和 Y1# 三种不同的退化模型的结果（续）

表 4-5 电池 F1# 和 Y1# 最大 / 最小相对误差

项目	电池 F1#			电池 Y1#		
	Model1	Model2	Model3	Model1	Model2	Model3
最大误差（%）	4.202	3.186	1.558	5.737	5.046	3.876
最小误差（%）	−1.71	−1.67	−1.419	−1.726	−1.874	−1.798

2. 验证电池衰退模型

基于所建立的电池衰退模型，利用电池 F2#、F4# 和 Y2# 的数据验证所提方法的有效性。由于两种电池的额定容量与电池实际初始容量存在细微不同，所以每个电池的起始点的 SOH 可能会有细微的差异，如图 4-9 所示。事实上，由于电池之间的不一致，这种情况在电池运行过程中是很正常的。值得注意的是，由于 CV 充电阶段容量的变化，F 系列电池的退化容量有轻微的波动。此外，Y 系列电池中还存在一些容量再生点，这些点主要是由于间隔 50 次的城市道路循环工况测试造成的，如图 4-9a 所示。

从以上基于 SVR 的电池模型可以看出，与其他两个模型相比，模型 3 具有更好的预测能力。在该部分中，电池 F2# 的健康状态估计（SOH）结果如图 4-9a 所示，对比分析模型 3 和其他两个模型的结果，可以看出模型 2 和模型 3 都具有较好的估计能力。从图 4-9b 可以看出，三种模型的相对误差均在 3% 以内，模型 2 和模型 3 的相对误差主要集中在 −1% ~1.5% 之间，而模型 1 的相对误差在 −2% 以上，特别是在第 150 个循环老化周期附近。图 4-9c 和图 4-9d 绘制了电池 F4# 的健康预测结果和相对误差，三个模型的最大相对误差都小于 3%，但是模型 2 和模型 3 的相对误差随着电池的衰退而逐渐减小。如图 4-9e 和图 4-9f 所示，三种模型的精度都随着电池循环次数的增加而增加，同样模型 2 和模型 3 的最大相对误差都在 3% 以内。综上所述，使用模型 2 和模型 3 对每种类型电池健康状况的预测结果都具有较高的准确性。表 4-6 列出了测试电池的估计结果，可以看出所建立模型具有较好的泛化能力和迁移能力。为了详细分析模型的性质，平均绝对误差（MAE）与均方根误差（RMSE）两种常用误差分析方法，都可用于综合评价三种电池衰退模型。

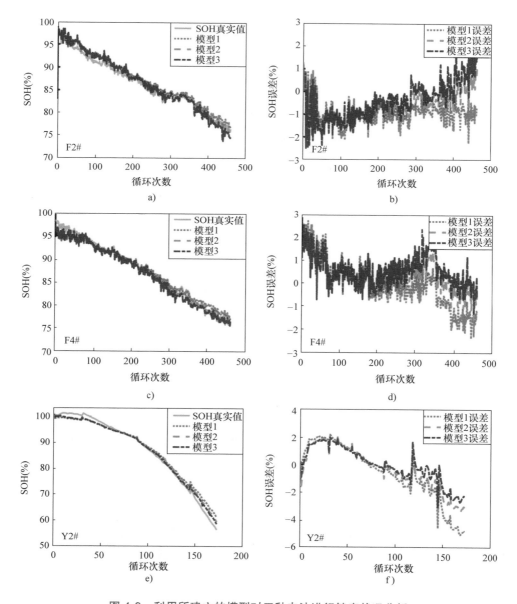

图 4-9　利用所建立的模型对三种电池进行健康状况分析

表 4-6　测试电池不同模型估计结果

项目	电池 F2#			电池 F4#			电池 Y2#		
	模型 1	模型 2	模型 3	模型 1	模型 2	模型 3	模型 1	模型 2	模型 3
最大误差（%）	2.689	1.951	1.254	2.738	2.579	2.542	2.194	2.127	1.977
最小误差（%）	−2.474	−2.303	−2.360	−2.338	−1.658	−1.286	−5.028	−3.493	−3.021

3. 性能评价

为了定量地评价所提方法的性能，本节利用 MAE 和 RMSE 误差分析方法对五节电池的三种不同模型进行了分析。从这些结果可以清楚地看出，选择适当的训练数据集，学习得到的模型具有更好的性能。从图 4-10a 可以看出，对于电池 F1# 和 Y1#，模型 3 的 MAE 值均在 0.3% 以内，明显小于另外两个模型（模型 1 和模型 2），其中模型 1 和模型 2 的 MAE 均在 0.5% 以上。对于三个被测电池（F2#，F4#，Y2#），模型 3 的 MAE 值都低于 1%，与另外两个模型相比精度较高。MAE 方法的评价结果表明，模型 3 具有较好的电池健康状态估计能力。同时利用模型 3 对剩余测试电池数据健康状态估计，结果表明这些测试的电池相对误差在 3% 以内，目前许多主流电池健康状态估计方法的相对误差在 4% 左右。通过对比实验，说明本研究所提出的方法在电池 SOH 估计方面具有较高的精度。另外，RMSE 值对最大误差和最小误差都很敏感，这为分析模型估计精度提供了重要手段，图 4-10b 显示了 5 个电池的 RMSE 结果，模型 2 和模型 3 表明 F 系列电池的 RMSE 值均小于 1%。Y 系列电池的 RMSE 值略大，主要原因是 Y 系列电池的在 UDDS 测试中出现了中断，导致部分容量再生点。然而，所有电池的 RMSE 值都小于 2%，模型 3 的 RMSE 最大值在 1% 以内。两种误差分析方法的结果表明，随机选取训练数据集的电池退化模型优于同等数量下顺序数据集。另外，对比模型 1 和模型 2 表明，训练数据输入越多就越准确。两种误差分析方法的详细结果分别见表 4-7 和表 4-8。

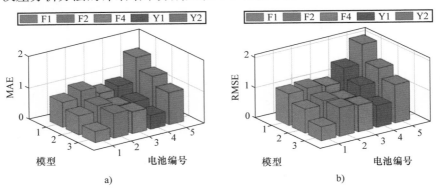

图 4-10　利用所建立的模型对三种电池误差分析

表 4-7　五节电池的详细的 MAE 结果

项目	电池 F1#	电池 F2#	电池 F4#	电池 Y1#	电池 Y2#
模型 1	0.784	1.003	0.787	0.876	1.642
模型 2	0.604	0.775	0.634	0.620	1.289
模型 3	0.347	0.769	0.687	0.432	1.012

表 4-8　五节电池的详细的 RMSE 结果

项目	电池 F1#	电池 F2#	电池 F4#	电池 Y1#	电池 Y2#
模型 1	1.045	1.081	1.008	1.462	1.892
模型 2	0.790	0.921	0.819	1.122	1.564
模型 3	0.463	0.946	0.882	0.720	1.264

4.3　基于温度电压差分法的锂电池健康状态估计

为了提高电动汽车使用的便利性，采用大倍率的快速充电方式是新能源汽车发展方向的重要趋势。随着充电倍率的增加，如何解决充电安全管理成为关键研究内容，同时对电池健康状态估计提出了新的挑战。考虑到大倍率充电过程中不同健康程度的电池的表面温度与电压数据之间的关系，利用温度电压差分曲线提取健康特征因子。在本节中介绍基于温度电压差分法的锂电池健康状态估计，所采用数据为 NASA 数据集 N5、N6、N7、N18 四个电池，通过回归算法建立健康因子与电池 SOH 之间的映射关系模型，即可构建一个数据驱动的电池 SOH 估计模型。基于温度电压差分曲线峰谷特征提取健康特征值，包括波峰、波谷对应的电压位置和高度等特征值，利用相关系数分析方法筛选其中 4个高质量的健康因子，将其作为高斯过程回归（GPR）模型的输入数据建立电池 SOH 估计模型。

4.3.1　健康特征因子提取及相关性分析

根据 4.2 节中电池衰退温度电压差分曲线介绍，可知 DTV 分析方法是一种有效而简便的技术，可用来反映电池的衰退程度。但在实际应用过程中，电池几乎不会在完全充电 / 放电的情况下工作，因此在工程应用中很难获得完整的 DTV 曲线。考虑到电池主要工作电压范围，在 3.2 ~ 4.0V 的电压范围内提取 DTV 曲线的一些重要特征，用以表征电池健康状况并建立电池衰退模型。图 4-11a 以 30 个循环为间隔展示了 N6 电池的 DTV 曲线。从图中可看出，随着循环次数的增加，DTV 曲线整体呈现出逐渐变化的趋势，波峰对应的电压位置不断左移，第一个波峰的高度逐渐增大，而第二波峰高度则不断减小，两个波峰中间的波谷对应的电压和 DTV 值也在逐渐变化。值得注意的是，主要波峰和波谷对应的电压范围在电池主要工作范围（3.2~4.0V）内，因此曲线峰谷特征是比较具有潜力的衰退表征参数。因此，可通过识别曲线的波峰和波谷，并提取其对应位置和高度作为健康特征因子。波峰和波谷的具体数学描述如下：

$$\begin{cases} V_{\text{peak}} = V_i \bigg|_{\frac{d\text{DTV}}{dV_i}=0 \ \text{和} \ f(V_i)\geqslant f(V),V\in(V_i-w,V_i+w)} \\ \text{DTV}_{\text{peak}} = f(V_{\text{peak}}) \end{cases} \quad (4\text{-}32)$$

$$\begin{cases} V_{\text{valley}} = V_i \bigg|_{\frac{d\text{DTV}}{dV_i}=0 \ \text{和} \ f(V_i)\leqslant f(V),V\in(V_i-w,V_i+w)} \\ \text{DTV}_{\text{valley}} = f(V_{\text{valley}}) \end{cases} \quad (4\text{-}33)$$

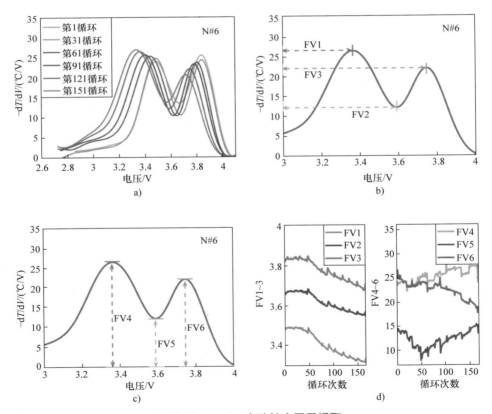

图 4-11　NASA 电池健康因子提取

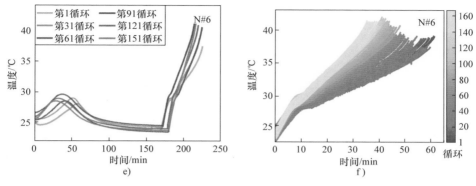

图 4-11　NASA 电池健康因子提取（续）

式（4-32）和式（4-33）分别表示波峰和波谷的特征，其中 w 为设定的电压间隔，本文取为 3mV。本文从不同衰退程度的 DTV 曲线中提取了 6 个特征值，包括各波峰位置、高度以及波谷位置和高度，如图 4-11b 和图 4-11c 所示。健康特征因子随着循环次数增加的变化趋势如图 4-11e 所示，图中的 FV（Feature Variable）指特征变量。通过提取峰谷特征，可得到表征电池衰退程度的健康特征因子的矩阵 $\boldsymbol{F}$。

$$\boldsymbol{F} = [V_{\mathrm{peak}}^1, \mathrm{DTV}_{\mathrm{peak}}^1, V_{\mathrm{valley}}, \mathrm{DTV}_{\mathrm{valley}}, V_{\mathrm{peak}}^2, \mathrm{DTV}_{\mathrm{peak}}^2] \tag{4-34}$$

在高斯过程回归等机器学习算法中，输入数据的维度越多，其模型复杂度和对计算资源的要求就越高。为了减轻计算负担并提高模型的鲁棒性，通过皮尔逊（Pearson）相关系数分析方法对健康特征因子进行筛选，选择与电池 SOH 相关性强的健康因子组成高质量的模型输入数据集。Pearson 相关系数的具体公式为

$$r_{xy} = \frac{\sum_{i=1}^{n}(Y_i - \bar{Y})(F_i - \bar{F})}{\sqrt{\sum_{i=1}^{n}(Y_i - \bar{Y})^2}\sqrt{\sum_{i=1}^{n}(F_i - \bar{F})^2}} \tag{4-35}$$

$$\bar{F} = \frac{1}{n}\sum_{i=1}^{n}F_i \tag{4-36}$$

式中，F_i 和 Y_i 分别表示健康因子和电池 SOH；$\bar{F}$ 和 $\bar{Y}$ 分别是健康因子和 SOH 的平均值；n 表示样本数即电池总循环数。按照上述方法计算 6 个健康特征因子与 SOH 的相关系数，得到的结果见表 4-9。可以看出所有健康特征因子中，FV1-4 的相关系数较高，因此本章使用这 4 个特征值作为电池 SOH 估计模型的输入。

表 4-9　健康因子 Pearson 相关系数

	FV1	FV2	FV3	FV4	FV5	FV6
N#5	0.96	0.91	0.94	0.82	0.24	0.57
N#6	0.98	0.96	0.96	0.83	0.33	0.84
N#7	0.93	0.82	0.89	0.77	0.29	0.65
N#18	0.95	0.82	0.89	0.52	0.47	0.84

4.3.2　高斯过程回归算法原理

高斯过程回归是一种使用高斯过程（Gaussian Process，GP）先验对数据进行回归分析的非参数模型，能以较低的计算资源处理强非线性的复杂问题，因此能够用于解决电池衰退过程中复杂的非线性问题，为电池 SOH 估计提供有效的方法。高斯过程回归（GPR）模型是一种非参数模型，可通过先验知识实现贝叶斯框架下的状态预测，估计后验分布，输出预测均值、方差和置信区间，预测结果具备不确定性表达能力。GPR 算法在模型预测的解释性方面具有优势，并为机器学习和统计领域中的建模提供了一个简单的框架。与其他回归算法（例如神经网络）不同，GPR 使用统计思想来尽可能精确地建立模型并清楚地了解学习过程。GPR 具有两个主要参数：均值函数和协方差函数，决定 GPR 模型的准确性。

GPR 模型符合高斯分布，且可以轻松地扩展到高维度的输入数据。GPR 通常被用于近似目标输出 $f(\boldsymbol{x})$，其中 $\boldsymbol{x}$ 为 n 个 d 维输入向量，而输出函数符合如下的概率分布：

$$f(\boldsymbol{x}) \sim GP\big(m(\boldsymbol{x}), k_f(\boldsymbol{x}, \boldsymbol{x}')\big) \tag{4-37}$$

式中，$m(\boldsymbol{x})$ 和 $k_f(\boldsymbol{x},\ \boldsymbol{x}')$ 为均值和协方差函数，分别表示为：

$$m(\boldsymbol{x}) = E\big[f(\boldsymbol{x})\big] \tag{4-38}$$

$$k_f(\boldsymbol{x}, \boldsymbol{x}') = E\Big[\big(f(\boldsymbol{x}) - m(\boldsymbol{x})\big)\big(f(\boldsymbol{x}') - m(\boldsymbol{x}')\big)^{\mathrm{T}}\Big] \tag{4-39}$$

GPR 模型的核函数由均值核函数和协方差核函数组成。均值函数代表了在没有观测数据时输入任意数据时对应函数值的期望。协方差函数是空间中任意两个随机点对应的输出变量的中心距，可用来表示不同样本间的相关程度，对 GPR 模型获得好的预测结果有重要作用。协方差函数要满足半正定要求，默认情况下，选择零均值函数和平方差指数核函数（SE 核函数）作为 GPR 模型的核函数，SE 核函数如下所示：

$$k_f(\boldsymbol{x}, \boldsymbol{x}') = \sigma_f^2 \exp\left(-\frac{1}{2}(\boldsymbol{x} - \boldsymbol{x}')\boldsymbol{P}^{-1}(\boldsymbol{x} - \boldsymbol{x}')\right) \tag{4-40}$$

式中，σ_f^2 表示信号方差；P 为对角矩阵，特征长度尺度，可表示为 $\{l_{2i}\}_{1 \leqslant i \leqslant d}$；$d$ 为输入向量的数量。

对于许多实际场景，模型观测输出可表示为带高斯噪声的隐函数，如下所示：

$$y = f(x) + \varepsilon \tag{4-41}$$

式中，$y = [y_1, y_2, \cdots, y_n]$ 为观测向量，会受测量误差、建模误差或制造公差等导致的噪声 $\varepsilon \sim N(0, \sigma_n^2)$ 影响。因此，观测值的先验分布表示为

$$y \sim N\left(0, K_f(x, x) + \sigma_n^2 I_n\right) \tag{4-42}$$

式中，I_n 是一个 n 维单位矩阵；$\sigma_n^2 I_n$ 是噪声协方差矩阵；$K_f(x, x)$ 是一格个 n 维对称正定矩阵，可表示为：

$$\begin{cases} K_f(x, x) = (k_{ij})_{n \times n} \\ k_{ij} = \sigma_f^2 \exp\left(-\dfrac{1}{2}(x_i - x_j)^2 P^{-1}\right) \end{cases} \tag{4-43}$$

其中，x_i 和 x_j 的相似程度可以由方程 k_{ij} 确定，两变量间相似度越高，k_{ij} 的值就越大。

根据推导过程，可通过最小化负对数边际似然（NLML）来计算和优化模型超参数集 $\Theta = [\sigma_f, l, \sigma_n]$。

$$\Theta_{opt} = \underset{\Theta}{\arg\min} \, \text{NLML} \tag{4-44}$$

NLML 可以表示为

$$\begin{aligned} \text{NLML} &= -\log p(y|x, \Theta) = \frac{1}{2} y^{\mathrm{T}} [K_f(x, x) + \sigma_n^2 I_n]^{-1} y \\ &\quad + \frac{1}{2} \log(\det(K_f(x, x) + \sigma_n^2 I_n)) + \frac{n}{2} \log 2\pi \end{aligned} \tag{4-45}$$

等式可以通过使用有效的梯度下降算法来求解，该算法的基本思想是通过对数似然函数的导数获得目标函数的最大值，求解过程如下所示：

$$\begin{cases} \dfrac{\partial}{\partial \Theta_i} \log p(y \mid x, \Theta) = \dfrac{1}{2} \left\{ \left[\alpha\alpha^{\mathrm{T}} - (K_f(x, x) + \sigma_n^2 I_n)^{-1} \dfrac{\partial(K_f(x, x) + \sigma_n^2 I_n)}{\partial \Theta_i} \right] \right\} \\ \alpha = (K_f(x, x) + \sigma_n^2 I_n)^{-1} y \end{cases} \tag{4-46}$$

式中，Θ_i 是超参数集的元素。

通过上述计算过程完成 GPR 模型的训练，然后基于 GPR 模型通过后验分布进行预测。由于 GP 是随机过程，所以新训练数据集 $\boldsymbol{x}^*$ 的任何变量都符合训练数据集 $\boldsymbol{x}$ 的高斯分布。因此，观测点 y 的联合先验分布及其在测试点 $\boldsymbol{x}^*$ 的预测值 $\boldsymbol{y}^*$ 表示为：

$$\begin{bmatrix} \boldsymbol{y} \\ \boldsymbol{y}^* \end{bmatrix} \sim N\left(0, \begin{bmatrix} \boldsymbol{K}_{\mathrm{f}}(\boldsymbol{x},\boldsymbol{x}) + \sigma_n^2 \boldsymbol{I}_n & \boldsymbol{K}_{\mathrm{f}}(\boldsymbol{x},\boldsymbol{x}^*) \\ \boldsymbol{K}_{\mathrm{f}}(\boldsymbol{x},\boldsymbol{x}^*)^{\mathrm{T}} & \boldsymbol{K}_{\mathrm{f}}(\boldsymbol{x}^*,\boldsymbol{x}^*) \end{bmatrix} \right) \tag{4-47}$$

考虑 y 的联合高斯先验分布，通过分析得出 $p(\boldsymbol{y}^*|\boldsymbol{x},\ \boldsymbol{y},\ \boldsymbol{x}^*)$ 的后验分布为：

$$p(\boldsymbol{y} \mid \boldsymbol{x},\boldsymbol{y},\boldsymbol{x}) = N\left(\boldsymbol{y}^* \mid \hat{\boldsymbol{y}}^*, \sigma^2(\boldsymbol{y}^*) \right) \tag{4-48}$$

其中预测均值 $\hat{y}^*$ 和预测协方差 $\sigma^2(\boldsymbol{y}^*)$ 如下所示：

$$\hat{\boldsymbol{y}}^* = \boldsymbol{K}_{\mathrm{f}}(\boldsymbol{x},\boldsymbol{x}^*)^{\mathrm{T}} \left[\boldsymbol{K}_{\mathrm{f}}(\boldsymbol{x},\boldsymbol{x}) + \sigma_n^2 \boldsymbol{I}_n \right]^{-1} \boldsymbol{y} \tag{4-49}$$

$$\sigma^2(\boldsymbol{y}^*) = \boldsymbol{K}_{\mathrm{f}}(\boldsymbol{x}^*,\boldsymbol{x}^*) - \boldsymbol{K}_{\mathrm{f}}(\boldsymbol{x},\boldsymbol{x}^*)^{\mathrm{T}} [\boldsymbol{K}_{\mathrm{f}}(\boldsymbol{x},\boldsymbol{x}) + \sigma_n^2 \boldsymbol{I}_n]^{-1} \boldsymbol{K}_{\mathrm{f}}(\boldsymbol{x},\boldsymbol{x}^*) \tag{4-50}$$

将平均预测值作为测试数据集估计值，协方差预测用于反映 GPR 模型的不确定性。

高斯过程回归中的核函数在模型预测中有着重要作用，选取不同核函数，实验结果会有所不同。在高斯过程模型预测中，选取均值函数和协方差函数对实验结果很重要。

协方差函数表示的是某个随机过程中的空间上的协方差。协方差矩阵表示为 $\boldsymbol{k}_{ij} = \boldsymbol{k}(x_i, x_j)$，体现了各个样本点间的相关性。表 4-10 是几种常见的核函数。在实际应用过程中，需要分析数据特征，根据其规律性来选择合适的核函数。若训练数据有周期性变化，则选择周期性质的协方差核函数，另外协方差函数具有可加性，根据实验需求可以自行设定。

表 4-10　协方差函数

协方差函数	公式
常数	$K_{\mathrm{C}}(x,x') = C$
线性	$K_{\mathrm{L}}(x,x') = x^{\mathrm{T}} l^{-1} x$
带高斯噪声	$K_{\mathrm{GN}}(x,x') = \sigma^2 \delta_{xx'}$
平方指数	$K_{\mathrm{SE}}(x,x') = \sigma^2 \exp\left(-\dfrac{\lvert d \rvert^2}{2l^2} \right)$
Matern	$K_{\mathrm{MA}}(x,x) = \dfrac{2^{1-v}}{r(v)} \left(\dfrac{\sqrt{2v}\,\lvert d \rvert}{l} \right)^v K_v\left(\dfrac{\sqrt{2v}\,\lvert d \rvert}{l} \right)$

4.3.3　基于高斯过程回归电池衰退建模

电池 SOH 主要用来表征电池当前可用的最大容量，相当于燃油车油箱的容积，影响着电动汽车的续驶里程，需要定期对 SOH 进行估计来掌握电池健康状况，在 SOH 减小到更换界限时对动力电池进行更换，定义可以表示如下

$$SOH_i = \frac{C_i}{C} \times 100\%　　　　　（4-51）$$

式中，SOH_i表示第 i 次测试循环下电池最大可用容量C_i和额定容量C的比值。对于电池 SOH 的估计，在本节中采用驱动数据方法与温度电压差分法融合的方法，根据局部 DTV 曲线的特征变量，建立了基于 GPR 的短期电池 SOH 估算模型，其中输入特征变量系列定义为 $X=[x_1, x_2, \cdots, x_n]$。其中，$x_i$ 是一个 4 维向量；n 是电池的总循环数。输出观测数据集由电池 SOH 值构成，进行模型训练学习获得电池衰退模型，最后，使用两种通用误差分析方式——平均绝对误差（MAE）和均方根误差（RMSE），对所提出的模型进行定量评估。两种误差分析方法可以定义如下：

参数 MAE_C、$RMSE_C$ 和 MAE_R、$RMSE_R$ 分别用于分析短期 SOH 估计模型和长期 RUL 预测模型。

$$MAE_C = \frac{1}{N} \sum_{i=1}^{N} | y_i - \hat{y}_i^* |　　　　　（4-52）$$

$$RMSE_C = \sqrt{\frac{1}{N} \sum_{i=1}^{N} (y_i - \hat{y}_i^*)^2}　　　　　（4-53）$$

式中，y_i 为 SOH 的实际测量值；$\hat{y}_i^*$为电池 SOH 的预测值。此外，使用两个模型的 95% 置信区间（CI）评估模型的不确定性，定义为：

$$95\%CI_C = \hat{y}_i^* \pm 1.96 \times \sigma^2(y_i^*)　　　　　（4-54）$$

其中 95%CI_C 为电池短期 SOH 估计的置信区间。

基于前文介绍的电池温度电压差分曲线滤波算法和利用相关分析方法从局部温度差分曲线中提取重要的健康特征变量，可以构建起一个实现数据融合模型的电池 SOH 估计框架。本节介绍的数据融合框架可以分为四个步骤，如图 4-12 所示。

1）基于 DTV 曲线提取健康因子，并采用相关性分析方法筛选出其中相关度较高的健康因子作为模型训练输入。

2）基于上述 GPR 模型的训练方法进行电池 SOH 模型的离线训练。

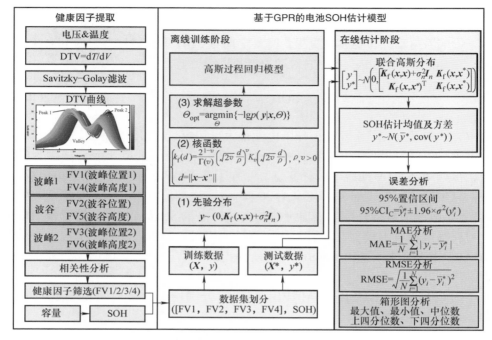

图 4-12 基于 GPR 的电池 SOH 估计模型流程图

3）在两种不同起始 SOH 情况下进行在线估计，分别验证模型的精度和鲁棒性。

4）通过 95% 置信区间、MAE、RMSE 和箱形图等不同误差评估方法对 SOH 估计结果进行分析。

4.3.4 动力电池健康状态估计验证分析

本节中对所提出的电池 SOH 估计方法进行了分析和验证。使用 NASA 电池老化数据库中的 4 个电池衰退测试数据，评估基于 GPR 的电池 SOH 估计模型的准确性和有效性，通过在两种情况下使用不同的初始 SOH，进一步验证模型的准确性和鲁棒性。

1. 电池 SOH 估计验证结果

本节利用 NASA 电池衰退开源数据，对所提出的电池 SOH 估计方法进行验证，四个电池 N#5、N#6、N#7 和 N#18 的具体测试工况已在前面章节进行了介绍。各电池均经历了不同的老化测试条件，代表了实际应用中的正常工作情况和过放电情况。在模型验证整个过程中，首先从不同循环的 DTV 曲线提取并筛选出的强相关性健康因子与相应电池 SOH 结合，构成了用于训练和测试 GPR 模型的数据集，每个电池的前 20% 数据作为模型训练数据集，其余部分的数据作为验证模型性能的测试集，所选择的四个电池的 SOH 估计结果和误差如图 4-13 所示，所有测试的电池均开始于第一个循环，初始 SOH 值为 100%。图中三个图例分别为"真实 SOH""估计 SOH"和"95% 置信区间"。"SOH 真实值"是指基于老化实验的实际电池健康状态，"SOH 估计值"是所提出的基于 GPR 的模型的估计结果，"95% 置信区间"可以反映模型输出的置信水平。

从图 4-13a 和图 4-13b 可以看出，电池 SOH 估计结果具有很好的准确性和稳定性。随着循环次数的不断增大，电池容量衰退的非线性趋势变得越来越强，导致 SOH 估计结果的准确度下降，其不确定性也在增大（95% 置信区间增大）。图 4-13b 显示，SOH 相对误差随循环次数增加而增加，N#5 号电池的最大相对误差约为 1%。如图 4-13d、f、h 所示，N#6，N#7，N#18 电池的 SOH 估计结果相对误差也接近 1%。根据图 4-13g，对于 N#18 电池，其容量与其他三个电池相比在 EOL 周围具有明显的波动，但 95% 置信区间仍然较窄且覆盖了 SOH 真实值，表明模型具有较高的准确性和可靠性。综上所述，所提出的电池 SOH 估计方法在该验证条件下具有较高的精度。

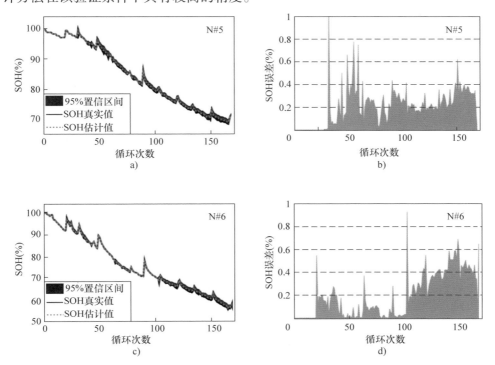

图 4-13　电池 SOH 估计结果及误差

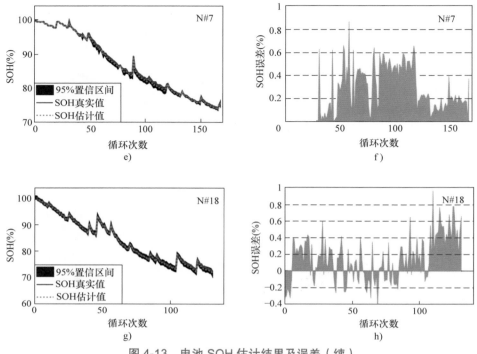

图 4-13　电池 SOH 估计结果及误差（续）

2. 动力电池 SOH 估计鲁棒性验证

为了进一步验证该方法的鲁棒性和有效性，从不同的角度对四种电池进行了全寿命健康预测。本节设计了具有不同初始健康状态的验证条件，即随机从某个循环开始进行 SOH 的实时估计（例如本节中从第 40 循环开始）。图 4-14 展示了该验证条件下四个电池的 SOH 估计结果及对应的相对误差，从图 4-14a、b 可看出 N5 电池估计结果就有较高的准确度和较窄的置信区间，相对误差均小于 1%，说明所提出模型可靠性高。从图 4-14c 看出，N6 电池的估计结果在容量下降趋势的后期具有较大的 95%CI，因为该电池是在过度放电老化测试下进行的，极端的测试条件可能会导致较强的非线性问题。根据图 4-14a~h，四个电池的相对误差均在 1% 以内，具有较高的精度和较强的鲁棒性。

3. 电池健康状态估计误差分析

本节利用两种误差分析的方法来评估所提出的电池 SOH 估计方法。MAE 是 SOH 实际值和估计值之间的绝对误差的平均值，可以评估估计结果的总体误差水平，其主要缺点是对异常值不敏感；均方根误差（RMSE）可以弥补 MAE 的缺点。对所提出的 SOH 估计模型的误差分析如图 4-15 所示。在两种情况中，情况一的估计结果均优于情况二，同时 MAE 和 RMSE 的结果均小于 0.5%，表明该方法具有较高的准确性和鲁棒性。

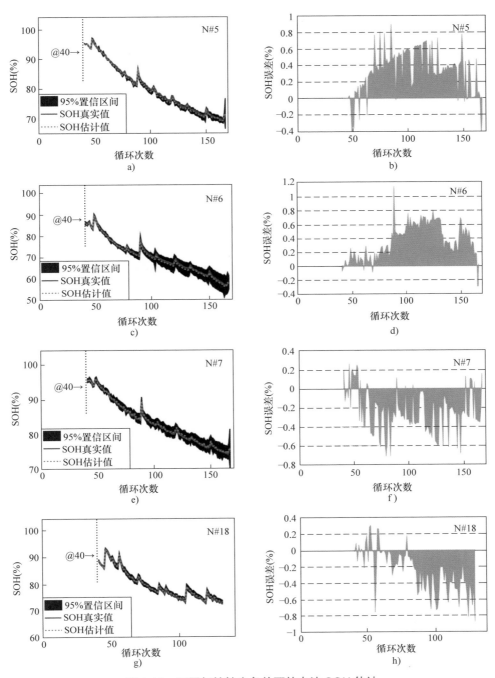

图 4-14　不同初始健康条件下的电池 SOH 估计

　　箱形图是一种常见的分析数据分布情况的工具，主要用于反映原始数据分布的特征，与反映误差数据平均水平的 MAE 和 RMSE 相比，箱形图能够避免极端异常值的影响，直观显示误差的分布情况。图 4-15c 和 d 分别展示了两种情况下误差的箱形图分析结果，表现了误差的最大值、最小值、中位数和上 / 下四分位数的分布特征。从图 4-15c 可以看出，四个电池的下四分位数结果均小于 0.15%，上四分位数的结果为 0.4% 左右，中位数都集中在 0.26%，电池的 SOH 估计结果误差很小，表明该方法在这种情况下具有很好的准确度。在图 4-15d 中，下四分位数和上四分位数的结果范围分别为 0.2% 和 0.5%，该情况下中位数集中在 0.36%。总而言之，多种误差分析的结果都表明，本文提出的 SOH 估计模型在不同健康状态起始的情况下都具有较高的准确性和鲁棒性。

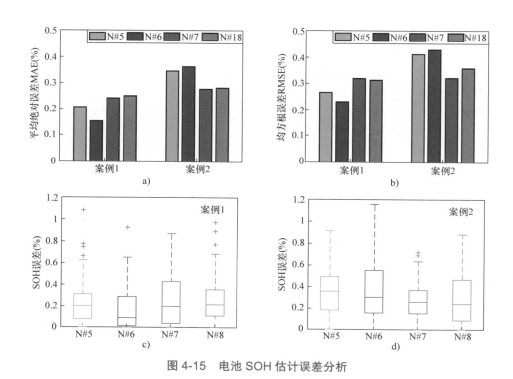

图 4-15　电池 SOH 估计误差分析

4.4　**本章小结**

　　精确的电池容量估计及监测对未来智能电池管理系统至关重要。对于电池容量估计，当前主要面临的技术问题是缺乏对电池老化机理的足够认识和在复杂应用场景下的有效建模。现阶段主流的特征分析方法是通过分析电池容量衰减与充电端电压或表面温度的相关性以达到预估电池健康状态的目的，本章节介绍了容量增量分析（ICA）、电压差分分析（DVA）、差分热伏安法（DTV）等特征提取方法，以及使用健康特征分析与数据驱动方法融合的电池健康状态估计方法，主要工作包括曲线滤波、特征提取和建立衰退模型，所使用的数据驱动算法包括支持向量机以及高斯过程回归算法。

第 5 章
动力电池健康状态和剩余使用寿命联合估计

5.1　动力电池 SOH 与 RUL 概述

随着充放电循环次数的增加，动力电池会发生老化现象其内部的结构会发生缓慢变化，如电极氧化、活性物质减少以及电解质分解等，使得实际可用容量会逐渐降低。实际应用中通常采用电池健康状态（State of Health，SOH）描述电池的老化状况，当电池的失效阈值已知并且借助某种方法能够获得电池当前的 SOH，便可根据 SOH 了解电池的剩余性能状况。SOH 作为电池故障诊断中一项重要指标，对预测电池的 RUL 或剩余可使用循环次数有着重要意义。SOH 定义如下：

$$\mathrm{SOH} = \frac{Q_\mathrm{i}}{Q_\mathrm{full}} \times 100\% = f\left(N, U_\mathrm{OCV}, R, \cdots\right) \tag{5-1}$$

式中，Q_i 是电池在放电结束时放出电荷的容量，单位为 A·h；Q_full 是电池的额定容量或者初始放电容量；N，U_OCV，R，$\cdots$ 为与电池老化有关的参数。

电池使用过程中，由于电极钝化或活性材料分解程度不同，其容量退化的程度也不同，当电池实际可用容量退化至其额定容量某百分比以下时，便近似认为电池发生故障需要进行更换。实际中通常借助一些量化指标来表征电池的健康状态，例如当电池完全放电容量退化至其初始时刻的 80% 或者电池内阻增加至其初始时刻的 160%，便可以认为电池达到终止寿命或需进行电池更换。

通过锂离子电池的工作原理可以了解到，在理想状态下锂离子电池的充放电化学反应是一种可逆的化学反应。但是在实际工况中，随着循环次数的增多和使用程度的加深，会导致在发生氧化还原反应的过程中，锂离子和电解质等活性材料被不可逆地损耗。这种损耗积累到一定程度时，就会表现为电池性能的下降和使用寿命的衰减，这是影响电池 SOH 的内部因素。

1. 正极材料的溶解

锂离子电池的电化学反应会溶解金属离子，使锂离子在正极上的含量减少，反而包裹在电池负极的表面，在负极和隔膜之间形成金属锂，阻碍了锂的嵌入，增大了电池的内阻，从而导致电池容量的衰减。

2. SEI 膜的形成

SEI 膜又称为固体电解质界面膜（Solid Electrolyte Interphase，SEI）。SEI膜是锂离子在电池负极和电解液界面处与电解液和电极发生电化学副反应时产生的钝化膜。SEI 膜的形成会消耗锂离子和电解质盐，使得正负极之间的容量失衡以及电解质溶液浓度的减少，从而导致电池的容量损失。此外，形成 SEI 膜以后再进行电化学反应时会导致 SEI 膜出现裂缝和溶解，在 SEI 膜的裂变处会有电解液溶剂分子渗入，增加 SEI 膜的厚度；而且随着电池循环次数的增多和使用程度的加深，SEI 膜会越来越厚，从而导致电池极化内阻的增大以及可用容量的衰减。

3. 电解液的分解

电解液与电极之间的还原反应通常会产生不溶物，不仅减少了锂离子的含量，还会阻塞电极孔隙，影响锂离子的传输效率，从而降低电池的可用容量。此外，电解液的分解过程中还会产生部分气体使电池内部的压力升高，引发安全问题。

在实际运行工况中，影响电池 SOH 的还有放电深度、放电倍率、充电方式、温度以及循环次数等因素，这是影响电池 SOH 的外部因素。老化电池更容易发生故障，甚至出现严重的安全问题。因此，动力电池诊断（健康状态监测、SOH 监测）和预测（剩余使用寿命预测、RUL 预测）对于确定电池系统的维护和更换时间至关重要。特别是后者，表明了电池达到其寿命结束之前的可用使用寿命（始终以周期为单位），并对确保电动汽车中电池系统的安全可靠运行具有重要意义。

因此需要建立一个能够捕捉到锂离子电池退化特性的电池老化模型，以预测电池的使用期限。老化模型可以建立为一个自动回归系统，根据测量数据作为输入来预测电池的退化特性。通常电池的实际容量与充电周期、放电周期密切相关，此外还有其他操作条件，如充电率、放电率和温度等。因此，可以通过描述实际容量和基本周期数之间关系的记录数据来预测电池的 RUL。然而，重新编码的数据往往是非稳定的，并被噪声和异常值所破坏，因此，确定可靠的轨迹来预测 RUL 是一个巨大的挑战。此外，另一个挑战在于如何通过学习长期相关性来存储和更新基于记录数据的有效特征。因此，从记录数据中提取特征来预测非线性的 RUL 趋势是有意义的。值得注意的是，电池 RUL 的预测可以在容量衰减或内阻增加的情况下进行。在这个阶段，电池容量比内阻更受关注，因为前者在很大程度上决定了电动汽车每次充电的里程数或便携式电子产品每次充电的服务时间，而后者则与可用功率密切相关。根据容量衰减的标准来预测电池的 RUL 会更有意义。通常情况下，RUL 预测方法可以分为两大类：基于模型的方法和基于数据驱动的方法。

基于模型的方法通常结合数学模型和先进的过滤技术，例如用粒子过滤器算法来跟踪电池的退化趋势。Enrico 等人将粒子过滤器和蒙特卡罗算法结合起来，在贝叶斯框架内预测电池的使用期限。蒙特卡洛算法被用来模拟电池动态，而粒子过滤器被用来估计后验概率密度并预测电池退化的时间演变。同样，Selina 等人提出了一种朴素贝叶斯（NB）方法，用于预测恒定放电条件下的电池 RUL。为了提高电池 RUL 预测的准确性，引入了无痕粒子滤波器（UPF）来获得基于一般退化模型的电池 RUL。由于对电池退化的基本机制了解有限，所采用的数学模型不能准确地反映参数随容量下降的演变特征。为了解决这个问题，采用了贝叶斯信息准则（BIC）来平衡模型的准确性和复杂性。同样，Lyu 等人提出了一个电化学模型来模拟电池的充电/放电过程，在此基础上提出了一个新颖的粒子过滤器框架来估计表明电池退化的模型参数。Zhang 等人还基于经验性的容量退化模型，提出了一种改进的无痕粒子过滤器（IUPF）算法和马尔科夫链蒙特卡洛（MCMC），用于估计电池的剩余电量。MCMC 被用来解决 IUPF 算法的粒子贫乏问题，该算法能够预测电池的 RUL。Hu 等人提出了一种 Gauss-Hermite 粒子滤波方法来预测电池容量衰减，用于电池 RUL 预测。尽管基于模型的 RUL 预测已经取得了实质性的进展，但仍然存在两个主要的缺点，阻碍了它们在实际应用中的可行性。那就是，常用的粒子滤波方法总是存在着粒子贫乏的问题，这很容易导致不准确的 RUL 预测。此外，没有准确和通用的电池退化模型及能够描述与电池老化相关的关键参数，以进行精确的 RUL 预测。

其中基于模型的预测方法根据模型类型还可以细分为等效电路模型、电池退化机理模型和基于经验模型三类方法。等效电路模型通过对大量数据进行分析，将电池工作原理等效成具有电阻电容等元件的电路模型。这类方法在电池寿命预测中得到了较为广泛的应用。基于电池等效电路模型的方法在近似过程中通常会忽略电池内部某些参量对系统有决定性意义的隐含关系，并且模型对电池系统动态特性的预测能力存在明显不足。电池退化机理模型法是指从电化学反应原理的角度揭示电池自身的老化进程，其中包含对电池内部固相离子、液相离子传递过程以及固相电荷、液相电荷传递过程的描述。基于退化机理模型的 RUL 预测可以从锂离子电池本质的电化学反应的角度反映电池的退化过程，但模型的设定需要根据具体的研究对象而定。电池材料的物性参数、充放电制度、工况环境的不同，所建立的电化学模型也就不同。并且电化学模型中所需设定的参数有很多，模型非常复杂。因此这类方法不具有普适性和简洁性。基于经验模型的方法，是指通过描述电池内部能够表征电池衰退的状态变量随时间的变化规律或是在系统前后相邻时刻下状态变量的递推关系，实现锂离子电池退化规律的模型表达。常见的经验模型有阻抗指数模型、阻抗线性变参数模型等锂离子电池阻抗经验模型；从电池容量的角度有指数容量退化模型、电池容量再生经验模型等容量经验退化模型。经验模型方法以电池数据为基础，挖掘数据中内在的函数关系，用函数关系式来表达电池特征量的变化规律，实现电池剩余使用寿命的预测表达。

粒子滤波算法是一种基于蒙特卡罗采样法的贝叶斯状态估计算法，可以处理任何非线性非高斯问题。PF 算法使用一组粒子集来表示状态值的后验概率分布，可用于任何形式的状态空间模型。其核心思想是通过寻找一组在状态空间中传播的随机样本来近似概率密度函数（Probability Density Function，PDF），并将积分操作替换为统计样本值来获得状态分布的最小方差估计。粒子滤波是电池寿命预测领域的一种新兴的方法，具有广泛的适用性，可以应用于任何一种能用状态空间模型表示的非线性非高斯系统。锂离子电池作为一种复杂的电化学系统，其本身就具有明显的非线性非高斯特性。

基于模型的评估方法的建模过程非常复杂，因为模型中的影响因素太多。随着大数据时代的到来，电池运行数据的获取提供了使用数据驱动方法评估电池 SOH 的可能性，数据驱动的方法可以不用考虑电池内部的复杂化学机理过程，直接通过电池测量数据挖掘电池退化规律，也可以有效规避上述基于模型的 RUL 预测方法所固有的问题。这类方法通过对诸如充放电电流、电压、内阻、时间等电池检测数据进行提取整理，然后运用机器学习算法追踪电池数据的变化趋势，通过拟合寻找电池数据变量间的显式或隐式函数关系，以此预测锂离子电池的剩余使用寿命。常见的数据驱动方法有支持向量机、相关向量机（Relevance Vector Machine，RVM）、高斯过程回归、人工神经网络（Artificial Neural Network，ANN）等。总体来说，基于纯数据驱动的方法不需要对电池的内在机理做深入研究，而是基于电池的试验数据利用机器学习算法去揭示数据中的隐含关系，进而完成预测。通过研究发现，为了提高电池 RUL 预测效率，通常在支持向量机算法中加入某种优化方法和核函数手段，然而这些算法都需要大量的记录数据来预测电池的退化趋势，且始终缺乏对窄窗口内电池 RUL 的准确预测。

5.2　动力电池 SOH 与 RUL 开环联合预估

5.2.1　基于线性回归算法的特征提取

电池老化过程中存在着复杂的物理和化学特性，如内阻和 SEI 膜增加，导致电池充电容量衰退。但是，由于这些特性参数不可以通过电池外部参数直接测量，所以很难实现对电池的健康状态的监测。由于测量参数有限，通常采用完整和部分 IC 曲线来反映电池的健康状态的方法，下面将通过深入分析电池 IC 曲线与衰退之间的关系，从不同老化程度的部分 IC 曲线提出了峰值、截距和斜率等主要的特征参数。

图 5-1 给出了 6 号电池每隔 30 次循环的 IC 曲线，以描述电池的退化趋势。如图 5-1a 所示，3.4 ~ 4.2V 的充电电压范围覆盖了完整的 IC 曲线。如图中所示，完整的 IC 曲线可以根据电压区域分为 3.4 ~ 3.8V 和 3.8 ~ 4.2V 两部分，其中 IC 曲线的前部分坡度较平缓，不能分辨和反映电池退化的特征，后部分对应的 IC 曲线有明显的变化，在一次完整的充电过程，该电压范围对应的局部 IC 曲线可以获取主要的电池健康特征值。

如图 5-1b 所示，主要从电压范围为 3.8 ~ 4.1V 的区间所对应的 IC 曲线中获得重要的电池衰退健康特征值。首先，将电池电压 3.8V 对应的 IC 值以及 IC 曲线中的最大值点作为电池退化建模的输入特征，在图 5-1b 中清晰地描述了电池在不同健康水平下的上述两个特征值的变化。根据图 5-1b 中两个特征点的变化趋势，基于最小二乘算法，利用线性函数拟合这两个特征点分析拟合的线性方程，在此基础上提出了基于截距和基于斜率的方法，作为构建电池退化模型的另外两个重要输入特征。由图 5-1c 及其子图可以清楚地看出，在不同健康状态下部分 IC 曲线的截距变化趋势，遵循截距绝对值随着电池老化而逐渐减小的规律。并且，从线性函数的斜率变化分析可以看出，其变化趋势与截距绝对值的变化趋势相同，如图 5-1d 所示。由两个主要可测极值点，通过线性方程可以得到两个不同的特征值。从部分 IC 曲线中总共提取出四个输入特征，图 5-1e 和图 5-1f 分别表示了这四个与电池循环次数有关的特征，并且两幅图直观地描述了所提取的四个特征与电池容量退化的关系。

5.2.2　多项式回归模型

多项式回归是统计学上的一种简单回归，用于研究单个因变量与自变量间非线性关系的回归分析方法。对通过线下回归算法提取的特征值进行归一化处

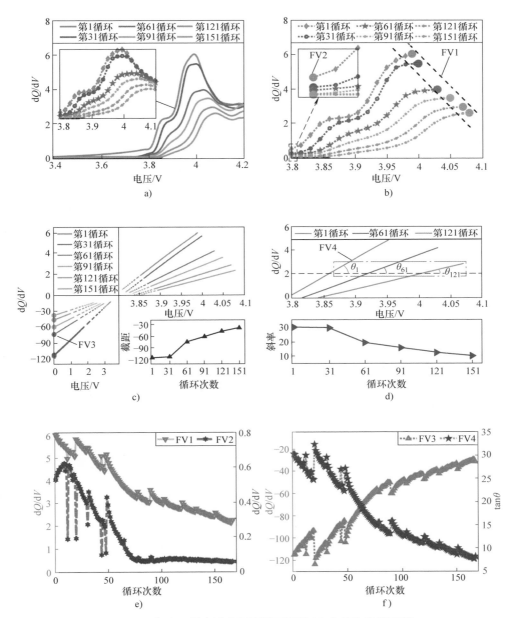

图 5-1　电池 6 号电池在不同循环下的 IC 曲线和特征变量

a）完整 IC 曲线及部分 IC 曲线在不同循环下的变化

b）从部分 IC 曲线中提取两个主要特征值　c）提取基于截距的特征值

d）提取基于斜率的特征值　e）特征变量（FV1 和 FV2）随循环次数的变化

f）特征变量（FV3 和 FV4）随循环次数的变化

理得到多项式回归方程的自变量 x，利用 n 次多项式对自变量 x 和因变量 y 之间的关系进行建模。一般的多项式回归可以表示为：

$$y = \beta_0 + \beta_1 x + \beta_2 x^2 + \beta_3 x^3 + \cdots + \beta_n x^n + \varepsilon \qquad (5\text{-}2)$$

式中，ε 是一个未观测到的随机误差，其均值为零；β_i（$i = 1$，2，$\cdots$，n）是离线识别的未知系数，通过应用最小二乘法对多项式回归系数进行计算和推断。本研究利用该多项式回归算法拟合了电池退化特性，用以预测电池的长期 RUL。接下来介绍了基于 GPR 算法和非线性回归电池模型的多时间尺度电池健康状况预测。在考虑这两个参数间的相关性的基础上，利用实测外部参数的特征基于 GPR 算法建立电池衰退模型，进行短期 SOH 估计，然后利用非线性回归更新特征来预测电池的长期 RUL。

5.2.3 开环 SOH 与 RUL 联合预估框架

电池的健康状态预测可以分为短期 SOH 估计和长期 RUL 预测两种类型，两种状态预测都在能源系统中起着重要的作用。上述这些参数不仅能提高电池系统的安全性和可靠性，还能为用户提供有价值的指导。虽然这两个参数都属于电池健康管理，但是它们在短期和长期不同时间尺度上具有不同的功能。

具体步骤为，首先利用数据驱动方法与增量容量分析（ICA）的融合方法，根据以上介绍的部分 IC 曲线的特征变量，建立了基于 GPR 的短期电池 SOH 估算模型，将峰值、截距、斜率等特征变量序列作为输入集定义为 $\boldsymbol{X} = [\boldsymbol{x}_1, \boldsymbol{x}_2\cdots, \boldsymbol{x}_n]$。其中 $\boldsymbol{x}_i$ 是一个 4 维向量，n 是电池的总循环数，输出观测数据集由电池 SOH 值构成。电池衰退模型建立后，使用四个特征变量的非线性回归可以预测电池的长期 RUL。通过将 GPR 模型与非线性回归相结合，构建了电池短期和长期健康预测的自回归模型。每次电池 SOH 估计完成后，离线 GPR 模型的电池退化特征不断更新，直到输出容量达到相应的截止容量，最后将更新次数视为电池剩余使用循环即 RUL。需要注意的是，在线预测电池健康状况之前，这两个模型都需要提前训练。

本文中采用两种通用误差分析方法——平均绝对误差（MAE）和均方根误差（RMSE），对所提出的电池健康预测模型进行了定量分析，两种误差分析方法可以定义如下：

$$\mathrm{MAE}_{\mathrm{C}} = \frac{1}{N}\sum_{i=1}^{N}|y_i - \hat{y}_i^*|, \mathrm{MAE}_{\mathrm{R}} = \frac{1}{N}\sum_{i=1}^{N}|L_i - \hat{L}_i^*| \qquad (5\text{-}3)$$

$$\mathrm{RMSE}_{\mathrm{C}} = \sqrt{\frac{1}{N}\sum_{i=1}^{N}(y_i - \hat{y}_i^*)^2}, \mathrm{RMSE}_{\mathrm{R}} = \sqrt{\frac{1}{N}\sum_{i=1}^{N}(L_i - \hat{L}_i^*)^2} \qquad (5\text{-}4)$$

式中，参数 MAE_C、$RMSE_C$ 和 MAE_R、$RMSE_R$ 分别用于分析短期 SOH 估计模型和长期 RUL 预测模型。其中 y_i 和 L_i 分别为 SOH 和 RUL 的实际测量值，$\hat{y}_i^*$ 和 $\hat{L}_i^*$ 分别为电池 SOH 和 RUL 的预测值。此外，使用 95% 置信区间（CI）评估模型的不确定性，所对应的置信区间定义为：

$$95\%CI_C = \hat{y}_i^* \pm 1.96 \times \sigma^2(y_i^*) \tag{5-5}$$

式中，$95\%CI_C$ 为电池短期 SOH 估计的置信区间。

　　基于上文所提到的方法，可以构建起一个基于 GPR 模型和非线性回归的电池健康预测的整个框架。基于 GPR 模型的电池短期和长期健康预测流程图如图 5-2 所示。首先需要从 NASA 数据库中收集外部测量的电压和电流参数，得到电池的 IC 曲线，并分析包含重要信息部分的 IC 曲线，使用线性插值对这些曲线进行拟合。从两个方面综合考虑电池循环数及其拟合线性，从这些拟合直线的不同维度提取四个特征，将部分 IC 曲线中的四个特征作为输入数据集，建立基于 GPR 算法的电池 SOH 短期估计模型。在此基础上，利用多项式回归模型在线更新这些特征参数，利用基于 GPR 的模型实现电池的 RUL 预测，并给出了两种误差分析方法，以验证该模型的可靠性和准确性。

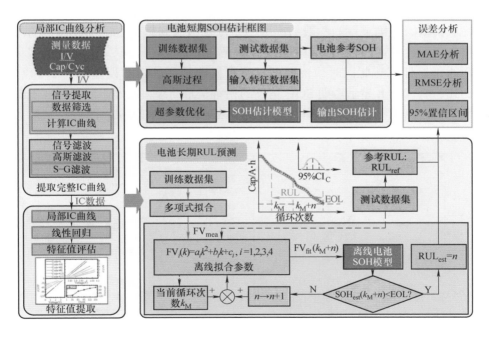

图 5-2　基于 GPR 模型的电池短期和长期健康预测流程图

5.2.4 动力电池健康状况预测结果及讨论

通过 NASA 数据库收集的公共电池退化数据，从定性和定量两个方面分析了所提出的电池健康预测方法，从而验证并分析了基于 GPR 电池衰退模型估算的电池 SOH 精度和稳定性。在离线 GPR 模型的基础上，在线更新电池 RUL 预测结果，并对非线性回归模型的准确性进行验证。此外，对所测试的四节电池，随机选取电池健康状态状况作为初始值进行预测，验证了联合电池 SOH 和 RUL 预测模型的鲁棒性。

1. 多时间尺度电池健康预测

通过对电池局部 IC 曲线的深入分析，从不同维度提取四个特征量，采用 GPR 算法建立电池衰退模型来估计短期电池 SOH。同时利用非线性回归方法在线获取更新不同循环次数下的特征变量，用来预测电池 RUL，通过四个电池试验数据集的实例，验证了该方法的准确性和有效性。利用电池前 30 个循环的电池老化数据作为建立的 GPR 电池模型的训练数据，并使用剩余数据集对模型进行检验。图 5-3 显示了四组实验电池的 SOH 估计结果和相对误差，其中电池 N5、N6、N7、N18）的短期 SOH 估计结果分别如图 5-3a、c、e 和 g 所示。按照 SOH 的基本定义，电池 SOH 的初始值都是从 1 开始，图中绿色区域表示模型的置信区间，该置信区间通过式（5-5）计算得到，使用均值和协方差函数来表示模型的不确定性。一般情况下，95% 置信区间越窄，说明该模型的可靠性越高。通过上述四幅图可以看出，95% 置信区间都比较窄，说明该模型具有较好的可靠性。与此同时，该模型具有较好的精度，相对误差均在 2% 以内。图 5-3b、d、f 和 h 显示短期 SOH 估计的相对误差结果，此外，四幅图的子图中显示了各电池相对误差的频率，可见大多数频率集中在低误差区域，结果也表明基于 GPR 的电池衰退模型具有较高的精度。

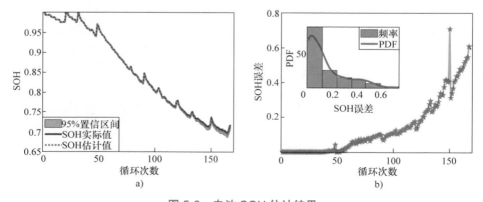

图 5-3 电池 SOH 估计结果

a）电池 N5 的 SOH 估计 b）电池 N5 的 SOH 估计相对误差

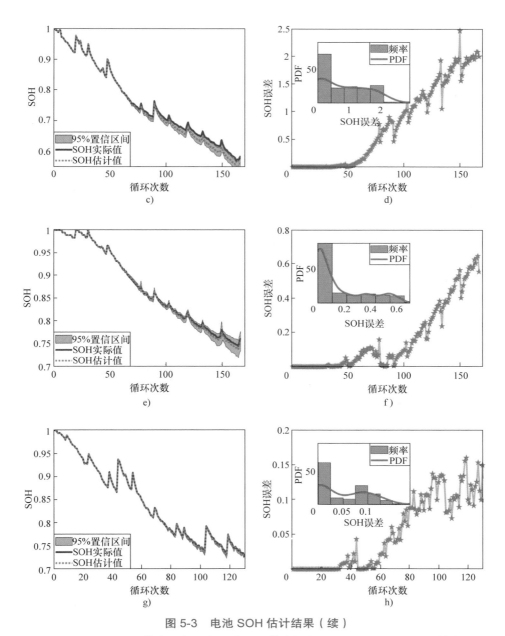

图 5-3　电池 SOH 估计结果（续）

　　c）电池 N6 的 SOH 估计　d）电池 N5 的 SOH 估计相对误差　e）电池 N7 的 SOH 估计
f）电池 N5 的 SOH 估计相对误差　g）电池 N18 的 SOH 估计　h）电池 N5 的 SOH 估计相对误差

　　电池的 RUL 预测是基于离线的电池 GPR 衰退模型，所提的电池长期 RUL 预测方法的验证与分析也是基于上述四节电池参数的衰退模型。如图 5-4a、c、 e 和 g 所示，每个图中的蓝色虚线表示的是真实的 RUL 值，粉色星线表示的是 RUL 预测结果。利用非线性回归方法更新基于 GPR 的电池衰退模型的输入特征数据，把更新的时间序列看作是电池 RUL。通过四幅图可以看出，在预测初期，因为非线性回归不能找到合适的参数，所以预测的初值相对误差较大。图 5-4b、d、f 和 h 给出了对应四节电池的 RUL 预测相对误差和误差频率。剔除初始误差，4 个结果的最大误差在 10 ~ 20 次循环之间。此外，从误差频率图可以看出，4 个结果的误差频率均集中在 5 ~ 25 次以内。从结果可以看出，该方法具有良好的鲁棒性。MAE 和 RMSE 两个误差分析用于评价提出的多时间尺度电池健康预测的准确性和有效性，正如表 5-1 所示，所测试的四节电池的 MAE 和 RMSE 结果都相当小，这也表明所提出的方法能够对电池健康状况提供令人满意和具有鲁棒性的预测性能。

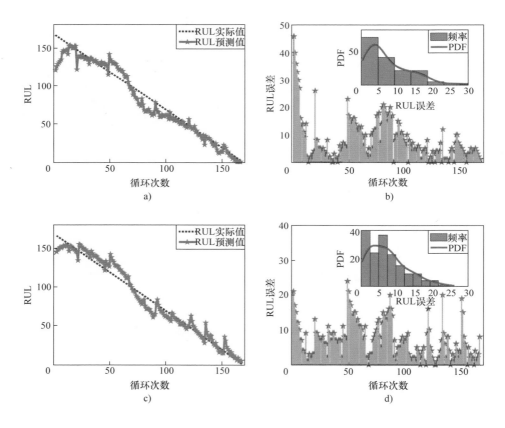

图 5-4 电池长期 RUL 预测结果

a）电池 N5 的长期 RUL 预测   b）电池 N5 长期 RUL 预测的相对误差

c）电池 N6 的长期 RUL 预测   d）电池 N6 长期 RUL 预测的相对误差

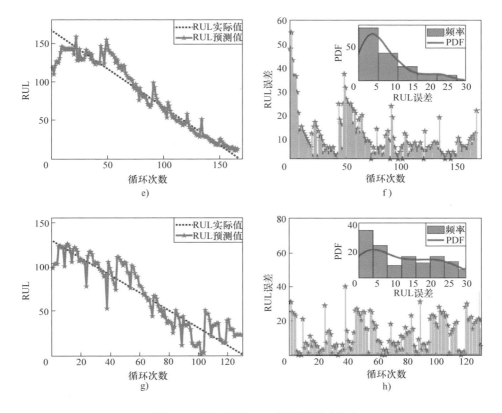

图 5-4　电池长期 RUL 预测结果（续）

e）电池 N7 的长期 RUL 预测　f）电池 N7 长期 RUL 预测的相对误差
g）电池 N18 的长期 RUL 预测　h）电池 N18 长期 RUL 预测的相对误差

表 5-1　电池长短期健康预测数值分析结果

电池标签	评价指标	N5	N6	N7	N18
SOH	$MAE_C/A \cdot h$	0.0031	0.0169	0.0007	0.0019
	$RMSE_C/A \cdot h$	0.0046	0.0234	0.0011	0.0026
RUL	$MAE_R/Cycle$	8.51	6.98	10.40	12.00
	$RMSE_R/Cycle$	11.62	8.70	14.12	15.26

2. 多时间尺度电池健康预测的稳定性验证

考虑到所提方法的鲁棒性和有效性，根据电池实际使用场景，设计了一种实用的验证方法。通过在电池整个生命周期内随机选择不同的循环起始点，模拟电池在实际运行过程中任意的电池健康状态，对所提的电池健康状况的预测方法进行了测试。在电池短期 SOH 估算中，选择从第 40 个循环起的特征变量和可用容量分别作为输入输出数据集。如图 5-5a、c、e 和 g 所示，四个被测电池的短期 SOH 估算从第 40 个循环开始，其估计结果的 95% 置信区间区域在整个电池寿命周期都相当狭窄，当电池在寿命终止时 95% 置信区间略有变化。从总体结果上看，上述提出的基于 GPR 电池衰退模型具有更好的鲁棒性和可靠性。电池短期 SOH 估计的相对误差和误差频率如图 5-5b、d、f 和 h 所示，对于测试

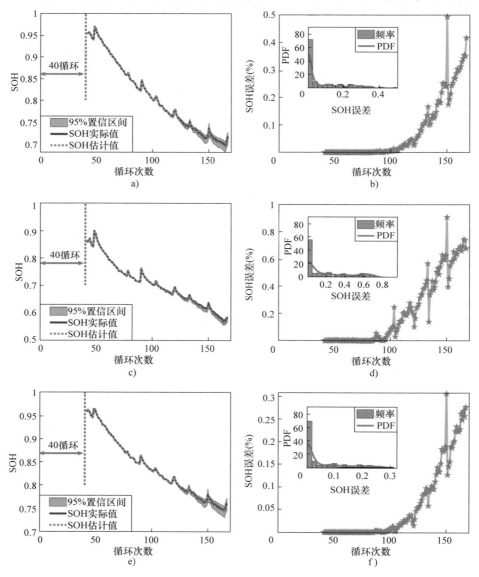

图 5-5　电池 SOH 估计结果

a）电池 N5 的 SOH 估计　b）电池 N5 的 SOH 估计相对误差　c）电池 N6 的 SOH 估计
d）电池 N6 的 SOH 估计相对误差　e）电池 N7 的 SOH 估计　f）电池 N7 的 SOH 估计相对误差

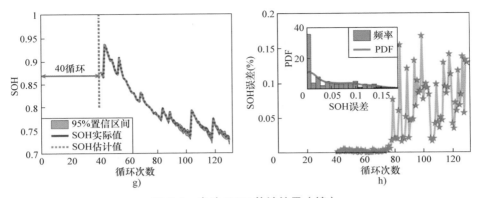

图 5-5　电池 SOH 估计结果（续）

g）电池 N18 的 SOH 估计　h）电池 N18 的 SOH 估计相对误差

电池结果的所有相对误差几乎都在 1% 以内。从对相对误差的统计子图中可以看出，主要相对误差值集中在 0.2% 以内，而且最大的误差频率出现较小，基于 GPR 的电池衰减模型对不同健康水平的电池估计具有较强的鲁棒性和准确性。

　　基于 GPR 的离线模型在不同起点对电池 RUL 预测结果如图 5-6a、c、e 和 g 所示。对于所使用的电池数据，由于所对应的剩余数据的非线性回归接近于线性，所以可以很容易地找到合适的参数，具有较好的覆盖范围，并且从下面四张结果图中可以观察出电池 RUL 预测初值相对误差较小。图 5-6b、d、f 和 h 显示了四个电池的 RUL 预测的相对误差和误差频率，图中结果的最大误差在 5 ~ 26 个循环之间。并且，四个结果的误差频率分布主要集中在 5 ~ 25 次之间。因而，在随机初始点的测试数据集下，提出的基于非线性回归的电池 RUL 预测方法具有较好的鲁棒性。同时，MAE 和 RMSE 也被用来分析多时间框架下，电池健康状况预测的准确性和有效性，表 5-2 中的误差分析结果表明，该方法可为电池健康状况提供极好的准确性和鲁棒性。

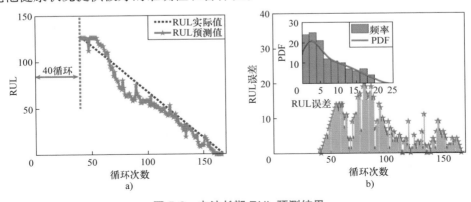

图 5-6　电池长期 RUL 预测结果

a）电池 N5 的长期 RUL 预测　b）电池 N5 长期 RUL 预测的相对误差

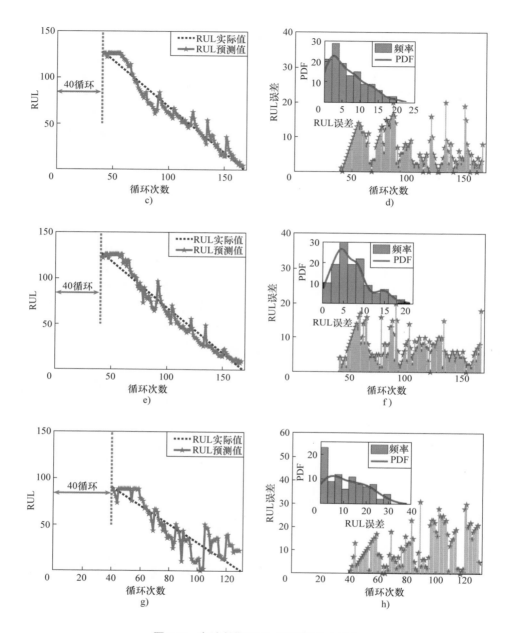

图 5-6　电池长期 RUL 预测结果（续）

c）电池 N6 的长期 RUL 预测　　d）电池 N6 长期 RUL 预测的相对误差

e）电池 N7 的长期 RUL 预测　　f）电池 N7 长期 RUL 预测的相对误差

g）电池 N18 的长期 RUL 预测　　h）电池 N18 长期 RUL 预测的相对误差

表 5-2　电池长短期健康预测数值分析结果

电池标签	评价指标	N5	N6	N7	N18
SOH	$MAE_C/A \cdot h$	0.0040	0.0073	0.0015	0.0004
	$RMSE_C/A \cdot h$	0.0061	0.0101	0.0023	0.0006
RUL	$MAE_R/Cycle$	6.44	6.14	6.73	11.46
	$RMSE_R/Cycle$	8.32	7.84	7.96	14.16

5.3　动力电池 SOH 与 RUL 闭环联合预估

采用了一种基于高斯过程粒子滤波（Gaussian Process Particle Filter，GPPF）算法的电池 SOH 和 RUL 耦合预估框架。为了描述电池容量下降，利用高斯过程回归（GPR）和多输出高斯过程回归（Multiple-Output Gaussian Process Regression，MOGPR）构建了一种动态的、数据驱动的电池老化状态空间表示方法。为了抑制系统噪声，在粒子滤波（PF）算法框架下根据 GPR 时序模型更新容量状态值，通过在线提取的健康特征因子观测值来校正 SOH，实现对电池容量衰退趋势的在线准确追踪，并利用电池老化模型对 SOH 进行自回归地迭代外推，从而实现电池 SOH 和 RUL 的联合准确预测。针对电池容量衰退过程具有强非线性的特点，现有的容量衰退参数模型难以描述不同类型和不同循环工况下的容量衰减路径，可以利用 GPR 等机器学习方法，基于历史容量数据建立非参数化的动态数据融合模型。对于非线性动态系统，状态空间表示是描述一组可测观测值 z 和未知状态变量 x 之间关系的通用数学模型，包括状态方程和观测方程，可描述为

$$\begin{cases} x_k = f(x_{k-1}, w_{k-1}) \\ z_k = h(x_k, v_k) \end{cases} \tag{5-6}$$

式中，x_k 是未知的状态向量；z_k 为观测量；$f(\cdot)$ 和 $h(\cdot)$ 分别是系统状态方程和观测方程；w_{k-1} 为系统过程噪声；v_k 为测量噪声。

为了实现电池状态的闭环估计，通过状态方程和观测方程，建立了其不可测量的 SOH 与可测量的外部特征参数之间的联系。在状态方程中，考虑到容量衰退的非线性渐变过程，基于递归思想采用多输入单输出的 GPR 算法建立容量序列的非线性时序模型作为电池老化的状态方程。基于 GPR 的状态方程可表述为

$$C_{k+1} = GPR(C_{k-m+1}, C_{k-m+2}, \cdots, C_k, cycle_{k+1}) \tag{5-7}$$

式中，C_k 为 k 个采样点的最大可用容量；$cycle_{k+1}$ 为第 $k+1$ 个采样点的循环次数；m 为状态方程输入数据的维度，m 越大，则该 GPR 模型的计算复杂度越高（本

文中设置 $m = 3$）。

在此基础上建立了电池容量的自回归模型，可基于该模型利用历史容量数据逐步递推预测未来循环的容量，但这样的开环递推预测会导致误差的逐步累积，不能实现长期 RUL 的准确预测。因此通过观测方程将电池外部可测特征参数与内部最大可用容量状态建立联系，以实现容量多步预测的闭环修正。研究表明，电池容量衰退与 DTV 曲线的峰谷特征具有很强的相关性，且 DTV 曲线可基于电压和表面温度数据在线提取，因此可以采用基于 DTV 的电池健康特征因子作为系统观测值建立观测方程。由多个健康特征因子组成的观测方程是一个单输入多输出的非线性系统，利用多输出 MOGOR 算法建立了关联最强的两个电池健康特征因子和容量序列之间的非线性关系，具体表述为

$$\begin{bmatrix} F_{k+1}^1 \\ F_{k+1}^2 \end{bmatrix} = \text{MOGPR}(\hat{C}_{k+1}^-) + v_{k+1} \qquad (5\text{-}8)$$

式中，系统观测值 F_{k+1}^1、F_{k+1}^2 为 MPGPR 模型的 2 个输出；$\hat{C}_{k+1}^-$ 为第 $k+1$ 个采样点基于状态方程式（5-7）得到的容量先验估计值；v_{k+1} 为系统观测噪声。

将以上基于 GPR 的状态方程与 MOGPR 观测方程结合起来，得到了完整的电池老化数据融合状态空间模型，式（5-6）中的状态空间方程可表示为

$$\begin{cases} \hat{C}_{k+1}^- = \text{GPR}([\hat{C}_{k-m+1}^+, ..., \hat{C}_k^+]) + w_{k+1} \\ \begin{bmatrix} F_{k+1}^1 \\ F_{k+1}^2 \end{bmatrix} = \text{MOGPR}(\hat{C}_{k+1}^-) + v_{k+1} \end{cases} \qquad (5\text{-}9)$$

式中，w_{k+1} 和 v_{k+1} 分别为系统噪声和观测噪声；$\hat{C}_{k+1}^-$ 为第 $k+1$ 采样点的容量先验估计值；$\hat{C}_k^+$ 为第 k 采样点的经过修正的后验估计值。

5.3.1 基于 DT 曲线健康特征值提取

锂电池由各种复合材料组成，这些材料在使用寿命内会随着电池的使用而不断变化。捕获和提取这些变化是检测和诊断电池健康状况的主要思路。如上所述，DTV 分析方法作为一种捕捉电池退化过程中内部变化的有效技术，具有许多优点。考虑到电池系统对电气设备的有效 SOC 范围，很少有设备能够在正常使用条件下完全充电 / 放电。因此，在实际应用场景中，要获得完整的 DTV 曲线存在一些困难。通常根据实际运行的一次电压区域，研究部分 DTV 曲线，以解释与电池容量降低的关系。具体而言，DTV 曲线的电池健康指标是从指定的电压范围中提取的，用于对电池退化进行建模。深入分析，综合考虑峰位、峰谷值等诸多特性，从部分 DTV 曲线中选取 6 个健康指标。

NASA 艾姆斯研究中心的电池退化数据集来自第二代 18650 锂电池。该电池正极为由 LiNi0.8Co0.15Al0.05O2，负极为石墨。具体的老化试验计划包括环境温度（24℃）下的恒流（CC）充电和恒压（CV）充电、恒流放电三个阶段。在循环过程中，当终端电压达到上限截止电压（4.2V）、充电电流为 1.5A 时，CC 充电结束并转入 CV 阶段；一旦充电电流降至 20mA，整个充电过程停止；休息 10min 后，以持续电流 2A 开始放电过程，直到终端电压达到较低的截止电压（2.7V，2.2V）。

另一个公共数据集来自牛津数据库，该数据库包含 8 个额定容量为 740mA·h 的 Kokam 软包电池。这些电池老化试验可分为容量校准试验和行驶循环试验。具体而言，模拟真实电动汽车行驶循环被视为电池放电的负载电流，然后在完成的测试中对电池以 2C 电流进行充电。在每 100 个循环后，执行小倍率放电 / 充电以获得当前可用容量。在环境温度（40℃）下，通过 Bio-Logic-MPG-205 电池测试仪，以 1s 的间隔对端电压、表面温度和负载电流等外部参数进行采样。图 5-7a 和 b 绘制了相应的行驶循环试验曲线和四条容量退化路径。放电 / 充电端电压曲线的演变曲线如图 5-7c 和 d 所示。可以看出，随着电池周期的增加，放电 / 充电时间逐渐缩短。这些试验还表明，在老化过程中，电池的可用容量正在下降。

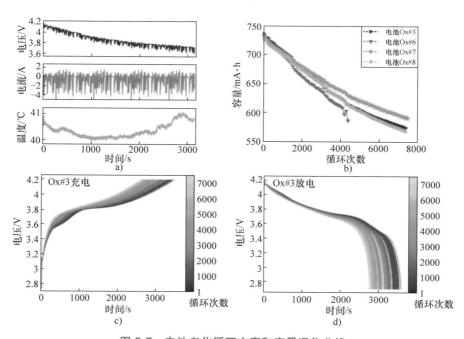

图 5-7　电池老化循环方案和容量退化曲线

a）放电过程下的驱动循环测试　b）四种牛津电池的容量衰减曲线
c）Ox#3 电池充电电压曲线的演变　d）Ox#3 电池放电电压曲线的演变

本文以 Ox#3 电池为例来讲述特征提取的过程。首先，从部分 DTV 曲线中提取峰谷点；然后提取所选点相应电压和 DTV 值，这是与电池容量衰减直接相关的电池健康指标。从 DTV 曲线中准确识别极值点是一个难点。这里，具体的数学方法可以表示为：

$$\begin{cases} V_{peak} = V_i \left| \dfrac{dDTV}{dV_i} = 0 \text{ 和 } f(V_i) \geqslant f(V), V \in (V_i - w, V_i + w) \right. \\ DTV_{peak} = f(V_{peak}) \end{cases} \quad (5\text{-}10)$$

$$\begin{cases} V_{valley} = V_i \left| \dfrac{dDTV}{dV_i} = 0 \text{ 和 } f(V_i) \leqslant f(V), V \in (V_i - w, V_i + w) \right. \\ DTV_{valley} = f(V_{valley}) \end{cases} \quad (5\text{-}11)$$

式（5-10）和式（5-11）表示峰值和谷值中的电池健康指标。式中，w 表示电压间隔 3mV。电池健康指标用 $\boldsymbol{F}$ 矩阵表示：

$$\boldsymbol{F} = \left[V_{peak1}, DTV_{peak1}, V_{valley}, DTV_{valley}, V_{peak2}, DTV_{peak2} \right] \quad (5\text{-}12)$$

由式（5-12）可观察的健康指标是三对，这将形成一个大矩阵，并造成计算负担。为了提高电池退化模型的灵活性，本研究使用 Pearson 相关分析方法筛选高质量和强相关性的健康特征变量。最后，将强相关特征作为观测变量来修正电池退化模型的参数。

为了深入了解电池表面温度与电池容量退化之间的关系，这里利用电池 Ox#3 的一些特性来研究电池退化情况，如图 5-8 所示。从图 5-8a 和图 5-8b 可以看出，在充电和放电阶段，电池的表面温度分别在 2.8 ~ 4.2V 的电压范围内。从图 5-8a 可以看出，在充电过程中，表面温度在 3.8V 之前呈下降趋势。然而，在 3.8V 左右，表面温度会急剧下降，然后逐渐上升。因此，在充电过程中存在明显的谷。随着循环次数的增加，充电表面温度逐渐升高，并在电压 3.6V 附近有轻微的斜率。如图 5-8b 所示，在初始放电过程中，不同健康条件下的电池表面温度略微升高。温度突然上升，然后几乎保持在 3.6V 左右。根据上述分析，可以大致确定电池的健康状况，但这些温度趋势不能给出建立电池退化模型的特征。为确保安全性和可靠性，电池系统在实际应用中遵循浅放电 / 充电规则。同时，电池表面温度曲线的显著变化集中在 3.2 ~ 4.0V 的电压区间，电压区域涵盖了不同电池健康状况的主要特征。放电 / 充电阶段的部分 DTV 曲线如图 5-8c 和图 5-8d 所示。在每个周期中有三个明显的极值点，在电池老化周期中，两个峰值的变化趋势向右下方移动，而谷值向左上方移动。在这项工作中，从充电阶段提取电池健康指标，以避免复杂的放电驱动循环。为了提取一些重要特征，从部分 DTV 曲线中提取电压和 DTV 值的三个耦合特征，包括峰值位置、峰值和谷值，如图 5-8e 和图 5-8f 所示。为了降低计算成本，采用 Pearson 相关分析方法获得有效的强相关特征，分析结果如图 5-8g 所示。可以看出，标记为 DTV_{peak1} 和 V_{peak2} 的两个健康指标与六个电池具有高度相关性。因此，将这两个健康指标作为观察值，用于电池的进一步建模。同时，两个健康指标的变化趋势如图 5-8h 所示。这表明，这两个健康指标与电池退化容量有很强的正、负相关关系。

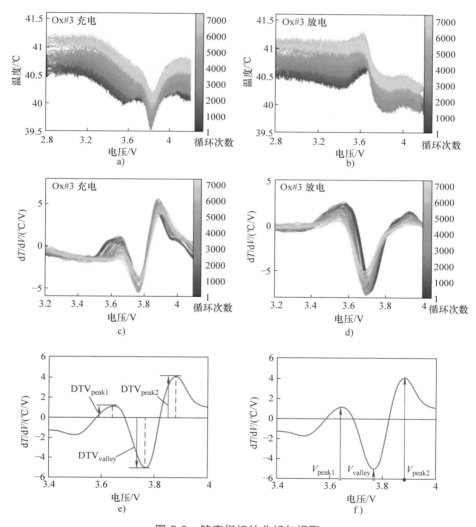

图 5-8　健康指标的分析与提取

a）在充电阶段，表面温度会发生变化　b）在放电阶段，表面温度会发生变化
c）充电阶段的平滑 DTV 曲线　d）放电阶段的平滑 DTV 曲线
e）一个提取 DTV 峰值的示例　f）提取电压健康指标的示例

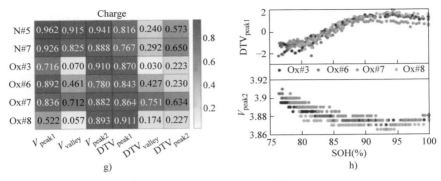

图 5-8　健康指标的分析与提取（续）

g）测试的六个电池的健康指标和容量的相关性分析　h）两项健康指标的趋势密切相关

5.3.2　粒子滤波算法原理简介

在离线建立起电池容量衰退的状态空间模型之后，需要利用先进的滤波算法进行状态量和观测量的单步预测，并根据实际观测值进行量测更新，从而实现电池老化状态的闭环估计。Sankararaman 等指出，鉴于电池容量衰退的强非线性，具有不确定表达式的贝叶斯框架更适于电池 RUL 预测，而粒子滤波算法是贝叶斯框架下的一种序贯蒙特卡洛方法，在通信和信号处理、图像处理、定位导航等领域得到广泛应用。PF 算法不同于基于高斯噪声假设的卡尔曼族滤波算法（KF，EKF，UKF），其核心思想是利用离散随机变量来近似系统中随机变量的概率密度函数，用样本均值代替积分计算，得到系统状态的最小方差估计。PF 不受线性高斯模型的约束，对于具有非高斯噪声假设的非线性状态空间模型具有良好的性能，因此有可能成为电池 BMS 状态估计与预测控制的核心算法之一。用 PF 法对电池健康状况进行预估，首先要建立一个模拟电池衰退过程的老化模型，即包含状态方程和观测方程的状态空间表示。电池容量衰退的状态空间表示如式（5-9）所示，其中的 w_{k-1} 和 v_k 分别为系统过程噪声和测量噪声。符合高斯分布的噪声被称为高斯白噪声，在实际系统中存在着大量不符合高斯分布的有色噪声，因此在该情况下不适用于卡尔曼族滤波算法，但 PF 算法不受系统的过程噪声模型约束，能够很好地解决这一问题。粒子滤波（PF）算法的一般流程见表 5-3。

在 PF 算法中，权重的计算方法是关键，因为每个粒子的权重决定了它是"优质"粒子还是"劣质"粒子，从而对其进行大量复制或淘汰；同时权重计算也是指导粒子空间分布的依据。在粒子集合中，通常使用 k 时刻的粒子观测预测值与实际测量值之间的偏差程度作为确定每一粒子权重的依据，将该偏差较小的粒子赋予较大的权重，而对偏差较大的粒子给予较小的权重。从而可以选

表 5-3　粒子滤波（PF）算法一般流程

第一步：粒子集初始化

· 对 $k = 0$，从先验分布 $p(\boldsymbol{x}_0)$ 中抽取初始化状态粒子集合 $\{\boldsymbol{x}_0^{(i)}\}_{i=1}^N$，其中 N 为粒子数

第二步：重要性采样

· For $i = 1$，…，N，采样 $\hat{\boldsymbol{x}}_k^{(i)} \sim q(\boldsymbol{x}_k \mid \boldsymbol{x}_{0:k-1}^{(i)}, \boldsymbol{z}_{1:k})$，并设置 $\hat{\boldsymbol{x}}_{0:k}^{(i)} \triangleq (\boldsymbol{x}_{0:k-1}^{(i)}, \hat{\boldsymbol{x}}_k^{(i)})$

· For $i = 1$，…，N，为每个粒子重新计算权重。

$$\tilde{w}_k^{(i)} = w_{k-1}^{(i)} \frac{p(\boldsymbol{z}_k \mid \boldsymbol{x}_k^{(i)}) p(\boldsymbol{x}_k^{(i)} \mid \boldsymbol{x}_{k-1}^{(i)})}{p(\boldsymbol{x}_k^{(i)} \mid \boldsymbol{x}_{k-1}^{(i)}, \boldsymbol{z}_{1:k})}$$

· For $i = 1$，…，N，归一化权重

$$w_k(\boldsymbol{x}_{0:k}^{(i)}) = w_k(\boldsymbol{x}_{0:k}^{(i)}) \Big/ \sum_{i=1}^N w_k(\boldsymbol{x}_{0:k}^{(i)})$$

第三步：选择阶段（重采样）

从集合 $\{\hat{\boldsymbol{x}}_{0:k}^{(i)}\}_{i=1}^N$ 中根据近似分布 $p(\boldsymbol{x}_{0:k}^{(i)} \mid \boldsymbol{z}_{1:k})$ 重采样 N 个随机样本集合 $\{\boldsymbol{x}_{0:k}^{(i)}\}_{i=1}^N$，根据式（5-14）的方法计算各粒子样本的权重，根据归一化权重 $w_k(\boldsymbol{x}_{0:k}^{(i)})$ 对粒子集合 $\{\hat{\boldsymbol{x}}_{0:k}^{(i)}\}_{i=1}^N$ 进行复制和淘汰

· For $i = 1$，…，N，重新设置权重 $w_k^i = \tilde{w}_k^i = 1/N$

第四步：得到估计结果 $\hat{\boldsymbol{x}}_k = \sum\limits_{i=1}^N w_k^i \boldsymbol{x}_k^i$

第五步：设置 $k = k + 1$ 并返回至第二步

择一个能实现这个目标的函数作为权重计算函数，而高斯函数使用最广泛，所以采用了高斯函数作为粒子权重的计算函数，其标准型为

$$f(x) = \frac{1}{\sqrt{2\pi}\sigma} \mathrm{e}^{\frac{(x-\mu)^2}{2\sigma^2}}, -\infty < x < +\infty \tag{5-13}$$

可假定 $\mu = 0$，$\sigma = 1$，将其简化为

$$f(x) = \mathrm{e}^{\frac{(x-\mu)^2}{2\sigma^2}}, -\infty < x < +\infty \tag{5-14}$$

　　获得每个粒子的权重后，再通过重采样来复制或淘汰这些粒子（表 5-3 的第三步），实现"优胜劣汰"，其基本思想是大量复制权重高的粒子，淘汰权值低的粒子，以接近真实值。现有的重采样算法很多，包括随机采样、系统采样、残差采样、多项式采样等应用非常广泛的经典算法。本文所用的重采样算法是 Gordon 等提出的多项式采样算法，可以有效解决 PF 的粒子退化问题。以下是它的基本原理和算法流程。

　　离散随机变量 X 的分布函数为概率累计形式：

$$F(x) = P(X < x) = \sum_{x_i < x} p(x_i) \tag{5-15}$$

根据式（5-15）产生 $[0, 1]$ 区间均匀分布随机数：

$$\begin{cases} u_j = u_j(\tilde{u}_j)^{\frac{1}{j}} & j = 1, 2, \cdots, N-1 \\ u_N = (\tilde{u}_N)^{\frac{1}{N}} \end{cases} \quad （5\text{-}16）$$

式中，$\tilde{u} \sim U[0,1]$，$\{u_j\}_{j=1:N}$ 满足独立同分布。多项式重采样算法的步骤如下：

1）按均匀分布采样在 [0，1] 区间得到 n 个独立同分布采样值集合 $\{u_i\}_{i=1}^N$。

2）令 $I^i = cdf\{u_i\}$，其中 cdf 是权值集合 $\{w^i\}_i^N$ 的累积分布函数，即对于 $u \in \left(\sum_{j=1}^{i-1} w^j, \sum_{j=1}^{i} w^j \right)$，$cdf(u) = i$。

3）初始化权重 $w^i = 1/N$，记 $\{v^i\}_{i=1}^N$ 为重采样后对应粒子复制数目的集合，其中 v^i 表示重采样前的第 i 个粒子在重采样中被复制的数据，$0 \le v^i \le m$。

5.3.3　多输出高斯过程回归算法原理

对于多输出系统建模时，使用单输出高斯过程回归（Sigle-Output Gaussian Process Regression，SOGPR）算法忽略了输出端口之间的相关性信息，因此可能无法得到最佳的预测结果。基于信号学理论，Phillip Boyle 和 Marcus Frean 建立了多输出高斯过程回归模型，利用每一个输出端口之间的协方差矩阵模拟其可能的依赖关系，利用高斯基过程和光滑核函数的卷积对每个输出端口进行建模，通过共享高斯基过程模拟多输出端口之间的相关性，改善对多输出系统的预测性能。MOGPR 的目标是在预测 T 输出时同时考虑 T 输出的相关性，从而达到单独建模的目的。假设 T 个输出 $\boldsymbol{f} = \{f_1, \cdots, f_T\}^{\mathrm{T}}$ 服从高斯过程，如下所示：

$$\boldsymbol{f}(\boldsymbol{x}) : \mathrm{GP}\ (\boldsymbol{0}, \boldsymbol{K}_{1M}(\boldsymbol{x}, \boldsymbol{x}')) \quad （5\text{-}17）$$

其中多输出协方差矩阵 $\boldsymbol{K}_M(\boldsymbol{x}, \boldsymbol{x}') \in \boldsymbol{R}^{T \times T}$ 定义为：

$$\boldsymbol{K}_M(\boldsymbol{x}, \boldsymbol{x}') = \begin{bmatrix} k_{11}(\boldsymbol{x}, \boldsymbol{x}') & \cdots & k_{1T}(\boldsymbol{x}, \boldsymbol{x}') \\ \vdots & \ddots & \vdots \\ k_{T1}(\boldsymbol{x}, \boldsymbol{x}') & \cdots & k_{TT}(\boldsymbol{x}, \boldsymbol{x}') \end{bmatrix} \quad （5\text{-}18）$$

上述协方差矩阵中的每个元素 $k_{ij}(\boldsymbol{x}, \boldsymbol{x}')$ 为输出 $f_i(\boldsymbol{x})$ 和 $f_j(\boldsymbol{x}')$ 之间的协方差，表征了它们之间的相关性或相似程度。

与单输出的 GPR 相同，输出的观测值为 $y_t(\boldsymbol{x}) = f_t(\boldsymbol{x}) + \varepsilon_t$，其中 ε_t 为第 t 个输出的高斯噪声，$\varepsilon_t : N(0, \sigma_{s,t}^2)$。$T$ 个输出的似然函数如下所示：

$$p(\boldsymbol{y} \mid \boldsymbol{f}, \boldsymbol{x}, \boldsymbol{\Sigma}_s) = N(\boldsymbol{f}(\boldsymbol{x}), \boldsymbol{\Sigma}_s) \quad （5\text{-}19）$$

式中，$\boldsymbol{\Sigma}_s \in R^{T \times T}$ 是一个以 $\{\sigma_{s,t}^2\}_{t \le T}$ 为元素的对角矩阵。

当给定训练数据集 $X = \{X_1, \cdots, X_T\}^{\mathrm{T}}$ 和输出观测值 $\mathbf{y} = \{\mathbf{y}_1, \cdots, \mathbf{y}_T\}^{\mathrm{T}}$ 去训练 MOGPR 模型后，在测试数据集 $\mathbf{x}^*$ 上预测得到的模型输出后验分布 $\mathbf{f}(\mathbf{x}^*) = \{f_1(\mathbf{x}^*), \cdots, f_T(\mathbf{x}^*)\}^{\mathrm{T}}$：

$$\mathbf{f}(\mathbf{x}^*) \mid X, \mathbf{y}, \mathbf{x}^* : N(\hat{\mathbf{f}}(\mathbf{x}^*), \Sigma^*) \qquad (5\text{-}20)$$

模型输出预测的均值和方差分别为：

$$\hat{\mathbf{f}}(\mathbf{x}^*) = \mathbf{K}_{M^*}^{\mathrm{T}} [\mathbf{K}_M(\bar{X}, \bar{X}) + \boldsymbol{\Sigma}_M]^{-1} \mathbf{y} \qquad (5\text{-}21)$$

$$\boldsymbol{\Sigma}^* = \mathbf{K}_M(\mathbf{x}^*, \mathbf{x}^*) - \mathbf{K}_{M^*}^{\mathrm{T}} [\mathbf{K}_M(\bar{X}, \bar{X}) + \boldsymbol{\Sigma}_M]^{-1} \mathbf{K}_{M^*} \qquad (5\text{-}22)$$

式中，$\mathbf{K}_{M^*} = \mathbf{K}_M(\bar{X}, \mathbf{x}^*) \in R^{nT \times T}$ 有子块 $\mathbf{K}_{ij}(\bar{X}, \mathbf{x}^*) = [k_{ij}(\mathbf{x}_p, \mathbf{x}^*)]$，$p = 1$，$\cdots$，$n$ 且 i，$j = 1$，$\cdots$，T。矩阵 $\boldsymbol{\Sigma}^*$ 的第 t 个对角元素对应 $\sigma_t^2(\mathbf{x}^*)$ 并且 $\boldsymbol{\Sigma}_M = \boldsymbol{\Sigma}_s \otimes \mathbf{I}_n \in R^{nT \times nT}$ 是一个对角噪声矩阵。对称分块矩阵 $\mathbf{K}_M(\bar{X}, \bar{X}) \in R^{nT \times nT}$ 可通过下式进行计算：

$$\mathbf{K}_M(\bar{X}, \bar{X}) = \begin{bmatrix} K_{11}(\bar{X}, \bar{X}) & \cdots & K_{1T}(\bar{X}, \bar{X}) \\ \vdots & \ddots & \vdots \\ K_{T1}(\bar{X}, \bar{X}) & \cdots & K_{TT}(\bar{X}, \bar{X}) \end{bmatrix} \qquad (5\text{-}23)$$

与 SOGPR 类似，可以通过最小化负对数边际似然函数来优化求解 T 个输出的超参数集 Θ_M，包括 $\{k_{ij}\}_{i \leqslant i, j \leqslant T}$ 和 $\{\sigma_{s,t}^2\}_{1 \leqslant t \leqslant T}$。为了表达方便，采用 $f_t^*(\mathbf{x})$：$GP(\hat{f}_t(\mathbf{x}), \sigma_t^2(\mathbf{x}))$ 来表示给定观测值 $f_t(\mathbf{x})$ 的后验分布。

在 MOGPR 算法的基础上，将电池历史测试数据中的容量作为模型输入，利用从 DTV 曲线提取的两个相关性最强的健康特征因子作为输出，在离线条件下训练一个容量与健康因子的映射关系模型作为系统观测方程。在线进行 SOH 闭环估计时，在滤波算法框架下，将基于状态空间方程得到的容量先验预测值 $\hat{C}_{k+1}^-$ 作为模型输入，得到观测值即健康特征因子的模型预测值，再与基于电池运行数据提取的实际观测值比较进行容量估计值的修正，得到其后验估计值，即可实现闭环修正以达到提高电池状态估计精度和鲁棒性的目的。

5.3.4 闭环 SOH 与 RUL 联合预估框架

在介绍的动力电池数据驱动的老化状态空间模型和粒子滤波算法的基础上，建立了实现数据融合模型的电池 SOH 闭环估计框架，在此基础上实现电池容量衰退趋势的多步预测，从而实现对电池剩余寿命 RUL 的准确预测。该数据融合框架如图 5-9 所示，可分为两部分，分别是数据驱动的电池老化状态空间模型的离线训练以及电池 SOH 与 RUL 联合预测。其中电池老化模型的离线训练首先需要进行 DTV 曲线的提取和平滑处理，然后提取峰谷特征作为表征参数，再根据相关分析筛选出高质量的健康特征因子作为电池老化模型的观测值，分别在 GPR 和 MOGPR 的基础上进行训练，得到系统状态方程和观测方程。

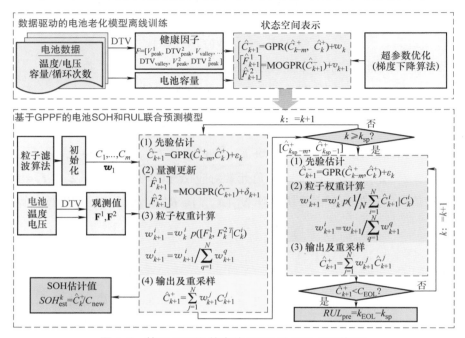

图 5-9　基于 GPPF 的电池 SOH 及 RUL 预测框架

基于 GPPF 的数据融合框架包括电池短期 SOH 估计和长期的 RUL 预测两部分。具体而言，电池 SOH 估计流程包括五个步骤：

1）初始化 PF 算法的粒子和权重。

2）基于离线训练的 GPR 状态方程，输入已知的容量序列 $[\hat{C}^+_{k-m},\hat{C}^+_{k-m+1},\cdots,\hat{C}^+_k]$ 得到 $k+1$ 循环的容量先验估计值 $\hat{C}^-_{k+1}$。

3）基于离线训练的 MOGPR 观测方程，得到 $k+1$ 循环的健康特征因子预测值 $[\hat{F}^1_{k+1},\hat{F}^2_{k+1}]^\mathrm{T}$。

4）基于电池 $k+1$ 循环的实测电压和表面温度数据，在线提取健康特征因子实际观测值，根据上文的权重计算方法为每个粒子分配权重并进行归一化处理；

5）基于均值思想获得容量后验估计值 $\hat{C}^+_{k+1}=\sum\limits_{j=1}^{M}w^j_{k+1}\hat{C}^j_{k+1}$，利用多项式采样算法进行重采样，实现各粒子的"优胜劣汰"，输出状态估计值并返回第 2）步以进行下一个循环的闭环估计。根据以上步骤对电池容量闭环估计，从而实现电池 SOH 的在线精确估计，在此过程中使用一种可在线提取的健康特征因子对基于离线模型的估计值进行在线修正，特别是训练数据集与测试数据集的电池老化路径有很大差异时，该闭环框架可以提高 SOH 估计的精度，并具有更广泛的适用性。

预测电池 RUL 过程中，由于不能获得未来循环的真实健康特征因子，其预测过程依赖于状态方程和 PF 算法。每次电池容量估计完成后，将历史估计容量序列输入 RUL 预测模型中作为输入，通过以下步骤构建起数据驱动的电池 RUL 预测框架：

1）将最后一次容量估计中各粒子的状态值和重要性权重视为预测过程的初始参数，得到下一次循环的容量先验估计值 $\hat{C}_{k+1}^{-}$。

2）将所有粒子的容量先验估计均值视作实际观测值，根据各粒子与该均值的距离分配重要性权重，并对权重进行归一化处理。

3）计算各粒子加权平均作为该循环的容量后验估计值 $\hat{C}_{k+1}^{+}$，判断是否达到预设的 EOL，若没有达到则返回第 1）步进行下一循环电池容量的递推预测，反之则根据电池 RUL 的定义计算得到 RUL 预测值，即

$$RUL_{pre} = k_{EOL} - k_{sp}$$

式中，k_{EOL} 和 k_{sp} 分别是达到 EOL 和预测起始点的循环次数。

5.3.5 动力电池健康状况预测结果及讨论

为验证基于 GPPF 的数据融合电池健康状况预测方法的有效性和准确性，采用不同材料体系、不同放电倍率和环境温度下的老化数据对该方法进行了验证。首先采用 NASA 和 Oxford 数据集的 5 个电池在常规循环工况下的老化数据对 GPPF 方法进行了验证。为了更接近动力电池的实际应用场景，随机选取起始 SOH 进一步验证了该方法的鲁棒性；为探讨模型参数的影响，对比分析了不同粒子数下 GPPF 模型的预测性能和计算时间，并在高温、大倍率放电（大于 3C）及磷酸铁锂电池大倍率等工况下对所提出的方法进行了充分验证。以下是针对上述不同情况分别对模型验证结果进行介绍。

1. 基于 GPPF 的 SOH 估计结果

（1）常规循环工况验证结果　该部分使用了 NASA 电池老化数据集 N#5、N#7 两个电池和 Oxford 数据集的 Ox#3、Ox#7 和 Ox#8 三个电池的数据。两个数据集的运行温度分别为 24℃ 和 40℃，用来估计电池 SOH 的循环充放电倍率都小于 1C。

当电池老化时，电池充放电过程的电压曲线都会有规律的演变趋势，如图 5-10a 所示，以充电为例，Ox#3 电池的电压曲线随着循环次数的增加逐渐升高。而且温度变化曲线也会有一定的演变规律，如图 5-10b 所示。起始充电时的表面温度在 40.5～41.3℃ 之间，由于在初始阶段产热量小于对环境的放热，从图中可以看出表面温度在 3.8V 前呈逐渐降低的趋势，在 3.5～3.8V 阶段急剧

下降并在 3.8V 左右达到最低点；随着充电过程的进行，电池温度逐渐升高，所以曲线呈现明显的波谷。进一步按照上文介绍的方法提取电池 DTV 曲线，原始曲线和基于移动均值滤波、SG 滤波的 DTV 曲线如图 5-10c 所示。所有的循环经过滤波处理后的 DTV 曲线如图 5-10d 所示，在曲线上可以看到三个明显的极值点形成两个波峰和一个波谷，而且随着循环次数的增加峰谷特性呈规律性变化。这两个波峰都呈现向右下方移动的趋势，而谷值则逐渐向左上方移动。与此同时，电池 DTV 曲线的波峰和波谷集中在 3.5 ~ 4.0V 的电压范围内，这是电池最常用的充放电区间，这意味着基于 DTV 的方法并不要求电池进行完整的充放电，也适用于浅充浅放工况。为了提取表征电池老化的参数，从部分 DTV 曲线中提取了 6 个特征，包括波峰、波谷对应位置及其 dT/dV 值，如图 5-10e 所示。为减少计算量，采用 Pearson 相关分析方法筛选出相关性强的健康特征因子。在图 5-10f 中显示出相关性分析结果，可以看出 DTV_{peak1} 和 V_{peak2} 这 2 个健康因子和容量的相关性在 5 个电池上都很高，所以选择这两个健康因子作为后续建模过程的系统观测值。

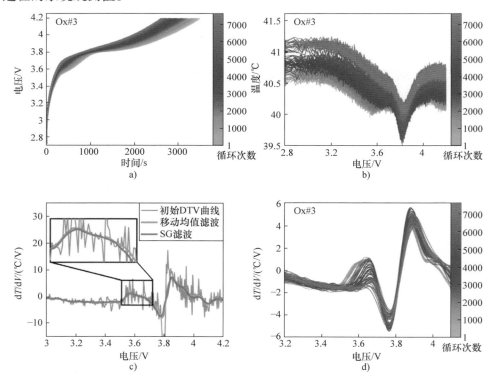

图 5-10　Oxford 电池 DTV 及健康特征因子提取过程

a）电池充电电压曲线　b）表面温度变化曲线　c）DTV 曲线滤波　d）DTV 曲线变化

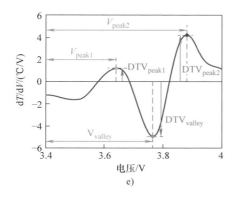

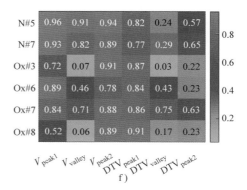

图 5-10　Oxford 电池 DTV 及健康特征因子提取过程（续）

e）特征值提取　f）特征值相关系数分析

在基于 GPPF 的电池健康状况预测框架中，需要用离线的方法来训练电池容量衰减过程的老化模型，下面分别介绍 GPR 和 MOGPR 这两种离线模型的训练过程。其中状态方程是基于 GPR 的容量时序自回归模型，模型单个输入为 m 维的容量向量（本文中 $m = 4$），例如采用包含 n 个容量数据点的序列作为训练集，则训练集输入和输出可分别如式（5-24）和式（5-25）所示。

$$\boldsymbol{X}_s = \begin{bmatrix} C_1 & C_2 & \cdots & C_m \\ C_2 & C_3 & \cdots & C_{m+1} \\ \vdots & \vdots & \ddots & \vdots \\ C_{n-m} & C_{n-m+1} & \cdots & C_{n-1} \end{bmatrix} \tag{5-24}$$

$$\boldsymbol{Y}_s = [C_{m+1}, C_{m+2}, ..., C_n]^{\mathrm{T}} \tag{5-25}$$

式中，C_i，$i = 1$，2，$\cdots$，n 为电池各循环的最大可用容量。

GPR 模型的训练是利用梯度下降算法最小化负对数边际似然函数（NLML），从而求出模型超参数。以下是本节中 5 个电池状态方程对应的 GPR 模型的超参数，见表 5-4。

表 5-4　状态方程 GPR 模型的超参数

电池编号	Mean	α	σ_f	l	σ_n
N#5	0.0640	1.0296	0.7973	1.4092	0.0117
N#7	0.8072	1.3300	1.1201	3.5811	0.0070
Ox#3	0.6588	1.1098	0.6085	1.9892	0.0015
Ox#7	0.1277	1.0556	0.6057	1.8437	0.0013
Ox#8	0.1227	1.0660	0.6031	1.8914	0.0012

在电池老化状态空间模型中以健康特征因子作为观测值，所以其模型训练集的输入和输出分别表示为：

$$\boldsymbol{X}_o = [C_1, C_2, \cdots, C_n]^{\mathrm{T}} \tag{5-26}$$

$$\boldsymbol{Y}_o = \left[\boldsymbol{F}_1, \boldsymbol{F}_2, \cdots, \boldsymbol{F}_n\right]^{\mathrm{T}} \tag{5-27}$$

上式中的 $\boldsymbol{F}_k = [F_k^1, F_k^2, \cdots, F_k^J]$ 表示第 k 循环的电池健康特征因子向量，F_k^j 表示第 j 个特征值分量，本文采用两个健康特征因子，因此 $J = 2$。基于 MOGPR 模型的观测方程建立过程与 GPR 模型的类似，表 5-5 给出了基于梯度下降算法优化后的观测方程 MOGPR 的模型超参数。

表 5-5　观测方程 MOGPR 模型的超参数

电池编号	Mean	α	σ_f	l	σ_n
N#5	0.3391	0.6461	0.4960	0.5269	0.0010
N#7	0.0590	0.8622	1.0025	0.6267	0.0001
Ox#3	0.4500	1.0368	3.0073	1.5279	0.0019
Ox#7	0.4542	0.8386	2.4986	0.9012	0.0027
Ox#8	0.7180	0.6720	1.9470	0.8712	0.0033

在进行电池 SOH 在线闭环估计时，将前 m 个循环的容量数据作为初始值输入到基于 GPR 的状态方程，估计下一步的电池容量 PF 算法的所有粒子，通过基于 MOGPR 建立的观测方程更新各粒子的状态估计值，得到电池 SOH 估计值。对应的 SOH 估计结果及其误差如图 5-11 所示，随着循环次数的增加，电池 SOH 呈下降的趋势，基于所提方法得到的 SOH 估计值在两类电池上都能够实现对实际值的有效跟踪。通过图 5-11a、b 可以看出，一些容量回升的数据点会导致较大的估计误差，但该方法可以快速响应波动并跟踪电池容量退化轨迹。

对于 N#5 和 N#7 电池，SOH 估计值的绝对相对误差基本都在 4% 以内；值得注意的是 Oxford 电池数据集的 Ox#3、Ox#7 和 Ox#8 号电池为每间隔 100 次循环提取一次电池可用容量数据，三个电池的绝对相对误差均小于 1%。同时采用 95% 置信区间（CI）对电池 SOH 估计结果的可靠性进行描述，通常较窄的置信区间代表了较高的可靠性，而较宽的置信区间说明电池 SOH 估计值的可靠性较低，因此我们期望模型输出的置信区间较窄且能够覆盖 SOH 实际值，这代表估计结果的准确度和可靠度都较高。图 5-11 表明所提出的方法对 5 个电池得到的 SOH 估计值都具有较好的 95% 置信区间，尤其是图 5-11c ~ e 中的三个电池。综上所述，估计结果表明该方法能够准确估计电池短期 SOH 且具有较高的可靠性。

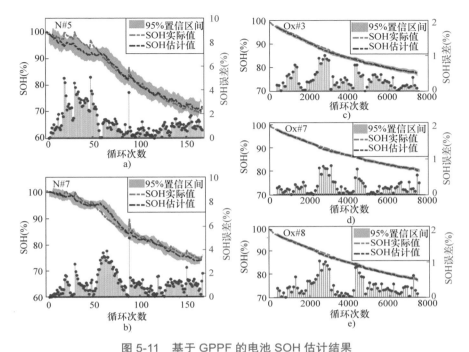

图 5-11　基于 GPPF 的电池 SOH 估计结果

a）、b）N#5、N#7 电池 SOH 估计结果　　c）~ e）Ox#3、Ox#7、Ox#8 电池 SOH 估计结果

　　为了定量评价该方法的性能，表 5-6 列出了两种通用的误差分析方法，即均方根误差（RMSE）和平均绝对误差（MAE）的统计结果，NASA 数据集的两个电池最大的 MAE 和 RMSE 分别为 1.35% 和 1.76%，而 Oxford 数据集的最大 MAE 和 RMSE 分别为 0.33% 和 0.41%，误差分析结果表明基于 GPPF 的电池 SOH 估计在整体水平上具有较好的准确度和鲁棒性。

表 5-6　基于 GPPF 的 SOH 估计误差分析

电池	N#5	N#7	Ox#3	Ox#7	Ox#8
MAE（%）	1.35	0.83	0.33	0.23	0.32
RMSE（%）	1.76	1.11	0.41	0.31	0.41

　　（2）不同电池起始 SOH 验证结果　　在现实生活中，部分锂电池系统可能是基于退役电池梯次利用再组装而成，而重新组装而成的电池初始健康状态不能通过额定容量得到，这无疑会给电池健康状态预估带来新的挑战，甚至导致原有的模型完全不适用。为检验该方法的鲁棒性和可靠性，可以通过随机选择起始循环的方法对基于 GPPF 的 SOH 估计模型进行验证。验证时将 N#5 和 N#7 电池的起始循环设置为第 40 循环，而 Oxfrod 数据集的三个电池的起始循

环设定为第 1500 次循环，得到 5 个电池的 SOH 估计结果及其相对误差。正如图 5-12a 和图 5-12b 所示，电池 N#5 和 N#7 在置信区间较窄的情况下仍然有较高的估计精度，2 个电池的绝对误差均在 2% 以内。正如图 5-12c ~ e 所示，在初始 SOH 不达到 100% 的情况下基于 GPPF 的电池估计模型在 Oxford 数据集的三个电池上都表现出较好的准确性和可靠性，3 个电池的绝对误差均小于 1%。另外，较窄的 95% 置信区间也表明各电池的 SOH 估计结果具有较高的可靠性。

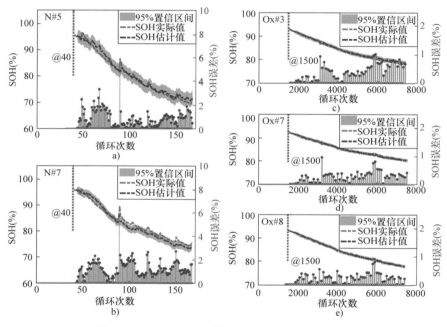

图 5-12　基于 GPPF 的不同起始 SOH 估计结果

为了进一步验证分析电池 SOH 估计结果的总体误差水平，采用 MAE 和 RMSE 两种误差分析方法进行评价，如图 5-13 所示。其 MAE 值是估算值和真实值绝对误差的平均值，用于初步衡量模型估计结果的总体精度。但是，由于少数循环存在误差极值将给 MAE 带来较大的偏差，因此我们同时采用 RMSE 方法进行估计。根据图 5-13a 所示，5 个电池的 MAE 值均小于 1.5%，并且 Oxford 电池的 MAE 均不超过 0.5%。如图 5-13b 所示 5 个电池的 RMSE，结果表明 NASA 电池的 RMSE 均在 1.5% 左右，而 Oxford 数据的 RMSE 均接近 0.5%。总体而言，误差和分析结果表明，基于数据融合模型的电池健康状况预估方法在不同起始 SOH 条件下均有较高的精度和鲁棒性。

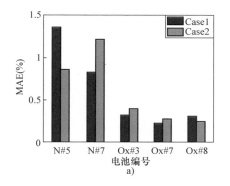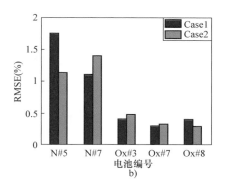

图 5-13 基于 GPPF 的电池 SOH 估计误差分析

a）绝对平均误差结果分析 b）均方根误差结果分析

（3）PF 算法粒子数选择 在 GPPF 评估电池健康状况的框架中，粒子数是影响电池 SOH 估计结果准确性的重要参数。一般情况下，粒子数目越多模型计算所需时间越长，粒子数目越少将会导致微粒退化进而造成估计误差增大。所以我们在进行模型验证时需要考虑不同的粒子数量对所提方法的性能产生的影响，并进行讨论与分析。NASA 电池的容量衰退趋势非线性较强，相应的 SOH 估计误差也较大，因此研究采用 10、20、30、40、50 共 5 种不同粒子数的模型，对 N#5 和 N#7 电池进行健康情况预估，SOH 估计值及误差见图 5-14。

不同粒子数下 N#5 电池 SOH 的估计结果如图 5-14a 和 b 所示，可以看出粒子数为 10 时 SOH 估计误差最大，尤其在初始 10 ~ 50 循环次数范围内，由于两次容量回升现象引起的模型误差较大。图 5-14c 显示了 N#7 电池在不同粒子数条件下的 SOH 估计结果，相应的估计误差图如图 5-14d 所示，粒子数 $N = 10$ 误差最大，而当 N 从 10 增大到 40 时估计误差逐渐减小，需要注意的是 $N = 50$ 时的误差反而大于了 $N = 30$ 和 $N = 40$ 时的误差。证明了 PF 算法的估计精度与 PF 算法的粒子数不是简单的单调关系，模型估计精度会随着粒子数量的增加达到极限，并且过多的粒子数还可能导致估计误差增大，所以选择合理的粒子数目是 PF 算法估计精度的关键之一。利用 MAE 和 RMSE 两个指标对 N#5 和 N#7 两个电池在不同粒子数下的估计误差进行了统计分析，如图 5-14e 和 f 所示，在粒子数量为 10 的情况下估计结果的 MAE 和 RMSE 出现最大值。在粒子数 N 是 30、40 和 50 时，相应的 MAE 和 RMSE 几乎是一样的，这说明 GPPF 电池 SOH 估计模型在这几种情况下的估计精度并没有太大差异。

但是，PF 算法的计算时间随粒子数 N 的增加而增加，在记录不同粒子数的情况下基于 Matlab 运行 GPPF 模型的时间，结果见表 5-7。对于 N#5 电池来说，随着 PF 粒子数的增加，模型计算时间近似呈线性关系。当粒子数为 10 时估计

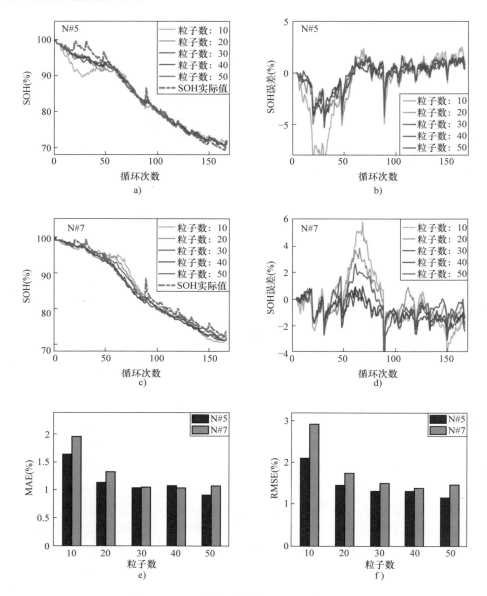

图 5-14　不同粒子数的电池 SOH 估计结果

a）、b）不同粒子数 N#5 电池 SOH 估计结果及误差　c）、d）不同粒子数 N#7 电池 SOH 估计结果及误差
e）N#5、N#7 电池绝对平均误差结果分析　f）N#5、N#7 电池绝均方根误差结果分析

所有循环的 SOH 计算耗时为 35.24s，当粒子数 N 每增加 10 个计算时间增加 30s 左右。综合分析不同粒子数条件下的估计误差和持续时间，为平衡模型估计精度和计算时间成本，模型设定了 PF 算法粒子数 $N = 30$。

表 5-7　不同粒子数的 SOH 估计模型性能指标

电池	指标	PF 算法粒子数				
		10	20	30	40	50
N#5	MAE/（%）	1.64	1.13	1.03	1.06	0.90
	RMSE/（%）	3.10	1.44	1.30	1.31	1.15
	时间 /s	35.24	65.98	97.67	130.11	160.36
N#7	MAE/（%）	1.95	1.33	1.04	1.03	1.07
	RMSE/（%）	2.91	1.74	1.49	1.39	1.44
	时间 /s	50.33	83.06	114.91	145.91	176.15

（4）高温大倍率工况验证结果　已有的国内外研究文献分析结果表明，高温和大倍率充放电将加速锂离子动力电池的衰退过程。另外，当电池充放电倍率大于 1C 时，电池阻抗产生的过电位将会抵消 IC/DV 曲线上的波峰，因此 IC/DV 分析方法不适用于大倍率工况，而相关研究表明 DTV 在大倍率情况下仍然适用。为了验证研究中所提出的基于 DTV 的电池健康特征因子提取方法、基于 GPPF 的电池健康情况数据融合预估模型在高温和大倍率放电工况下的适用性，本节采用 NASA 电池老化数据集中的 N#31 和 N#32 两个电池进行了进一步的模型验证，其 GPR 和 MOGPR 模型超参数如表 5-8 所示。

表 5-8　GPR 和 MOGPR 模型超参数（N#31&N#32）

	电池编号	Mean	α	σ_f	l	σ_n
GPR	N#31	0.2709	1.0356	0.6436	1.7195	0.0065
	N#32	0.2854	1.1023	0.7535	1.7155	0.0059
MOGPR	N#31	0.1954	0.8023	22.9795	0.5276	0.2549
	N#32	0.1947	0.8112	22.8521	0.6120	0.3120

N#31 和 N#32 电池的老化测试都是在 43℃ 的高温环境下进行的，充电过程以 1.5A 恒流充电（CC）至 4.2V，然后使用恒压充电（CV）直至电流下降至 20mA；放电过程采用 4A（倍率：4/2.2 = 1.82C）电流进行恒流放电，N#31 和 N#32 分别对应的放电截止电压为 2.5V 和 2.7V。

对数据进行预处理后，可以提取电池原始 DTV 曲线并采用 SG 滤波算法进行曲线平滑处理，得到 2 个电池不同循环下的 DTV 曲线，如图 5-15a、b 所示。结果表明，高温大倍率条件下，DTV 曲线的总体趋势与常规循环工况的 N#5 等 4 个电池相似，都有两个明显的波峰和一个波谷，但由于温度和倍率的不同其 dT/dV 值也较大，两峰均在 25 ~ 30℃ /V 范围内。在高温大倍率下，由于容量快速衰减，这两个电池仅经过 39 次充放电循环其容量就降至 EOL，随着循环次数的增加，DTV 曲线也有规律的演变趋势，以 N#32 为例，DTV 曲线两个波峰向左上方逐渐移动，波谷向右上方演化。实验结果表明，DTV 方法能有效地从电压和表面温度的实测数据中提取出电池衰退程度的特征值，从而克服了高温和大倍率的影响，具有较好的适用性，可用于电池的健康状况评估和在线评估。

通过对电池健康因子提取波谷特征，并基于 Pearson 相关系数的健康因子评价方法，筛选其中 2 个与电池容量序列相关性最强的健康特征因子。用筛选出的健康特征因子作为 GPPF 算法的观测值，对 N#31 和 N#32 电池进行精确估计。图 5-15c、d 所示为 N#31 和 N#32 电池的 SOH 估计值和误差，可以看出对 N#31 和 N#32 电池的大部分循环估计误差均在 2% 左右，且 N#31 的大部分循环估计误差小于 1.5%，另外 2 个电池的 95% 置信区间也较窄，表明估计结果的准确性和可靠性都较高。同时也采用 MAE 和 RMSE 两种误差分析方法进行了分析，N#31 和 N#32 的 SOH 估计结果 MAE 分别为 0.78% 和 0.87%，对应的 RMSE 分别为 0.91% 和 1.06%，均小于 1%。上述 SOH 估计结果的误差分析表明所提出的基于 DTV 的健康因子提取方法，以及基于 GPPF 的健康情况预估方法在高温和大倍率下也具有较高的估计精度和较好的适用性和鲁棒性。

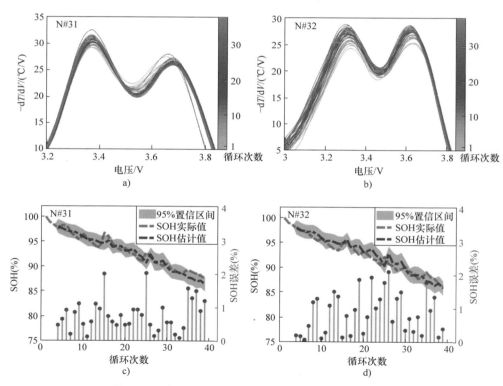

图 5-15　高温大倍率工况 DTV 曲线及 SOH 估计结果

a）N#31 电池 DTV 曲线　b）N#32 电池 DTV 曲线
c）N#31 电池 SOH 估计结果　d）N#32 电池 SOH 估计结果

（5）磷酸铁锂（LPF）电池验证结果　根据正极材料的不同，锂离子电池可分为磷酸铁锂（LPF）、NCM 三元材料和钴酸锂电池等不同类型。在不同材料体系下，锂电池在充放电过程中的电压曲线变化趋势有很大差异；此外，由于内部各副反应的差异，不同电池在充放电过程中内部产生的热量是不同的，这会引起不同的温度变化曲线，因此 DTV 曲线也会呈现不同的变化规律。磷酸铁锂电池电压曲线中存在明显的电压平台，在平台范围内电压变化非常缓慢，这会给电池 SOC 估计、IC/DV 曲线提取等带来很大挑战。为了验证 DTV 分析方法在磷酸铁锂电池上的适用性，以及基于 GPPF 的电池 SOH 估计模型的适用性，利用 2 个磷酸铁锂电池老化数据集对本文所提方法进行进一步验证。

本节采用的 A#24 和 A#26 电池是 A123 公司生产的型号为 APR18650M1A 的磷酸铁锂电池，负极为石墨，额定容量为 1.1A·h，其 GPR 和 MOGPR 模型超参数如表 5-9 所示。通过在 30℃环境中加速老化获得电池老化数据，两个电池的放电过程均为恒定的 4.4 A（4C）放电到 2.0V。两个电池采用不同的快充策略，其中 A#24 电池先以 5.4C 充电至 60%SOC，然后再以 3.6C 充到 100%SOC；而 A#26 电池以 6C 充电至 40%SOC，然后以 3C 将电池充满，图 5-16a 展示了 A#24 电池充电和放电过程的电压、电流和温度曲线。A#24 电池在各个循环下的放电过程的电压曲线如图 5-16b 所示，随着循环次数的增加，电池逐渐老化，放电过程的电压下降率逐渐加快，放电时间缩短。另外，与三元电池和钴酸锂电池相比，图中还能看到更明显的电压平台。

表 5-9　GPR 和 MOGPR 模型超参数（A#24 和 A#26）

		Mean	α	σ_f	l	σ_n
GPR	A#24	0.0899	1.0007	0.9913	1.0116	0.0006
	A#26	0.0731	1.0003	0.9504	1.0433	0.0006
MOGPR	A#24	0.0950	0.8269	1.6945	0.4462	0.0046
	A#26	0.3509	0.8764	2.4357	0.7547	0.0038

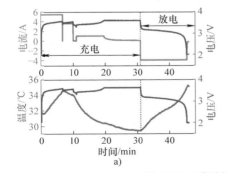 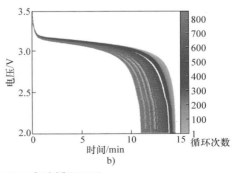

图 5-16　磷酸铁锂 A#24 电池循环工况

a）A#24 老化测试工况　b）A#24 各循环电压曲线

根据图 5-17a、b 所示，利用每个循环的电压和表面温度数据来提取 A#24 和 A#26 电池的 DTV 曲线。因为 LPF 电池电压平台的存在，以及在放电过程中温升速率较为均匀，在 DTV 曲线中约 3.15V 处有明显的波峰，随着循环次数的增加向左下方移动，峰值及其对应的电压位置逐渐减小；另外，DTV 曲线在 3.30V 左右存在波谷，其 dT/dV 数值较小但同样随着电池的老化呈现规律的演变趋势。以 DTV 曲线为基础提取波峰和波谷特征作为电池健康特征因子，用本文提出的 GPPF 方法估算电池的健康状态，得到 A#24 和 A#26 电池的 SOH 估计值如图 5-17c、d 所示。A#24 电池最大估计误差在 0.8% 以内，而 A#26 电池的最大误差也小于 1.5%，并且从图中可知 2 个电池 SOH 估计结果的 95% 置信区间都较窄；同样使用 MAE 和 RMSE 分析两个电池的 SOH 估计误差，A#24 和 A#26 电池的 MAE 分别为 0.16% 和 0.32%，RMSE 分别为 0.22% 和 0.44%，结果表明，该方法具有较高的估计精度和可靠性，充分验证了 DTV 分析方法和基于 GPPF 的电池健康状况闭环估算框架在磷酸铁锂电池和大倍率工况下的适用性和鲁棒性。

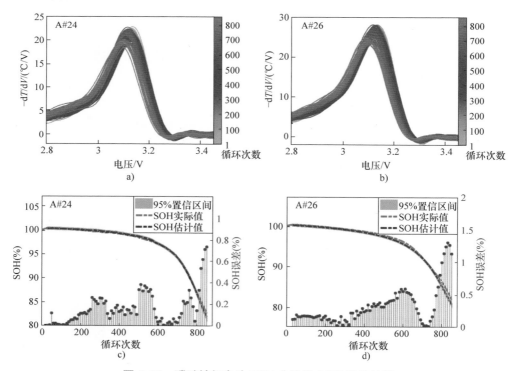

图 5-17　磷酸铁锂电池 DTV 曲线及 SOH 估计结果

ａ）A#24 电池 DTV 曲线　ｂ）A#26 电池 DTV 曲线
ｃ）A#24 电池 SOH 估计结果　ｄ）A#26 电池 SOH 估计结果

2. 基于 GPPF 的 RUL 预测结果

以 GPPF 为基础的电池健康状况闭环预测框架不仅可以在线估计电池 SOH 值，而且可以根据精确的 SOH 估计值对其衰退趋势进行多步预测，从而实现电池长期 RUL 的预测。为验证框架对电池 RUL 预测的性能，基于图 5-9 中所示的算法框架，对两组不同类型的电池进行 RUL 预测。考虑到电池不同的应用场景，NASA 和 Oxford 电池的老化数据集中的 EOL 分别定义为额定容量的 75% 和 80%。

图 5-18 和图 5-19 显示了从不同的预测起点开始的 5 个电池 RUL 结果。利用 PF 算法的概率分布函数（PDF）对预测结果进行统计验证，PDF 能够反映所提出方法预测的电池容量序列的不确定性，PDF 分布的均值可以给出预测 RUL 的准确性，而方差则代表了电池 RUL 预测的不确定性，方差可以用 PDF 的边界宽度进行粗略分析。

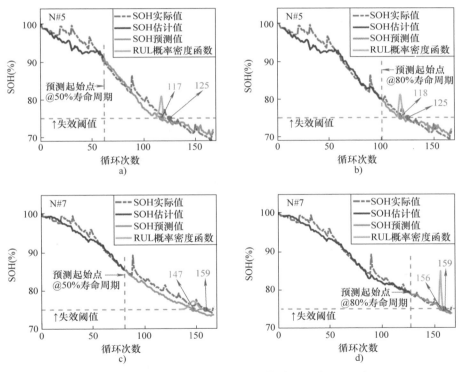

图 5-18　不同预测起始点 RUL 估计结果（NASA）

图 5-18 显示了 NASA 数据集两个电池 SOH 序列的多步递推预测及 RUL 预测结果，在图中的预测起始点之前基于本文提出的容量闭环估计框架进行 SOH 估计，得到预测起始点的高精度 SOH 估计结果，并在基础上进行多步递推预测直至 SOH 降低至预设的失效阈值（即 EOL），得到电池 RUL 预测结果。如

图 5-18a、c 所示，以 50% 寿命周期为预测起始点时，电池 N#5 的实际 EOL 和预测 EOL 分别为 125 和 117 循环，因此 RUL 预测误差为 8 循环；N#7 的实际 EOL 和预测 EOL 分别为 159 和 147 循环，对应的 RUL 误差为 12 循环。图 5-18b、d 所示，预测起始点为全寿命周期的 80% 时，两个电池的 RUL 预测误差分别为 7 循环和 3 循环。因此，对于长期 RUL 的预测，两种电池的准确度都在 7% 以内（预测误差 /EOL，12/159）。

根据本文提出的方法对 Oxford 数据集三个电池进行长期 RUL 预测，结果如图 5-19 所示。从图中可以看出，对于不同的预测起点，三个电池的 RUL 预测误差在 83 ~ 191 之间。如图 5-19a、b 和 e 所示，以 50% 寿命周期为预测起始点时电池 Ox#3、Ox#7 和 Ox#8 的 RUL 预测误差分别为 189 循环、110 循环和 114 循环；如图 5-19b、d 和 f 所示，以 80% 寿命周期为预测起始点时 RUL 预测误差分别为 -175 循环、83 循环和 -191 循环。在一定程度上，预测起始点对 RUL 预测结果有一定的影响，当电池容量估计值大于实际值时，预测的 RUL 将大于实际 RUL，如图 5-19b、f 所示。五个电池在两个预测起始点下的 RUL 相对估计误差如表 5-10 所示。从图 5-18 和图 5-19 可知，所有电池的 RUL 预测值的 PDF 都具有较窄的分布，表明本文所提方法可准确地跟踪电池容量的衰退路径。

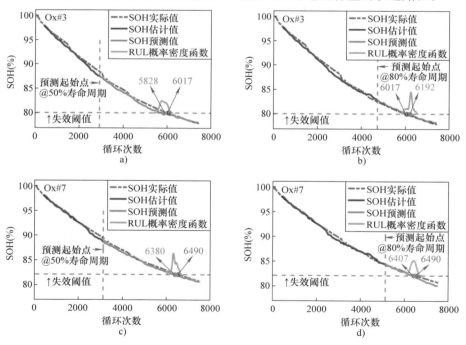

图 5-19　不同预测起始点 RUL 估计结果（Oxford）

a）、b）Ox#3 电池不同预测起点 RUL 预测结果　c）、d）Ox#7 电池不同预测起点 RUL 预测结果

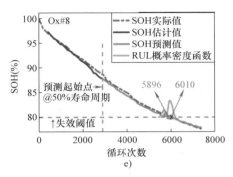
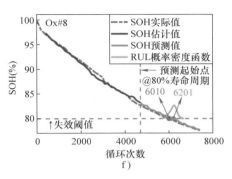

图 5-19　不同预测起始点 RUL 估计结果（Oxford）（续）

e）、f）Ox#8 电池不同预测起始点 RUL 预测结果

表 5-10　电池 RUL 预测值与实际值的相对误差

预测起始点	N#5	N#7	Ox#3	Ox#7	Ox#8
50% 寿命	8	12	189	110	114
80% 寿命	7	3	−175	83	−191

　　为全面分析该文提出的 RUL 预测方法的准确性和可靠性，针对两类共 5 个电池在不同的预测起始点情况下进行了验证，其 RUL 预测结果及其误差见图 5-20，相应的 MAE 和 RMSE 统计结果见表 5-11。如图 5-20a、b 所示，NASA 数据集电池 N#5 和 N#7 的 RUL 预测精度随着预测起始点变大而逐渐提高，由于电池容量序列的强非线性特性，预测起始点较小时电池 RUL 预测值的误差最大达到了 50 循环，随后逐渐降低收敛到 RUL 实际曲线。N#5 和 N#7 电池的 RUL 预测误差的 MAE 分别为 7.83 和 9.12 循环，RMSE 分别为 9.97 和 11.30 循环。图 5-20c ~ e 展示了 Oxford 数据集三个电池在整个寿命周期内的 RUL 预测结果，Ox#3、Ox#7 和 Ox#8 三个电池的最大和最小 MAE 分别为 394.36 和 283.01 循环，同时三个电池的最大和最小 RMSE 分别为 394.36 和 283.01 循环。由以上验证结果可以看出，本文所提出的电池长期 RUL 预测数据融合框架对不确定的循环工况和任意的预测起始点都具有较好的准确性和鲁棒性。RUL 预测结果误差分析如图 5-21 所示。

表 5-11　电池长期 RUL 预测误差分析

电池	N#5	N#7	Ox#3	Ox#7	Ox#8
MAE	7.83	9.12	226.88	294.45	310.76
RMSE	9.97	11.30	283.01	360.11	394.36

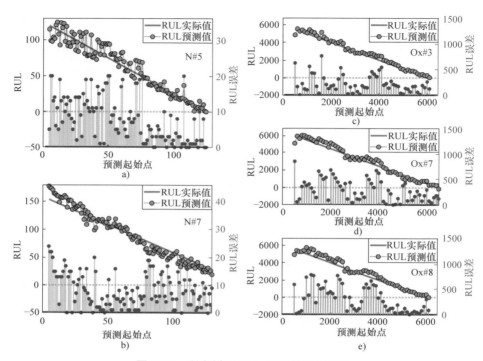

图 5-20 所有循环 RUL 预测结果及误差

a)、b) N#5、N#7 电池生命周期内 RUL 预测结果

c)~e) Ox#3、Ox#7、Ox#8 电池生命周期内 RUL 预测结果

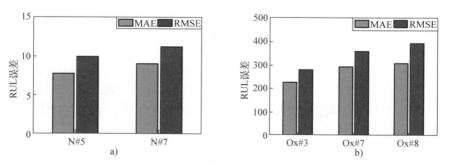

图 5-21 RUL 预测结果误差分析

5.4 本章小结

本章从时间尺度研究了预估动力电池健康状态的两个重要参数，为了实现对电池健康状态协同高效快捷的预估，两种电池健康状况预测的多时间尺度框架被提出，用于估计电池短期 SOH 和预测长期 RUL。在开环预估框架中，对局部容量增量曲线进行了深入的研究，在不同的角度下提取电池健康特征变量如截距、坡度和峰值等，利用这些特征变量建立了基于 GPR 算法的电池衰退估计模型，并将离线 GPR 电池衰退模型与非线性回归相结合，建立了电池 RUL 预测模型。结果表明，所提出的多时间尺度电池健康状态预估框架具有准确有效的优点。

另外，本章还详细阐述了基于温度差分特征分析的动力电池健康状态闭环估计框架，建立了非参数电池退化模型，并采用 PF 算法改进了电池 SOH 估计和 RUL 预测。主要内容可以总结如下：

1）考虑到充电阶段电池退化与表面温度之间的关系，这里从部分 DTV 曲线中提取了重要的电池健康指标。

2）根据电池衰退特征及衰退容量，构建了动力电池衰退空间状态方程。

3）利用 PF 算法，基于电池退化模型更新状态估计，预测电池 RUL，实现闭环控制系统。

4）基于两种类型的 5 种电池，对所提出的电池健康状况预测框架进行了验证和分析，并给出了全生命周期内 RUL 的预测结果，所提出的方法具有精度高、鲁棒性好、可靠性高等优点。

第 6 章

动力电池系统故障诊断

6.1 动力电池系统故障分类概述

　　电动汽车使用过程中，动力电池系统各单体、模组的可用容量、开路电压、电阻等参数会出现一定程度的变化，导致电池之间参数出现不一致现象进而导致故障，该现象不仅会造成电池系统的使用效率、可靠性、安全性及寿命等性能下降，若不能及时精准识别出电池故障，还会引发较为严重的事故，甚至起火爆炸。通常根据故障发生的部件以及触发诱因，电池系统故障分为单体电池故障、系统级电池组故障、电池管理系统故障和其他电气故障，如图 6-1 所示。

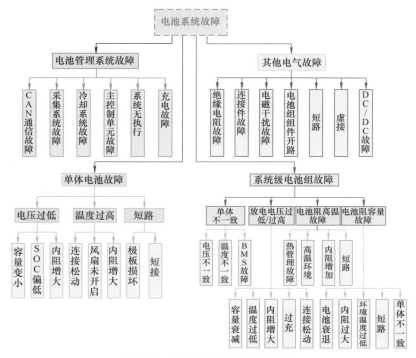

图 6-1　动力电池系统故障分类

1. 电池管理系统故障

电池管理系统作为电动汽车安全高效运行的关键部件，主要由传感器、控制器和信号线等元件组成，传感器可获取动力电池的外部参数包括充放电电流、电压以及电池表面温度，利用量测的有限参数对电池状态参数进行估计，包括电池荷电状态、健康状态、功率状态、能量状态以及电池安全状态。对于电池管理系统的故障分类，除了软件策略方面的故障外，还包括 CAN 通信故障、传感器故障以及充电故障等。

2. 单体电池故障

在整个动力电池系统中单体电池作为做基本单元，其故障的触发主要来源于出厂前的制造工艺问题以及使用过程中的滥用情况，因此对于单体电池的故障在这两个方面可以具体分为以下形式，包括内部短路、可使用容量异常衰退、内阻过大、外短路、过充电过放电等，对于电池单体而言，过充电过放电、内短路及外短路事故是引发故障的主要原因，当电池发生过充后，负极表面开始析锂，长此以往可能诱发出现锂晶枝，该晶枝增长到一定程度会刺破隔膜，进而引起电池内部出现微短路；此外，还会导致电池负极 SEI 膜以及电池表面锂离子完全嵌出，导致负极结构及其活性物质发生不可逆损失，使得电池容量快速衰减，内阻迅速增大，导致电池使用过程中温度升高，过高的温度触发内部隔膜熔融、电解液分解、正极材料分解等副反应，最终引发电池漏液、起火、爆炸等严重事故。

3. 系统级电池组故障

电动汽车运行过程中，由于撞击、颠簸、连接件腐蚀等情况可能导致内部电池系统连接组件松动故障，造成电池系统的机械滥用而触发内短路，此类故障通常表现为电池接触内阻增加，识别该故障类型主要通过检测电池系统在运行过程中各单体间压差情况，以及搁置情况下电压恢复压差的变化。若故障未能及时监测排除，过高的电阻将引发局部高温，温度不断累积出现过热后，会引发附近单体内部发生副反应，导致电池内部活性物质发生不可逆反应，如果温度不能有效扩散，将会引发电池热失控事故。

4. 其他电气故障

对于电动汽车而言，电池系统的安全损害程度决定了汽车运行发生故障的概率，通常电动汽车在实际使用过程中，为了保证对故障的准确诊断需要提前识别出故障类型。电池系统安全故障一般可以简化分为机械破坏及电气故障两个方面，其中汽车在运行过程中遭受撞击挤压是电池系统机械故障的主要来源，对于电气故障主要包括绝缘电阻故障、连接件故障、电磁干扰故障、电池组组间开路故障、短路故障、虚接故障、DC/DC 故障。

6.2 **基于端电压数据的动力电池故障诊断**

随着新能源汽车的使用，动力电池难免会出现故障，如若故障不能及时准确得以诊断，不仅会影响电池系统的性能发挥，严重时甚至会引发电滥用及热滥用，进而导致热失控等安全问题。因而，开发出准确、可靠的故障检测算法，对保障电池的应用安全至关重要。通常，电池系统由多个模组构成，每个模组又由多个单体电池组成，该复杂系统难以实现通过硬件设计直接检测故障。在这种情况下，业界提出了一系列的基于端电压信号的故障检测算法，以此捕获和定位电池故障，其主要逻辑是将系统实际输出参数与预期值进行比较。

6.2.1 样本熵算法原理

样本熵的基础概念最早是由香农提出的，并已成功地用于测量、评估信息科学和热力学的不确定度。它是一种基于个体与总采样点比例的概率形式，用于描述物理运动和其他移动的变化。本研究以电池端电压的 EMD 为基础，将分解得到的表征原始电压信号的 IMF 用于计算样本熵值。特征电压信号 V_t 的表达式为：

$$\overline{V}_i(t) = \left[\overline{v}_i(t), \overline{v}_i(t+1), \cdots, \overline{v}_i(t+m-1)\right], t = 1, 2, \cdots, W-m \tag{6-1}$$

式中，m 是特征电压信号的移动窗口，此处设为 2；$\overline{v}_i$ 是特征电压信号的第 i 组数据；W 是给定数据集的窗口，设定为 30。

将两个端电压信号 $\overline{V}_i(t)$ 和 $\overline{V}_i(h)$ 之间的距离 d^{v1} 定义为

$$d^{v1} = d\left[\overline{V}_i(t), \overline{V}_i(h)\right]_{t \neq h} = \max_{0 \leq k \leq m-1} |\overline{V}_i(t+k) + \overline{V}_i(h+k) \tag{6-2}$$

公差窗口 r 表示为：

$$r = c \times SD \tag{6-3}$$

式中，c 是常数（$c > 0$），并设为 0.2；SD 是端电压信号的标准偏差。

端电压信号的标准偏差为

$$SD = \sqrt{\frac{1}{w-1} \sum_{i=1}^{w} \left[v_i(t) - \frac{1}{w} \sum_{i=1}^{w} v_i(t)\right]^2} \tag{6-4}$$

基于式（6-3）和式（6-4），Heaviside 函数 Θ 和 $C_i^r(m)$ 被定义为

$$\Theta(t) = \begin{cases} 1, z \leq 0 \\ 0, z > 0 \end{cases} \tag{6-5}$$

$$C_i^r(m) = \frac{1}{w-m} \sum_{i=1}^{w-m} \theta\left(d_i^{\text{vl}} - r\right) \tag{6-6}$$

然后，根据式（6-5）和以下方程式求解对应点的概率：

$$C_m(r) = \frac{1}{w-m-1} \sum_{i=1}^{w-m-1} C_i^r(m) \tag{6-7}$$

$$C_{m+1}(r) = \frac{1}{w-m} \sum_{i=1}^{w-m} C_i^{m+1}(r) \tag{6-8}$$

式中，$C_m(r)$ 是 m 点两个耦合 IMFs 的对应概率。

最后，样本熵计算公式为：

$$SE_{(m,r,w)} = -\ln\left[\frac{C_{m+1}(r)}{C_m(r)}\right] \tag{6-9}$$

6.2.2　电池故障检测算法设计

为了便于放大和捕获较小的偏差，且在分解过程中将噪声的影响剔除，利用 EMD 将信号分解为不同的 IMF 和残值。EMD 该算法是从不稳定、非线性信号中提取频率信号的有效工具。每个 IMF 都需满足两个条件：

1）函数的极值和过零点个数应相等或至多相差一个；

2）上下包络必须具有零均值。

根据文献中的 EMD 方法，将锂离子电池原始电压信号进行 EMD 分解的过程为

步骤 1：设置 $i=1$，$V_1(t) = V(t)$；

步骤 2：确定所有局部电压信号 $V_i(t)$ 的最大值和最小值，其上下包络用三次样条拟合，分别用 $V_{E\max,i}(t)$ 和 $V_{E\min,i}(t)$ 表示。二者的平均值为：

$$m_i(t) = \frac{V_{E\max,i}(t) + V_{E\min,i}(t)}{2} \tag{6-10}$$

步骤 3：根据上式和电压信号 $V_i(t)$ 计算分量 $h_i(t)$：

$$h_i(t) = V_i(t) - m_i(t) \tag{6-11}$$

如果 $h_i(t)$ 满足 IMF 的两个条件，则将其视为第 i 个 IMF 分量，用 $c_i(t)$ 表示。然后，可得出由 $r_i(t)$ 表示的第一残差值为：

$$r_i(t) = V_i(t) - c_i(t) \tag{6-12}$$

步骤 4：如果残差 $r_i(t)$ 为单调函数，则停止处理，否则令 $V_{r+1}(t) = r_i(t)$ 且 $i = i+1$；回到步骤 2。

最终，原始信号被分解为许多 IMF 和残差。例如，当分解过程重复 N 次时，原始电压信号可以按下式重建：

$$V_i(t) = \sum_{i=1}^{N} c_i(t) + r_N(t) \qquad (6-13)$$

本章所提电池故障检测方法的详细过程如图 6-2 所示，分为数据提取、故障检测和故障定位三个步骤，其中适当的阈值是电池故障检测的关键参数。在现有相关文献中，电池故障诊断的方法主要取决于外部特性参数，包括电压、温度和 SOC 等。许多学者关注于电池端电压或表面温度的差异，根据各种实验结果，他们提出了一个特定的阈值来识别电池故障。但是，迄今仍欠缺一套完整的理论来详细和直接地分析阈值，因此本研究使用试错法设置阈值。

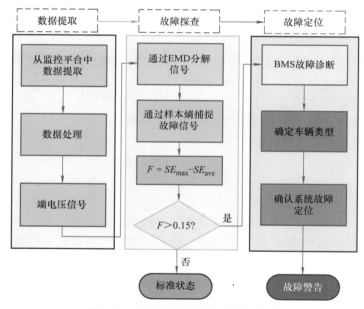

图 6-2 故障检测方法的过程示意图

6.2.3 故障诊断准确性验证

在算法验证过程中，从数据监控平台提取额定电压为 540V、额定容量为 140A·h 的物流车的端电压数据。这些数据由电动汽车的安全系统收集，而后上传到电池管理系统，并在 BMS 和监控平台之间共享，详细的传输布局如

图 6-3 所示。可以看到，电池系统包含四个电池组，每个电池组包含 28 并 42 串单体电池。每个物流车辆包含 14 个从属系统，每个从属系统可以监测 12 个端电压。因此，从属系统可以收集物流车的 168 个端电压。在故障定位过程中，必须根据相应车辆的数据传输布局来定位故障从属系统。

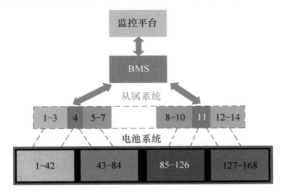

图 6-3　物流车中的数据传输布局

根据故障的持续时间，可将故障问题分为常规故障和突发故障，前者反映了不一致性和退化问题，而后者则代表电池内部短路。在以下小节中，本章将针对这两种类型的故障对所提故障检测方法进行准确性验证，基本过程是选取包含故障的数据后，运用本章所提方法计算样本熵，以检测故障存在与否。

1. 常规故障分析

对常规故障进行检测，选取约 12min 的数据，采样频率为 1Hz。车辆实际运行期间的总电压和总电流如图 6-4 所示。充电时电流为正，放电时电流为负。在运行过程中，总电压随充 / 放电总电流的变化而发生改变。

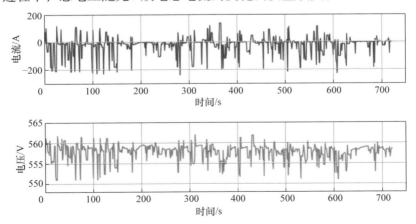

图 6-4　物流车在实际运行中的电流和端电压

　　利用三个从属系统采集的电池端电压对提出的故障检测方法进行了验证，并根据数据传输布局对各系统的电压数据进行定位标记。

　　第一从属系统的电压曲线如图 6-5a 所示，其中第七模组存在容量衰减的情况。比较各模组的端电压可知出现了电压不一致的问题，但最大压差仅约为 50mV，无故障的电池在正常使用过程中也会有此等大小的压差，因此直接使用压差的方法可能无法检测出故障。图 6-5b 显示了利用 EMD 方法得到的这些电压信号的样本熵值，可见第七个端电压的样本熵值在多数时间内显著高于其他值，这表明第七电池模组有异常，由此可发现故障。因此，与传统检测方法相比，样本熵的算法可以放大偏差，能够更加准确地捕获故障。

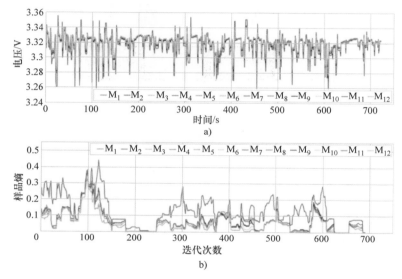

图 6-5　第一从属系统的电压和样本熵值

a）电压值　b）样本熵值

　　类似地，对于第二从属系统，原始电压曲线如图 6-6a 所示，其对应的样本熵值如图 6-6b 所示。在整个测试期间，图 6-6b 中的所有样本熵值都很接近，这与图 6-6a 中所示的电压一致性较高，所以该从属系统中不存在故障。

　　第三从属系统中的第五模组也存在电池退化的问题，其原始电压曲线如图 6-7a 所示。车辆使用过程中可观察到异常电压，即在减速期间，第五个端电压高于其他端电压，在加速期间，其电压却低于其他电压值。然而，该压差最大仍仅约为 40mV，很难通过压差直接识别出故障。样本熵值显示于图 6-7b 中，与其他值相比较，第五个端电压的样本熵值在大部分时间内都有较大偏差，这表示该模组中出现了常规故障。同时，根据电池包的布局，可将故障定位于第 29 号电池模组。

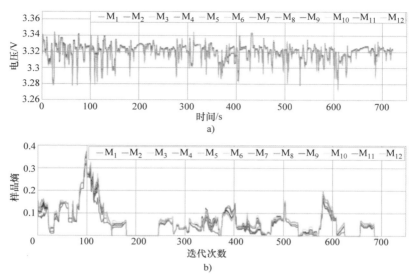

图 6-6　第二从属系统的电压和样本熵值

a）电压值　b）样本熵值

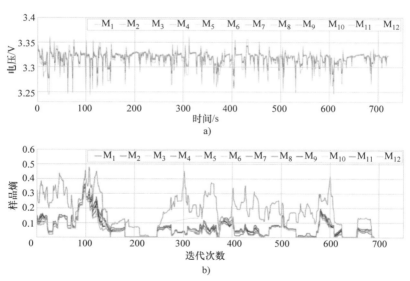

图 6-7　第三从属系统的电压和样本熵值

a）电压值　b）样本熵值

2. 突发故障分析

本节从监控平台采集内部短路故障下的电池数据，采样频率为 1Hz。试验持续约为 2h，负荷曲线由充电（减速）、放电（加速）和停车（怠速）组成，代表电动汽车的日常运行工况。图 6-8a 描绘了 12 个端电压的变化情况，其中在第 530 个采样点附近发生了内部短路故障，由此导致第五个端电压突然下降 3V；然后，自修复和内部电路均衡使得故障电压曲线快速恢复。当 BMS 的采样间隔长于故障持续时间时，这种持续时间很短的故障容易被遗漏，由此增加了突发故障的检测难度。为了捕捉此类突发性的电池故障，本章设计了样本熵和相应的移动窗口，其中，后者可以将端电压的偏差延长一段时间，从而可以更容易地发现故障。

在计算过程中，记录故障信号并进行 30 次迭代，迭代次数等于移动窗口的大小。样本熵的计算结果如图 6-8b 所示，从第 500 次迭代附近开始，第五个样本熵值与其他样本熵值之间出现了较大的差异，随后恢复正常，这表明电池存在突发故障。同时，由于移动窗口的采用，使得图 6-8a 中较短的电压偏差持续时间在图 6-8b 中被明显延长，以便于捕获故障。

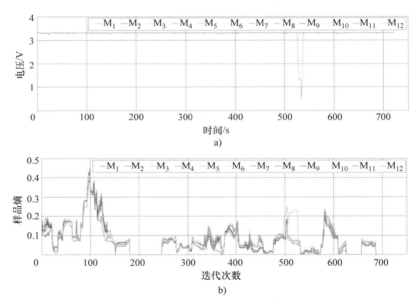

图 6-8　短路故障系统的电压和样本熵值

a）电压对突然故障的响应　b）从属系统的样本熵值

3. 电池故障等级评估

当电池系统出现故障时，应采取合理措施应对，那么首先需判断故障的等级——等级由高到低，措施由严到松。为此，本节提出了一种有效的故障等级评估策略。根据第 i 个从属系统的样本熵值，定义故障级别参数为

$$F(i) = SE_{\max}(i) - SE_{\text{ave}}(i) \tag{6-14}$$

式中，$SE_{max}(i)$ 是第 i 个从属系统的最大样本熵值；$SE_{ave}(i)$ 是第 i 个从属系统中除 $SE_{max}(i)$ 外其他样本熵的平均值。

　　根据故障级别参数的大小将故障级别分为 3 档：正常、二级警报和一级警报。若 $F(i)$ 小于 0.15，则电池系统处于正常运行状态。如果 $F(i)$ 介于 0.15 和 0.3 之间，则警报系统将报告二级警报，应重点监视第 i 个电池模组；通常，不超过此警报级别意味着电池系统可能存在一些小故障，但车辆仍可继续运行。当 $F(i)$ 大于 0.3 时，将触发一级警报，这表示出现了严重不一致性、过充 / 放电或火灾隐患等问题，因此必须停止使用汽车。根据以上故障级别定义，下文对常规 / 突发故障及正常运行进行测试，以验证故障级别评估结果的准确性。

　　首先，使用第一个从属系统的数据测试常规故障。根据图 6-5b 中的样本熵值可计算测试期间的故障级别参数 $F(1)$，如图 6-9 所示。从图中看出，该从属系统多次二级警报阈值 0.15，但未达到一级警报。故而可知，该系统中存在级别较低的常规故障，尽管可以继续使用车辆，但应重点监控出现故障的电池组，以防故障等级继续升高。

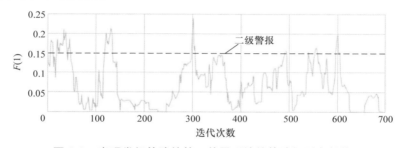

图 6-9　出现常规故障的第一从属系统的故障级别参数值

　　然后，测试第四从属系统的内部短路的突发故障。如图 6-10 所示，第四从属系统的多数故障级别参数值均低于 0.15，仅在短时间内触发一次二级警报，这与突发故障的典型属性相匹配，即突发故障持续一小段时间后，系统通常可令其快速恢复。

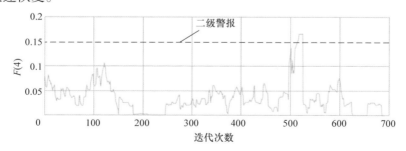

图 6-10　出现突发故障的第四从属系统的故障级别参数值

最后，本节对正常运行的情况进行了测试。如图 6-11 所示，第二从属系统的故障级别参数值始终远小于 0.15，这表示该电池系统中不存在故障，可以安全使用，与图 6-6 的结论相符。综上所述，该方法可以有效地评估电池系统的故障水平。

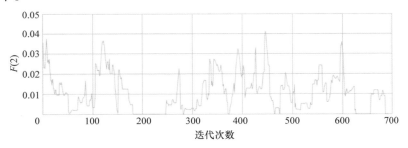

图 6-11　无故障的第二从属系统的故障级别参数值

4. 法算法用适用性证验证

前面已经校核本书故障诊断算法的准确性，为了验证该算法的适用性，本节从监控平台中随机选取 20 辆新能源汽车的部分端电压数据，并采用 EMD 和样本熵的算法进行故障诊断。然后，将结果与真实情况对比，判断该算法的误报（False Alarm，FA）率和漏报（Mis-Detection，MD）率，前者表示故障车辆中的错误诊断概率，后者则是正常车辆中的错误诊断概率，其计算方法见式（6-15）和式（6-16）。

$$FA = \frac{FP}{TP + FP} \qquad (6\text{-}15)$$

$$MD = \frac{FN}{TN + FN} \qquad (6\text{-}16)$$

式中，TP 是故障车辆中被检测出故障的数量；FN 是故障车辆中未被检测出故障的数量；FP 是正常车辆中被检测出故障的数量；TN 是正常车辆中未被检测出故障的数量。

正常车辆和故障车辆的实际数量分别为 $N = 15$ 和 $P = 5$，表 6-1 列出了具体的诊断结果，可知 $FA = 16.7\%$、$MD = 0$；且其中一辆使用该算法诊断为故障车的电池系统在后期发生了失效，经拆解确认首先发生热失控的正是样本熵偏离的单体电池。以上数据可

表 6-1　故障检测的结果

参数	值
故障车辆数 P	5
TP	5
FN	0
正常车辆数	15
TN	14
FP	1
FA	16.7%
MD	0

证明该故障诊断方法具有良好的适用性。

需要说明的是，由于本节只选取了 20 辆车进行诊断，样本数量偏少，所以 $MD = 0$ 可能与实际大规模应用时的情况有所偏差，但仍然可以表明该故障检测方法遗漏故障车辆的概率很小，能够确保动力电池系统的应用安全。

6.3　基于电热耦合模型的动力电池故障诊断

6.3.1　动力电池电化学 - 热耦合模型

为了实现基于模型的故障诊断，本节介绍了一系列描述电池动态特性的公式。具体而言，将热模型与等效电路模型相结合，以提高状态估计的准确性和预测性能。耦合模型可归纳为三个子模型，包括热模型、发热模型和电化学模型，如图 6-12 所示。对于耦合模型，输入电流和环境温度被视为外部激励参数，端电压和测得的表面温度分别是等效电路模型和热模型的外部响应参数。内部状态参数包括发热 Q_{gen}、芯部温度 T_c 和表面温度 T_s。值得注意的是，这些状态参数也是三个子模型的输入或输出参数。例如，终端电压不仅是电气模型的输出参数，也是发热模型的输入参数。同时，将输出 Q_{gen} 作为热模型的输入参数。因此，必须集成电和热模型，以准确描述电池动态。

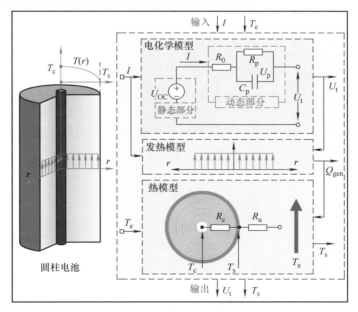

图 6-12　电热耦合模型图

考虑到简便性和实用性，选择基于物理的自由基热模型来获得圆柱锂离子电池的动态热。热模型主要包含核心温度和表面温度两种温度状态，它们分别为：

$$C_c \dot{T}_c = \frac{T_s - T_c}{R_c} + Q_{gen} \tag{6-17}$$

$$C_s \dot{T}_s = -\frac{T_s - T_c}{R_c} + \frac{T_e - T_s}{R_u} \tag{6-18}$$

$$Q_{gen} = \left| I \left(U_t - U_{oc} \right) \right| \tag{6-19}$$

式中，Q_{gen} 源于电化学模型；I 是电池负载电流；U_t 和 U_{oc} 是电池的端电压和 OCV；C_c 是电池内部材料的热容；C_s 是电池材料表面的热容，具体而言，内部材料包括隔膜、电解质和其他添加剂，外部材料主要包含电池封装材料，包括圆柱形的钢或铝外壳；R_c 为电池芯与表面之间的热阻；R_u 为电池表面与冷却空气之间的对流阻力；T_e 为运行期间的周围空气温度。

为了进一步建模，热模型的离散形式可描述为：

$$T_{c,k+1} = \frac{T_{s,k}}{R_c C_c} + \left(1 - \frac{1}{R_c C_c} \right) T_{c,k} + \frac{\left| I_k \left(U_{t,k} - U_{oc,k} \right) \right|}{C_c} \tag{6-20}$$

$$T_{s,k+1} = \frac{T_{e,k}}{R_u C_s} + \left(1 - \frac{1}{R_u C_s} \right) T_{s,k} + \left(1 + \frac{1}{R_c C_s} \right) T_{s,k} - \frac{T_{c,k}}{R_c C_s} \tag{6-21}$$

式中，k 为采样时间，需要识别 R_c 和 C_s 等残差参数。

选择一阶等效电路模型来模拟电池的电动力学，如图 6-13 所示。该模型由模拟电池静态和动态特性的两个子模型组成。U_{oc} 属于静态子模型，而动态子模型包含欧姆内阻 R_0 和包括极化电阻和电容（R_p 和 C_p）的并联阻容网络。

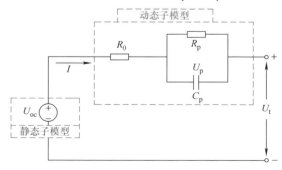

图 6-13　一阶等效电路模型

由于模型简单，因此通常用于工程应用和学术研究。电化学模型的状态空间方程可以表示如下

$$\begin{cases} I = \dfrac{U_\mathrm{p}}{R_\mathrm{p}} + C_\mathrm{p}\dfrac{\mathrm{d}U_\mathrm{p}}{\mathrm{d}t} \\ U_\mathrm{t} = U_\mathrm{ocv} - \left(U_\mathrm{p} + IR_0\right) \end{cases} \tag{6-22}$$

模型的离散形式可通过以下方程式简化

$$\begin{cases} U_{\mathrm{p},k+1} = U_{\mathrm{p},k}\exp\left(-\Delta t / R_\mathrm{p}C_\mathrm{p}\right) + \left[1 - \exp\left(-\Delta t / R_\mathrm{p}C_\mathrm{p}\right)\right]R_\mathrm{p}I_k \\ U_{\mathrm{t},k+1} = U_{\mathrm{ocv},k+1} - U_{\mathrm{p},k+1} - R_0 I_{k+1} \end{cases} \tag{6-23}$$

式中，Δt 和 I 分别是采样间隔时间（1s）和负载电流。在本研究中，负载电流定义为正极放电和负极充电。

考虑到发热过程，热模型和电化学模型可以通过终端电压和 OCV 结合起来。动态电热行为的离散形式归纳为

$$\begin{cases} U_{\mathrm{p},k+1} = U_{\mathrm{p},k}\left(1 - \dfrac{1}{R_\mathrm{p}C_\mathrm{p}}\right) + \dfrac{R_\mathrm{p}}{R_\mathrm{p}C_\mathrm{p}}I_k \\ U_{\mathrm{ocv},k+1} = U_{\mathrm{t},k+1} - U_{\mathrm{p},k+1} - R_0 I_{k+1} \\ T_{\mathrm{c},k+1} = \dfrac{T_{\mathrm{s},k}}{R_\mathrm{c}C_\mathrm{c}} + \left(1 - \dfrac{1}{R_\mathrm{c}C_\mathrm{c}}\right)T_{\mathrm{c},k} + \dfrac{\left|I_k\left(U_{\mathrm{t},k} - U_{\mathrm{oc},k}\right)\right|}{C_\mathrm{c}} \\ T_{\mathrm{s},k+1} = \dfrac{T_{\mathrm{e},k}}{R_\mathrm{u}C_\mathrm{s}} + \left(1 - \dfrac{1}{R_\mathrm{u}C_\mathrm{s}}\right)T_{\mathrm{s},k} + \left(1 + \dfrac{1}{R_\mathrm{c}C_\mathrm{s}}\right)T_{\mathrm{s},k} - \dfrac{T_{\mathrm{c},k}}{R_\mathrm{c}C_\mathrm{s}} \end{cases} \tag{6-24}$$

为了进一步使用电热模型，应事先识别内部特征参数。为了避免耦合模型特征参数的相互影响，将辨识过程分为两个步骤。考虑到时变参数 U_oc 的不可测性，提出了一种基于带遗忘因子的递推最小二乘算法的等效电路模型参数在线辨识方法。然后利用上述辨识出的 U_oc，通过 PSO 算法辨识出热模型的特征参数。

带遗忘因子的递推最小二乘法在参数辨识中具有优异的性能，具有较高的精度和较低的计算负担。为了识别等效电路模型的参数，将式（6-23）如下所示：

$$U_{\mathrm{t},k} = U_{\mathrm{oc},k} + U_{\mathrm{oc},k-1}\frac{1 - 2\tau_k}{1 + 2\tau_k} - I_k\frac{R_{0,k} + R_{\mathrm{p},k} + 2R_{0,k}\tau_k}{1 + 2\tau_k} - I_k\frac{R_{0,k} + R_{\mathrm{p},k} - 2R_{0,k}\tau_k}{1 + 2\tau_k} \tag{6-25}$$

$$\tau = R_\mathrm{p}C_\mathrm{p} \tag{6-26}$$

$$U_{\mathrm{t},k} = \theta_{1,k} + U_{\mathrm{t},k-1}\theta_{2,k} + I_k\theta_{3,k} + I_{k-1}\theta_{4,k} \tag{6-27}$$

其中 $\theta_{1,k}$，$\theta_{2,k}$，$\theta_{3,k}$ 和 $\theta_{4,k}$ 定义如下：

$$\begin{cases} \theta_{1,k} = U_{\mathrm{OC},k} - U_{\mathrm{OC},k-1}\theta_{2,k} \\ \theta_{2,k} = -\dfrac{1-2\tau_k}{1+2\tau_k} \\ \theta_{3,k} = -\dfrac{R_{0,k}+R_{\mathrm{p},k}+2R_{0,k}\tau_k}{\Delta t + 2\tau_k} \\ \theta_{4,k} = -\dfrac{R_{0,k}+R_{\mathrm{p},k}-2R_{0,k}\tau_k}{1+2\tau_k} \end{cases} \quad (6\text{-}28)$$

基于式（6-25）～式（6-28），电池的动态系统表示为

$$y_k = \phi_k \theta_k + \varepsilon \quad (6\text{-}29)$$

式中

$$\begin{cases} y_k = U_{\mathrm{t},k} \\ \boldsymbol{\phi}_k = \begin{bmatrix} 1 & U_{\mathrm{t},k-1} & I_k & I_{k-1} \end{bmatrix} \\ \boldsymbol{\theta}_k = \begin{bmatrix} \theta_{1,k} & \theta_{2,k} & \theta_{3,k} & \theta_{4,k} \end{bmatrix}^{\mathrm{T}} \end{cases} \quad (6\text{-}30)$$

其中 ε 是模型误差，$\boldsymbol{\phi}_k$ 和 $\boldsymbol{\theta}_k$ 是数据矩阵（电压、电流）和参数矩阵。递推最小二乘算法识别模型参数的详细过程见表 6-2。

根据等效电路模型的参数辨识结果，利用相同的数据集辨识出热模型的特征参数。在识别过程中，发热量 Q_{gen} 和环境温度 T_{e} 被视为输入数据，芯部和表面温度 T_{c}、T_{s} 被视为输出数据。式（6-20）和式（6-21）可以表达为

$$\begin{cases} \boldsymbol{z}_{k+1} = \boldsymbol{A}_{\mathrm{d}}\boldsymbol{z}_k + \boldsymbol{B}_{\mathrm{d}}\boldsymbol{u}_{\mathrm{q},k} + \boldsymbol{\eta}_k \\ \boldsymbol{y}_{q,k} = \boldsymbol{C}_{\mathrm{d}}\boldsymbol{z}_{k+1} + v_k \end{cases} \quad (6\text{-}31)$$

其中 $\boldsymbol{\eta}_k$ 和 v_k 是高斯噪声，$\boldsymbol{z} = \begin{bmatrix} T_{\mathrm{c}}, T_{\mathrm{s}} \end{bmatrix}^{\mathrm{T}}$，

$\boldsymbol{u}_{\mathrm{q}} = \begin{bmatrix} Q_{\mathrm{gen}}, T_{\mathrm{e}} \end{bmatrix}^{\mathrm{T}}$ 是状态和输入矩阵。$\boldsymbol{A}_{\mathrm{d}}$、$\boldsymbol{B}_{\mathrm{d}}$、$\boldsymbol{C}_{\mathrm{d}}$ 定义如下：

表 6-2　基于递推最小二乘算法的参数辨识

表 6-2　基于递推最小二乘算法的参数辨识
1）初始化 $\boldsymbol{\phi}_0$，$\boldsymbol{\theta}_0$，$\boldsymbol{P}_0$，$\boldsymbol{K}_0$
2）数据迭代 $\begin{cases} \boldsymbol{\phi}_k = \begin{bmatrix} 1 & U_{\mathrm{t},k-1} & I_k & I_{k-1} \end{bmatrix} \\ \boldsymbol{\theta}_k = \begin{bmatrix} \theta_{1,k} & \theta_{2,k} & \theta_{3,k} & \theta_{4,k} \end{bmatrix}^{\mathrm{T}} \end{cases}$
3）误差协方差矩阵和增益的计算 $\begin{cases} \boldsymbol{K}_k = \dfrac{\boldsymbol{P}_{k-1}\boldsymbol{\phi}_k^{\mathrm{T}}}{1+\boldsymbol{\phi}_k\boldsymbol{P}_{k-1}\boldsymbol{\phi}_k^{\mathrm{T}}} \\ \boldsymbol{P}_k = \boldsymbol{P}_{k-1} - \boldsymbol{K}_k\boldsymbol{\phi}_k^{\mathrm{T}}\boldsymbol{P}_{k-1} \end{cases}$
4）更新模型参数 $\begin{cases} \varepsilon_k = y_k - \boldsymbol{\phi}_k\boldsymbol{\theta}_k \\ \hat{\boldsymbol{\theta}}_k = \hat{\boldsymbol{\theta}}_{k-1} + \boldsymbol{K}_k\varepsilon_k \end{cases}$

$$\boldsymbol{A}_{\mathrm{d}} = \begin{bmatrix} 1 - \dfrac{\Delta t}{R_{\mathrm{c}} C_{\mathrm{c}}} & \dfrac{\Delta t}{R_{\mathrm{c}} C_{\mathrm{c}}} \\ \dfrac{\Delta t}{R_{\mathrm{c}} C_{\mathrm{s}}} & 1 - \dfrac{\Delta t}{R_{\mathrm{c}} C_{\mathrm{s}}} - \dfrac{\Delta t}{R_{\mathrm{u}} C_{\mathrm{s}}} \end{bmatrix}, \quad \boldsymbol{B}_{\mathrm{d}} = \begin{bmatrix} \dfrac{\Delta t}{C_{\mathrm{c}}} & 0 \\ 0 & \dfrac{\Delta t}{R_{\mathrm{u}} C_{\mathrm{s}}} \end{bmatrix}, \quad \boldsymbol{C}_{\mathrm{d}} = \begin{bmatrix} 1, & 1 \end{bmatrix} \quad (6\text{-}32)$$

为实现参数辨识，上述矩阵应简化为：

$$\boldsymbol{A}_{\mathrm{d}} = \begin{bmatrix} a_{11} & a_{12} \\ a_{21} & a_{22} \end{bmatrix}, \quad \boldsymbol{B}_{\mathrm{d}} = \begin{bmatrix} b_{11} & b_{12} \\ b_{21} & b_{22} \end{bmatrix} \quad (6\text{-}33)$$

最优目标函数定义为：

$$V = -\dfrac{1}{N \displaystyle\sum_{k=1}^{N} (\boldsymbol{y}_k - \boldsymbol{z}_k)^2} \quad (6\text{-}34)$$

式中，y_k 代表实际测量数据，z_k 是热模型的输出。利用 MATLAB 软件的 PSO 工具包完成优化过程。

6.3.2 基于无迹卡尔曼滤波的故障诊断算法设计

在已知模型的基础上，利用电池的内部状态通过电热特征来检测和诊断故障。因此需要观察员必须实时估计不可测量的内部状态。这里设计了两个观测器来估计电池的电热内部状态。基于两个观测器的结果设计了电池故障诊断方案，如图 6-14 所示。

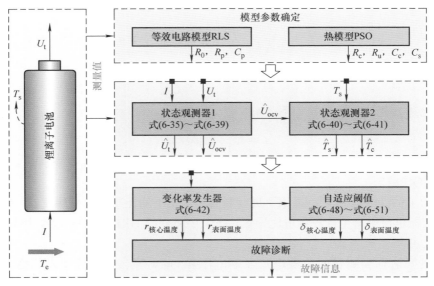

图 6-14 电池故障诊断方案

1. 电化学模型观测器

为了提高电池热模型的准确性，为发热模型提供自适应实时更新的内部 OCV 和电化学模型的终端电压。动态电行为如式（6-23）所述，其中电流和端电压作为输入和输出数据。完整的状态空间方程如下所示：

$$\begin{cases} \boldsymbol{X}_k = \boldsymbol{A}_{k-1}\boldsymbol{X}_{k-1} + \boldsymbol{B}_{k-1}u_{k-1} + \boldsymbol{\Gamma}_{k-1}w_{k-1} \\ \boldsymbol{Y}_k = \boldsymbol{C}_k\boldsymbol{X}_k + \boldsymbol{D}_k u_k + v_k \\ v_k \sim (r_k, \boldsymbol{R}_k) \\ w_k \sim (q_k, \boldsymbol{Q}_k) \end{cases} \quad (6\text{-}35)$$

式中，$\boldsymbol{A}_k$、$\boldsymbol{B}_k$、$\boldsymbol{C}_k$ 和 $\boldsymbol{D}_k$ 是离散状态矩阵；$\boldsymbol{X}_k$ 和 $\boldsymbol{Y}_k$ 分别是第 k 个采样点的状态和观测向量；v_k 是具有 r_k 平均值和 R_k 协方差的测量噪声；w_k 表示与平均 q_k 和协方差 Q_k 相对应的过程噪声。具体更新矩阵和向量描述如下：

$$\begin{cases} \boldsymbol{A}_k = \begin{bmatrix} \mathrm{e}^{-\frac{\Delta t}{R_{\mathrm{p},k}C_{\mathrm{p},k}}} & 0 \\ 0 & 1 \end{bmatrix} & \boldsymbol{C}_k = \begin{bmatrix} 1 & \partial U_{\mathrm{ocv},k} / \partial \mathrm{SOC}_k \end{bmatrix} \\[4mm] \boldsymbol{B}_k = \begin{bmatrix} R_{\mathrm{p},k}\left(1 - \mathrm{e}^{-\frac{\Delta t}{R_{\mathrm{p},k}C_{\mathrm{p},k}}}\right) \\ \dfrac{\Delta t}{C_r} \end{bmatrix} & \boldsymbol{D}_k = \begin{bmatrix} R_{0,k} \end{bmatrix} \end{cases} \quad (6\text{-}36)$$

$$\boldsymbol{X}_{k-1} = \begin{bmatrix} U_{\mathrm{p},k-1} \\ s_{k-1} \end{bmatrix} \quad (6\text{-}37)$$

式中，U_{p} 是 RC 网络的极化电压。s 是指充电状态（SOC），通常定义为：

$$\mathrm{SOC} = \mathrm{SOC}_0 - \frac{\int i \mathrm{d}t}{C_r} \quad (6\text{-}38)$$

上述方程的离散形式如下：

$$s_k = s_{k-1} - i_{k-1}\Delta t / C_r \quad (6\text{-}39)$$

式中，C_r 是电池的额定容量；i_{k-1} 是 $k-1$ 步的负载电流；s_k 和 s_{k-1} 分别是 k 和 $k-1$ 步的 SOC 值。

为了估计电池 SOC，采用了贝叶斯滤波框架下的无迹卡尔曼滤波器（UKF），该滤波器也可以避免计算雅可比导数。下文中将介绍 UKF 算法的具体过程。

2. 热模型观测器

根据估算和测量的负载电流、端电压和 OCV 等参数，建立发热模型，并将其输出结果和环境温度输入到热模型，用于估计电池芯和表面温度。热模型的状态空间矩阵在式（6-31）中描述。但是，由于在实时预测期间无法测量电池芯温度，因此该状态空间矩阵与参数识别过程存在少许差异。考虑到观测到的表面温度，式（6-31）中的状态空间矩阵需要转化为式（6-40）和式（6-41），具体如下：

$$\begin{cases} z_{k+1} = A_d z_k + B_d u_{q,k} + \eta_k \\ y_{q,k} = C_{p,d} z_{k+1} + v_k \end{cases} \tag{6-40}$$

$$A_d = \begin{bmatrix} 1 - \dfrac{\Delta t}{R_c C_c} & \dfrac{\Delta t}{R_c C_c} \\ \dfrac{\Delta t}{R_c C_s} & 1 - \dfrac{\Delta t}{R_c C_s} - \dfrac{\Delta t}{R_u C_s} \end{bmatrix}, \quad B_d = \begin{bmatrix} \dfrac{\Delta t}{C_c} & 0 \\ 0 & \dfrac{\Delta t}{R_u C_s} \end{bmatrix}, \quad C_{p,d} = \begin{bmatrix} 0 & 1 \end{bmatrix} \tag{6-41}$$

这里引入 UKF 来估计耦合电热模型的状态参数。与扩展卡尔曼滤波器（EKF）不同，UKF 可以通过非线性无迹变换（UT）提供 sigma 点来代替线性化状态空间方程。在 UT 变换中，迭代更新并计算相应的均值和协方差，然后基于 sigma 点计算先验状态估计和输出信号，利用实测值更新和优化状态参数。

在每个计算步骤中，UKF 将迭代 $2n+1$ 个 sigma 点，n 是状态数。状态和权重值计算如下：

$$\underbrace{\begin{cases} \hat{x}_{k-1}^0 \widehat{s} = \hat{x}_{k-1}^+ \\ \hat{x}_{k-1}^i = \hat{x}_{k-1}^+ + \sqrt{n+\lambda}\left(\sqrt{P_{k-1}}\right), i=1,2,\cdots,n \\ \hat{x}_{k-1}^i = \hat{x}_{k-1}^+ - \sqrt{n+\lambda}\left(\sqrt{P_{k-1}}\right), i=n+1,\cdots,2n \end{cases}}_{\text{初始值}} \tag{6-42}$$

$$\underbrace{\begin{cases} w_0^m = \dfrac{\lambda}{(n+\lambda)} \\ w_0^c = \dfrac{\lambda}{(n+\lambda)} + 1 + \beta - \alpha^2 \\ w_i^m = w_i^c = \dfrac{1}{(2(n+\lambda))}, i=1,2,\cdots,2n \end{cases}}_{\text{权重因子}} \tag{6-43}$$

其中 $\lambda = \alpha^2(n+k) - n$ 是 sigma 点的控制参数。在本研究中，α 和 β 分别定义为 1 和 0。$\sqrt{P_{k-1}}$ 是矩阵 P_{k-1} 的分解形式。状态更新过程如下所示：

$$\begin{cases} \hat{\boldsymbol{x}}_k^i = f\left(\hat{\boldsymbol{x}}_{k-1}^i, u_k\right), i = 1, 2, \cdots, 2n \\ \hat{\boldsymbol{x}}_k^- = \sum_{i=0}^{2n} w_i^m \hat{\boldsymbol{x}}_k^i \\ \boldsymbol{P}_k^- = \sum_{i=0}^{2n} w_i^c \left(\hat{\boldsymbol{x}}_k^i - \hat{\boldsymbol{x}}_k^-\right)\left(\hat{\boldsymbol{x}}_k^i - \hat{\boldsymbol{x}}_k^-\right)^{\mathrm{T}} + \boldsymbol{Q}_k \end{cases} \qquad (6\text{-}44)$$

$$\underbrace{}_{\text{状态参数}}$$

为了估计输出信号，通过测量函数传播 sigma 点。获得的结果用于计算测量的平均值和协方差。同时，利用这些 sigma 点的结果也得到了状态和测量的互协方差。详细方程式定义如下

$$\begin{cases} \hat{y}_k^i = h\left(\hat{\boldsymbol{x}}_k^i, u_k\right), i = 0, 1, 2, \cdots, 2n \\ \hat{y}_k = \sum_{i=0}^{2n} w_i^m \hat{y}_k^i \\ P_k^h = \sum_{i=0}^{2n} w_i^c \left(\hat{y}_k^i - \hat{y}_k\right)\left(\hat{y}_k^i - \hat{y}_k\right)^{\mathrm{T}} + R_k \\ \boldsymbol{P}_k^c = \sum_{i=0}^{2n} w_i^c \left(\hat{\boldsymbol{x}}_k^i - \hat{\boldsymbol{x}}_k^-\right)\left(\hat{y}_k^i - \hat{y}_k\right)^{\mathrm{T}} \end{cases} \qquad (6\text{-}45)$$

$$\underbrace{}_{\text{测量更新}}$$

式中，$\hat{y}_k^i$ 和 $\hat{y}_k$ 分别表示第 k 个采样时间的估计测量值和 sigma 点的平均值。P_k^h 表示 $\hat{y}_k^i$ 的协方差，$\boldsymbol{P}_k^c$ 表示状态 $\hat{\boldsymbol{x}}_k^i$ 和测量 $\hat{y}_k^i$ 的交叉协方差。最后，通过卡尔曼增益更新测量值和状态协方差，并给出状态后验估计，相应的方程如下所示：

$$\begin{cases} \boldsymbol{K}_k = \boldsymbol{P}_k^c \left(P_k^h\right)^{-1} \\ \hat{\boldsymbol{x}}_k^+ = \hat{\boldsymbol{x}}_k^- + \boldsymbol{K}_k \left(y_k - \hat{y}_k\right) \\ \boldsymbol{P}_k^+ = \boldsymbol{P}_k^- + \boldsymbol{K}_k \boldsymbol{P}_k^h \boldsymbol{K}_k^{\mathrm{T}} \end{cases} \qquad (6\text{-}46)$$

$$\underbrace{}_{\text{状态更新}}$$

对于上述电热模型，状态 $\hat{\boldsymbol{x}}_k^i$ 可用于表示方程式（6-24）的内部状态。输出信号 $\hat{y}_k$ 是指这些外部测量参数，如端电压和表面温度。

3. 故障诊断的自适应阈值

通常，预测值和测量值之间的残差用于研究模型不确定性和其他故障。在理想情况下残差为零，在不考虑模型误差和噪声影响的情况下，如果出现故障残差将是非零的。有一些相关的方法可以用于防止误报，如自适应阈值。然而，存在一个棘手的问题，即一些重要参数只能用模型预测，而不能在实际条件下测量。对于电池故障诊断，无法在实时运行条件下测量芯部温度。因此，几乎

不可能获得正确的残差值，甚至没有残差。

为了解决这个问题，需要捕捉这些状态的变化率而不是残值。通常，芯部和表面温度的变化率会在一定范围内。一旦电池发生某些故障，这些特征参数将有跳跃的变化，这可能导致变化率的急剧增加或减少。此外，电池是一个非静止系统，因此，电池系统的变化率是不同电流负载下的变化信号。为了准确、可靠地捕获电池故障，本文提出了一种基于移动窗口的自适应阈值方法来区分故障和无故障状态。所提出的自适应阈值方法可以表示为：

$$r_k = X_k - X_{k-1} \tag{6-47}$$

其中 r_k 是第 k 个采样点的特征参数变化率。X_k 是一个重新定义的矩阵，由电池系统的特征参数组成。移动窗口设置为：

$$R_k = \frac{1}{m}\sum_{i=1}^{m} r_{k-i+1} \tag{6-48}$$

$$\sigma_k^2 = \frac{1}{m-1}\sum_{i=1}^{m}\left(r_{k-i+1} - R_k\right)^2 \tag{6-49}$$

其中 R_k 是基于移动窗口的过滤残差，在本研究中移动窗口的大小设置为 500。σ_k^2 是原始值和过滤后的残值之间的协方差。根据统计理论，均值的置信区间可以描述为：

$$P\{R - z\sigma < R < R + z\sigma\} = 1 - \alpha \tag{6-50}$$

式中，α 为置信水平，z 是置信水平系数。（$1-\alpha$）表示一般在 90% ~ 99% 范围内选择的置信区间。考虑到噪声扰动系数 z 设置为 3。基于上述等式，自适应阈值可以计算为：

$$\delta_k = R_k \pm 3\sigma_k \tag{6-51}$$

式中，δ_k 为无故障工况的上下界，参数随实际工况自适应变化。

根据特定的特征参数，通过芯部和表面温度的变化率可以检测出四种故障类型。一般情况下，当对流冷却电阻出现故障时，电池的端电压没有明显变化。在这种情况下，表面温度将迅速升高，因此，通过观察表面温度的变化率，很容易检测到该故障。同样，当内部热阻发生故障时，根据芯部温度的变化率也能给出快速响应。

6.3.3　多故障类型诊断结果验证

实验数据集来自牛津大学的能量存储小组。两个圆柱形锂离子电池由 LiFePO$_4$ 正极和石墨负极材料组成。被测电池的详细参数为 A123 型 ANR26650，长

65mm，直径 26mm，被测电池规格见表 6-3。对于这两个电池，每个电池都配备了两个热电偶，用于采集芯部和表面温度。在本实验中，通过内部温度传感器测量芯部温度。具体来说，一个热电偶卡在电池表面，另一个通过在正极位置钻孔插入电池芯。高电流率动态负载在两个电池中运行，用于进一步的参数识别和估计器验证。测量的电压、电流和温度分布如图 6-15 所示。第一个数据集用于识别耦合模型的电池参数，如图 6-15a、图 6-15c 和图 6-15e 所示。另一个数据集用于验证图 6-15b、图 6-15d 和图 6-15f 中参数识别的准确性。

表 6-3　ANR26650 电池规格

额定电压 /V	3.3
额定容量 /A·h	2.5
额定能量 /W·h	8.25
最大连续放电	50A，20C
最大脉冲放电（<10s）	120A，48.0C
充放电温度	−30～55℃

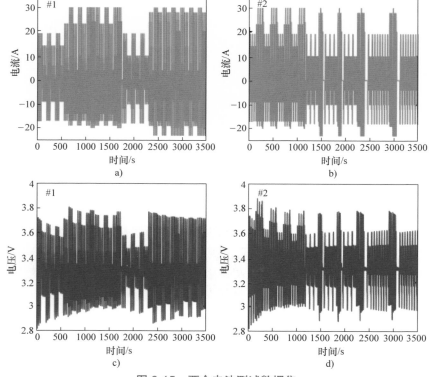

图 6-15　两个电池测试数据集

第一个数据集：a）动态电流　c）端电压
第二个数据集：b）动态电流　d）端电压

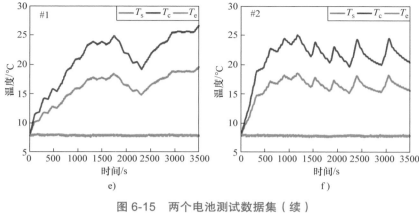

图 6-15　两个电池测试数据集（续）

第一个数据集：e）两个用于识别的温度

第二个数据集：f）两个温度进行验证

　　在高电流倍率试验的基础上，获得了耦合模型的相关参数。由于电路模型的参数是通过在线自适应因子的 RLS 识别的。因此，端电压和 OCV 被视为输入数据并输入热模型。根据第二节介绍的 PSO 参数辨识方法，首先获得热模型的五个伪参数，详细的状态矩阵如式（6-32）所示。这里用随机值初始化热模型的五个伪参数。通过一个简单的数学变换，热模型的参数可以求解如下

$$\boldsymbol{A}_{\mathrm{d}} = \begin{bmatrix} 1-x_1 & x_1 \\ x_2 & 1-x_2-x_3 \end{bmatrix}, \quad \boldsymbol{B}_{\mathrm{d}} = \begin{bmatrix} x_4 & 0 \\ 0 & x_5 \end{bmatrix} \tag{6-52}$$

$$\begin{cases} R_{\mathrm{c}} = \dfrac{x_4}{x_1}, \quad C_{\mathrm{c}} = \dfrac{1}{x_4} \\ R_{\mathrm{u}} = \dfrac{x_4 x_2}{x_1 x_3}, \quad C_{\mathrm{s}} = \dfrac{x_1 x_3}{x_4 x_2 x_5} \end{cases} \tag{6-53}$$

　　使用图 6-15 的测试数据集，电路模型的相应结果包括直流内阻、OCV、预测和测量的端电压及其估计误差，如图 6-16a 和图 6-16b 所示。端电压的均方根误差（RMSE）和平均绝对误差（MAE）分别为 0.0560V 和 0.0192V。测量和预测的芯部和表面温度及其估计误差如图 6-16c 所示。对于第一个数据集，芯部温度和表面温度的 RMSE 分别为 0.0219℃和 0.0226℃，而两个温度的 MAE 分别为 0.0175℃和 0.0178℃。第二个数据集是用于验证识别的电池热模型的准确性，结果如图 6-16d 所示。结果表明，这些参数具有良好的精度。详细的误差分析如表 6-4 所示。

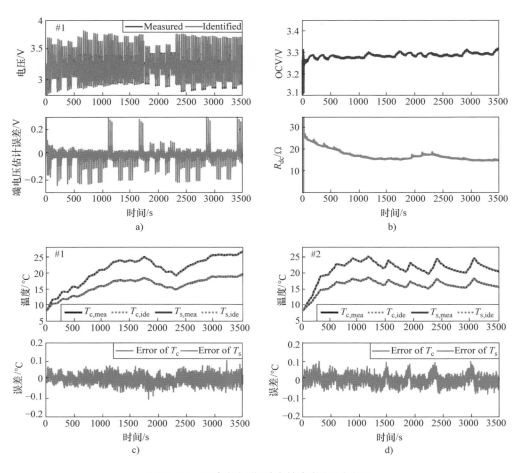

图 6-16　两个数据集对应的参数识别结果

a）测量和预测的两个端电压及其电化学模型误差　b）电化学模型的 OCV 和直流内阻
c）测量和预测的芯部和表面温度的第一批数据集的结果分析
d）第二组数据集测量和预测的芯部和表面温度的结果分析

表 6-4　用于参数识别的两个数据集的 RMSE 和 MAE

电池标签	#1		#2	
	T_c	T_s	T_c	T_s
MAE/V	0.0175	0.0178	0.0199	0.0193
RMSE/V	0.0219	0.0226	0.0252	0.0243

　　基于第一个数据集的已识别参数，继续验证了使用 UKF 算法的耦合模型估计量。其中，电路模型的参数是使用先前确定的辨识结果，由于电路模型的参数随电池容量的变化而变化，因此将初始参数设置为这些识别结果的平均值。同时，热模型的辨识参数可用于估算芯部和表面温度。在估计期间，端电压和 OCV 被实时输入到发热模型中，基于发热模型使用 UKF 算法估计两个温度。耦合模型的结果如图 6-17 所示。

　　测量和在线估计的端电压之间的对比如图 6-17a 的顶部所示。同时，这两个电压的误差分析如图 6-17a 所示，其中估计端电压的 MAE 和 RMSE 分别为 20.4mV 和 56.7mV。电路模型的直流内阻和 OCV 的识别结果如图 6-17b 所示，从图中可以看出，该方法可以准确、稳健地在线估计和跟踪电学模型的动态行为。此外，利用两个离线辨识参数的数据集对所提出的温度估计方法进行了验证。UKF 的初始温度状态均设定为 15℃，相应的协方差均设定为 10。测量和估计芯部和表面温度的两个数据集用于分析所提出的方法的性能。两个数据集的估计结果和误差如图 6-17c ~ 图 6-17f 所示。第一个数据集的估计芯部和表面温度的 RMSE 分别为 0.3645℃ 和 0.1082℃。表 6-5 列出了这两个数据集的其他详细误差分析结果。这些结果表明，提出的热模型和估算方法能够准确地描述电池动态温度性能。从图 6-17c 和图 6-17d 可以看出，芯部和表面温度的初始状态都能快速跟踪实际值，并且只需要大约 100 个采样点。从图 6-17e 和图 6-17f 可以看出，尽管初始温度值与实际温度值相差 7℃ 左右，但表面温度的相对误差仍在 ±0.10℃ 以内。同时，两个数据集的芯部温度估算误差均小于 1℃。这些结果表明，该方法具有良好的鲁棒性，能够快速收敛到测量值。

表 6-5　基于 UKF 算法的芯部和表面温度估计的 RMSE 和 MAE

电池标签	#1		#2	
	T_c	T_s	T_c	T_s
MAE/℃	0.1067	0.0182	0.2303	0.0207
RMSE/℃	0.3645	0.1082	0.4972	0.1221

　　为了验证所提出的自适应阈值诊断方案的有效性，在电池数据集中输入了四种不同的故障。这四种故障包括短路故障、内部热阻故障、对流系数电阻故障和温度传感器故障。对于这四种类型的故障，相应的电流、端电压、芯部和表面温度测试数据集如图 6-15c 和图 6-15d 所示。首先，在图 6-18 中绘制了无故障条件下的芯部和表面温度，给出了两种温度的变化率和上下边界。这里，所有的变化率都在上下边界内，这表明所提出的自适应阈值方法能够诊断出无故障状态。

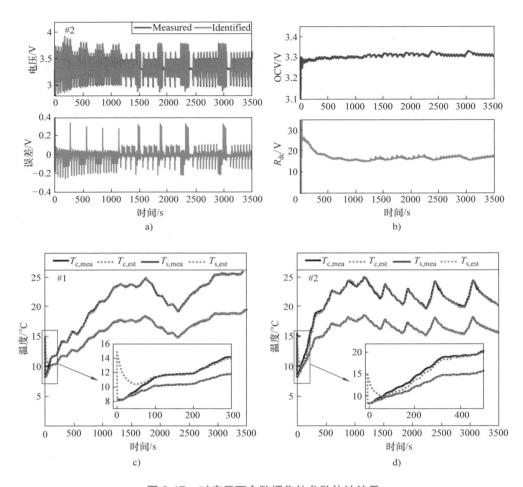

图 6-17　对应于两个数据集的参数估计结果

a）电化学模型的测量和预测两端电压及其误差　b）电化学模型的 OCV 和直流内阻　c）测量和预测的堆芯和表面温度的第一批数据集的估计结果　d）第二组数据集的测量和预测芯部和表面温度的估计结果

　　根据设计的方法分别对这四种故障情况进行了模拟。短路故障在第 1000 个采样点输入。需要注意的是所有样本间隔均设置为 1s。设置十倍内阻以模拟该故障，两种温度的相应变化率如图 6-19a 和图 6-19b 所示。通常，短路故障的本质是内阻增加，导致明显的发热。因此，可以通过电池芯温度的变化率来检测此故障。从图 6-19a 可以看出，从第 1000 个采样点开始，超过自适应阈值的芯部温度变化率。然而，表面温度的变化率超过了滞后于第 800 个采样点的自适应阈值，如图 6-19b 所示。

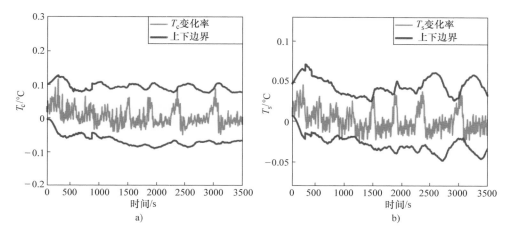

图 6-18　无故障条件评价结果

a）芯部温度变化率　b）表面温度的变化率

　　对于内部热阻（R_c）故障，选择振幅 $2R_{c\text{-nominal}}$ 作为阶梯状故障源，在电池的第 1000 采样点输入。根据热模型的状态空间，该故障会影响芯部和表面温度的变化率。因此，可以通过两种温度的自适应阈值法诊断相应的故障，如图 6-19c 和图 6-19d 所示。如图 6-19c 所示，芯部温度的变化率迅速超过自适应阈值的上限。同时，表面温度的变化率迅速下降，并通过图 6-19d 中的下边界。因此，可以通过这两个温度参数对该故障进行准确、快速的诊断。

　　在第 1000 个采样点输入突变的阶梯状热阻（R_u）故障，故障参数为两倍标称 R_u。该故障主要导致电池表面温度快速升高，如图 6-19f 所示。由于状态估计方法的特性，增益参数会在这种故障条件下下降，这也会导致芯部温度快速下降，如图 6-19e 所示，两个动态温度可以给出该故障的准确信息，其中两个温度的变化率都超过自适应阈值。

　　结合实际运行过程检测温度传感器故障，为了模拟该故障，在第 1000 个采样点，将高表面温度视为输入该热模型的测量温度。在这种故障条件下，由于跟踪测量表面温度的增益参数增加，表面温度的变化率将急剧上升。同时，在第 1000 个采样点，芯部和表面温度的变化率也迅速越过自适应阈值的上边界，如图 6-19g 和图 6-19h 所示。综上所述，所提出的故障诊断方法能够检测这四种故障状况。所有结果都证明了所提出的故障诊断方法的有效性、准确性和鲁棒性。

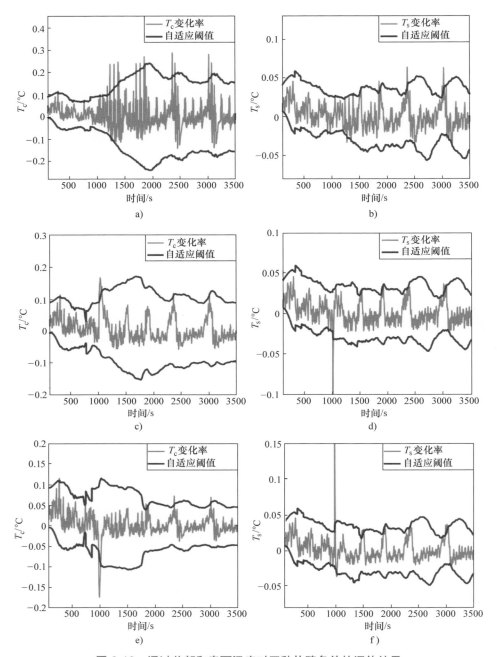

图 6-19　通过芯部和表面温度对四种故障条件的评估结果

a）短路故障 T_c 变化率　b）短路故障 T_s 变化率　c）内部热阻故障 T_c 变化率
d）内部热阻故障 T_s 变化率　e）热阻故障 T_c 变化率　f）热阻故障 T_s 变化率

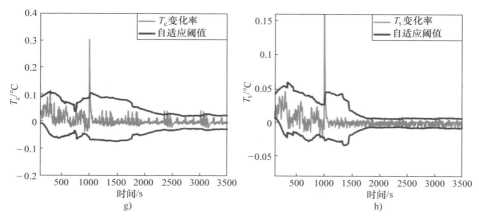

图 6-19　通过芯部和表面温度对四种故障条件的评估结果（续）

g）温度传感器故障 T_c 变化率　h）温度传感器故障 T_s 变化率

6.4　本章小结

　　动力电池故障诊断是保证能源系统安全性和可靠性的关键技术，本文概述了动力电池系统故障诊断技术的分类，将动力电池系统故障归纳为单体电池故障、系统级电池组故障、电池管理系统故障和其他电气故障四个大的方面。通常动力电池故障诊断是利用端电压参数或者温度参数实现诊断目的，在本章节分别介绍了基于端电压数据以及温度数据的电池故障诊断技术，其中基于端电压的故障诊断利用样本熵算法实现对动力电池系统故障等级的分类；另外，本章节中建立了一种具有自适应阈值的电热耦合模型，采用 UKF 滤波算法的非线性估计器，通过观测实测表面温度来估计核心温度，通过电池的内核和表面温度捕获电池故障情况。

第7章

动力电池系统安全管理与防护

7.1 动力电池热失控

　　动力电池因其特有的优势成为交通领域重要的能源形式，通常以不同串并联形式组合满足使用需求，然而由于材料及制造工艺的限制，动力电池在不断使用过程中，内部热稳定性及电化学性能会出现不同程度的衰减，可能导致动力电池出现短路问题，促使动力电池内部温度升高，当动力电池系统内部温度高于80℃可能导致电池自产热，若热量不能及时合理释放会电池内部热量不断累积，引发电池内部出现一系列副反应，导致电池失效、漏液、冒烟等故障，甚至出现起火、爆炸等热失控现象。

　　热失控发生的初期进程较为缓慢，由于热量的累积温度会呈指数加速增加，高温环境下促使电池内部发生较为复杂的电化学、热力学反应，包括：电解液与正极材料发生反应、固体电解质界面膜（SEI）分解、电解液分解以及负极材料与黏合剂之间的反应。热失控的触发因素主要包括机械滥用、电滥用和热滥用，无论何种诱因，对于电芯而言，随着内部复杂反应的发生终将出现内短路现象，当隔膜被刺穿后正负极发生反应且产生大量的热，电池内部及电池系统间会形成一个温度场，当其中电芯发生热失控后，整个电池系统会出现热失控链式反应，提升周围电芯热失控发生的风险，避免热失控对于电池系统安全使用至关重要。为了避免热失控的发生，要以事故前预警、事故时报警为目标，还要确保电池热失控预报警不虚报不误报。

7.1.1 动力电池热失控触发分类

　　热失控是由电气、热量、机械完整性等滥用情况引发异常的电池过早劣化所致，三种热失控触发方式如图7-1所示。由于锂电池完全封闭且内部会产生易燃烧的氧化剂，如果发生以上滥用情况产生的热量不能及时分散，内部温度激增最终将导致热失控现象。研究发现，当电池内部温度达到100℃后，电池内化学反应开始产生易燃性气体，当温度进一步升高，达到430℃之后，电解液开始分解并释放氧气，引发电池内部烃类气体燃烧。由于反应的不完全性，生成物中必定混合着有毒或腐蚀性气体，因此为了保证车载动力电池的安全使用，动力电池必须经过标准测试（UN 38.3，UN ECE R100，SAE-J2464，IEC 62133，GB 38031—2020）。新能源汽车电池系统内短路失效率与其电池系统中电芯数量以及电芯失效率相关，通常单体电芯的故障率为百万分之一，以 10000 辆特斯拉新能源汽车统计数据为例（装配 7104 个电芯），电池系统内短路导致新能源汽车发生热失控失效率不到万分之一。

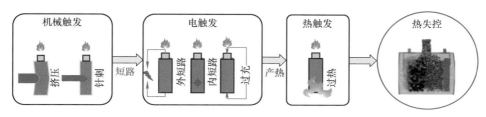

图 7-1　滥用触发热失控分类

动力电池机械滥用主要指通过挤压、碰撞和针刺等形式造成电池内短路及温度异常的安全问题，锂离子电池在遭受机械滥用后安全性变差，易发生壳体开裂、电解液泄露，甚至发生内短路及起火爆炸事故。对于机械滥用的研究分为实验型和数值仿真型，主要分析电池在机械载荷作用下的安全性能，实验的方法依赖于力学实验分析并观察电池在加载过程中的现象以及载荷、电压、温度等的变化情况，数值模拟则是利用不同的电化学及物理基础建立高精度的锂离子电池模型，通过辨识电池模型的材料参数，表征其在机械载荷作用下的力学行为，通过有限元仿真的手段来预测电池在载荷作用下发生破坏的情况，评估电池失效行为。

动力电池电气滥用研究集中于外部短路和过充电过放电等故障问题，当电池浸水、错误连接、器件失效后会发生外短路故障，由于该故障不会将热量释放在电池内部，因此降低了起火爆炸概率。另外，当电池发生过放行为，由于电池内部能量较低，也降低了电池故障的危害。然而，当电池发生过充电时，电池内部能量聚集且外界能量持续输入，导致电池内部温度压力急剧升高，极易造成电池起火爆炸故障。动力电池热失控主要是由于电池在极端温度下进行工作热量不能及时散发所致，通常由于电池温度管理系统失效等故障所引发。

热滥用是触发锂离子电池热失控的直接原因，当电池产热速率大于散热速率，温度不断升高，会引发锂离子电池热失控链式反应，最终导致热失控的发生。除了机械滥用和电气滥用导致的过热以外，还可能由于连接松动接触电阻增大导致局部过热，此外单体电池内阻不一致和散热条件不同也会造成热不一致性。考虑到汽车实际使用过程中复杂的运行工况，可能会出现连接件之间出现虚短松动，接触内阻造成的能量损失产热，导致局部热量集聚引发热失控。

7.1.2　热失控扩展机理及防护

1. 热失控机理

动力电池在机械损害、电滥用、极端应用环境等条件下的事故最终均以热失控的形式体现，单体热安全与其内部的电化学体系类型、材料构成、结构形式、封装形式、容量、结构、外形、尺寸形式以及工艺状况等直接相关。基于电极过程动力学原理，探究锂离子动力电池内部电极材料在出现机（针刺、挤压等）、电（过充、短路等）、热（加热、火烧等）滥用状况下的物理结构演变和化学反应，将动力电池热失控机理总结为隔膜刺穿、正极析释活性氧、负极析活性锂三种机理，最终导致内短路触发热失控。

动力电池常用的隔膜包括 PE 和 PP，均为聚乙烯材料，当温度升高达到其熔点后隔膜将吸热收缩，该过程将减缓电池温升速度，伴随着隔膜的收缩其表面孔径减少至完全关闭，导致电池内部锂离子无法转移，表现为电池内阻急剧增加，在有电流流过时电池出现异常发热，继而加速隔膜熔化造成恶性链式反应。另外，随着隔膜收缩面积减少，电池内部正负极将失去隔离而导通触发电池内短路故障，当温度持续升高隔膜蒸发隔板坍缩，电池内短路将产生大量的热，导致电池热失控发生。

动力电池普遍采用的正极材料为 LCO、LFP、NCM 等，有学者对正极材料的热稳定性进行排序，其中 LFP 在高温下表现最稳定，LCO 热稳定性较差。对比正极材料分别为 $LiCoO_2$ 和 $LiMn_2O_4$ 的 18650 电池在不同充电状态下的热失控行为，结果显示 $LiMn_2O_4$ 的热稳定性要优于 $LiCoO_2$，通过实验测试分析 $Li_{0.5}CoO_2$ 分解的初始温度在 200℃ 附近，考虑到 Co 的热稳定性，相关研究尝试用 NCM 正极材料中的 Ni 和（或）Al 替代 Co 元素，用 Zr 取代 Mn 以提高电池的热稳定性，发现 Al 取代 Co 可以提高热稳定性，但会降低 NCM111 阴极的可用容量。此外，研究发现锂离子动力电池发生热失控后，电解质会与电极材料发生反应生成剧毒的氟代有机化合物，不同溶剂和溶质组分会影响燃烧行为参数，并且产生刺激性和窒息性气体如 HF、SO_2 和 CO 等。

当电池内部温度到达隔膜熔融点，电池表面温度急剧上升，电池内部会发生负极析锂和电解液反应、正极与电解液反应、电解液自身热分解，这些反应共同作用引发电池热失控。DSC 测试结果表明，负极与电解液反应分为三个阶段，根据测试初始 SEI 的分解被认为第一阶段其温度范围设定在 100℃ 附近，第三阶段设置在 250℃ 左右。有研究发现 SEI 分解初始的生热速率与石墨化表面积相关。随着温度的升高，负极嵌入锂与电解液发生反应生成 SEI，该过程被称作 SEI 再生反应，在第二阶段 SEI 的分解与再生同时存在，因此 SEI 的净减少量是分解量与生成量之差。当电池温度超过 250℃时，进入第三阶段石墨结构分解，该阶段参与的化学反应较复杂，通过实验测试多种负极石墨材料，认为第三阶段的反应峰代表阳极处的反应。锂离子动力电池热失控过程内外部特性参数会出现不同程度的变化，进一步的研究需要建立动力电池热失控演变过程数学模型，挖掘热失控过程中锂离子动力电池内外部温度、电压和内部压力等特性参数变化规律，分析物质流失速率、起火爆炸时间、热释放速率、表面温度以及产气组分等因素对电池着火爆炸的影响。

2. 热失控扩展机理

电池单体触发热失控后在短时间内释放大量热量，电池温度急剧升高，通过固体传热、对流、热辐射等传热方式传递热量给相邻单体，同时从阀门或破裂的电池壳体喷出大量的气体及颗粒物也将大量热量传递到其他单体电池。相邻单体电池的温度升高达到热失控触发温度时，将会发生热失控，即单体热失控在电池模组或电池包中不断扩展。

研究者们从锂离子动力电池热失控机理及动态系统理论出发，研究了锂离子动力电池热失控过程热量的扩展路径及特性，电池模块发热量、热容量以及各部件之间热传递速率，热失控触发的热量传递、质量传递及动量传递过程。利用 10 节 2.2A·h 的 18650 电池单体简易串并联模组进行了针刺触发热失控扩展实验，发现并联模块比串联模块更容易发生热失控扩展，主要原因是如果并联模组中热失控单体发生短路，那么其他电池将向其放电，导致热失控电池温度升高更快，释放更多热量，从而促进了热失控的扩展过程。另外，在封闭体系中比在开放环境下更容易热失控扩展，主要是因为封闭体系中热失控单体喷出的气体和火焰会加热周围电池，导致周围单体电池升温更快。当前研究表明传热、电连接和热失控单体喷出物是引发热失控扩展的几个直接因素，且不同电池类型、成组方式、模组环境条件下，热失控扩展过程的主导因素有所不同。

3. 热失控阻断方式

锂离子电池由于组成材料的特殊性和独特的密封结构，导致在使用过程中不可避免地存在安全隐患，从单体电池层面来说，隔膜、负极材料以及电解液均为易燃材料，在高温下电池内部压力升高增加漏液、燃烧、爆炸风险；从电池组层面来说，成百上千单体电池串并联成组，在封闭的空间内紧凑排列，增加了电池组运行的安全风险。为了保证动力电池在安全有效的区域内运行，需要从材料、电化学等理论方向出发，研究锂离子动力电池系统热失控特征参数的演变规律，实现对电池热失控的有效阻断。

在电池材料方面，首要考虑找到一种热稳定性高的正极材料，其次需要抑制正极材料反应。根据实验测试表明，当电池正极材料被氧化物包覆，降低与电解液接触，将抑制副反应和热效应，从而提高正极材料的使用安全性。对于电解液而言，通过在电解液中添加不同材料的阻燃剂如机磷化物和氟化物，可降低电解液在高温下的燃烧性以提高电解液的安全性能。另外，考虑到隔膜在高温下坍缩，可令电压敏感隔膜在充电电压过高时，变为导体吸收能量保护材料，然而当电池过充时会产生大量焦耳热，更易引发热失控故障。

除了提高电池材料的安全性以外，可在电池内部建立一种能够在温度过高时及时响应并切断电极反应中的电子或离子传输的温度感应机制，从而关闭电池反应避免其进入自加热的热失控状态。基于该思路提出了正温度系数电极、热响应微球修饰隔膜、热聚合添加剂等热失控防范技术，采用正温度系数材料作为电极集流体表面涂层、电极活性涂层的导电剂或电极活性颗粒的表面包覆层，构成正温度系数电极（PTC电极），当电池温度上升至其阻变温度时电阻率将提高几个数量级，从而有效切断电极集流体与活性涂层或活性颗粒之间的电子传输，中断电池反应避免热失控。

4. 安全防护结构

动力电池安全防护结构不仅提供有效的热失控阻断技术，而且为阻断热失控发展争取时间。单体电池的防护结构重点在于安全阀的设计，当电池内部压力异常时，安全阀打开排出内部气体，防止电池形变解体，合理的安全阀通道可以有效隔离火焰和高温电解液，避免热失控传播和冲击其他单体。多数安全事故发生在电池组内，因此对于电池组的安全防护设计要考虑到阻燃、冷却等方面的要求。基于热失控扩展过程的传热路径研究，可在单体电池之间设置隔热层以延缓热失控扩展，可使用环氧树脂板作为隔热层，对热失控扩展进行有效阻隔。冷却技术不仅可以保证电池工作在安全的温度范围内，而且可以通过减少电池间的温差进一步提高电池组的一致性。从设计功能角度来讲，冷却技术的评价考虑到冷却效率的强弱、冷却温度均匀程度和冷却技术可靠性；从冷却方式划分，主要分为空气冷却、液体冷却和相变材料（PCM）冷却技术。

空气冷却方式依赖于外部风扇等设备，迫使气流按照设计风道流动以达到冷却电池组的目的，该技术在冷却性能及均匀性方面较为有效，是当前最成熟、简洁的车用冷却方式。该方法利用流体动力学方法分析电池包内温度场分布，采用单因素分析和正交试验的方法设计优化流道进气角、排气角以及电池间气道宽度，以及考虑冷却通道尺寸和供气策略对电池组热性能的影响，建立交错排列电池组的三维模型，冷却能量效率 β 的增加对电池水平方向具有明显冷却效果，并利用单通道非规则空气通道的热阻模型对数值方案进行了验证。现有的研究更多地集中在电池的配置和设计以及模块安排方面，以实现减少最高温升的电池组，对于电池包温度模型主要基于复杂的热力学分析，忽略了电池包内电芯间温差的影响。有研究者全面考虑电池包内温度的影响因素，从空气冷却电池的设计、计算流体动力学代码的建立、实验设计、替代模型的评估和选择等方面，提出了一种综合考虑系统体积和冷却性能的高效风冷系统设计方法。

相对于空冷技术，液体冷却具有较高的传热能力和较快的热响应，而且适用于夏季降温和冬季预热，有助于促进电池组、电机、功率控制单元、热泵等元件的热管理一体化。然而，由于传统的液体（水或含水乙醇）较低的导热率限制了冷却效率，研究者通过添加剂或改进冷却液成分的方式提高冷却效率。在冷却剂研究方面，一种新型液态金属冷却剂用于电池组热管理，并通过数学分析和数值模拟，对液态金属冷却系统的冷却能力、泵功耗和模块温度均匀性进行了评价。液冷技术中管道数量、冷却剂流速、管宽和管高是主要研究参数，为了分析四参数对液冷电池热管理模型冷却效果的影响，研究者设计了 16 个模型，对模型进行参数化和量化，确定主要和次要影响因素。结果表明，管道数量和冷却剂速度的影响相似，均为主要因素，而管宽和管高的影响类似，为次要因素。对于优化后的液冷技术设计，合理的温度控制策略可以最大化提升冷却效率，研究者们根据电池使用工况、电池自身特性等多个方面综合设计了不同的温度控制策略。

相变冷却技术是利用储存在固液相变阶段的潜热，对电池产生的余热进行被动管理，根据相变材料的不同可分为两类：一类基于石蜡等材料的固液相变，另一类基于浸泡式沸腾换热和热管等形式的液气相变。相对于以上两种冷却技术，相变冷却系统的优点是结构简单、功耗低，但会给整个系统增加额外的重量。因此，该冷却设计首要解决的应用问题是使用最少的 PCM 将温度控制在允许的范围内。有研究者提出了一种基于相变材料（PCM）的电池内部冷却系统，将圆柱形电池中的空心芯棒替换为填充 PCM 的芯棒，并在预制钢电池上进行了实验。锂离子电池的性能和安全性很大程度上取决于其工作温度，因此控制电池温度在适当的范围是至关重要的。以上通过冷却技术研究来控制电池温度属于被动安全防护，该温度控制方式缺失对温度的预判预处理能力。

相变材料冷却与风冷、水冷相比在对热失控扩展防控方面具有一定优势。热管利用多孔结构对液体的毛细作用，在负压密封管内实现低沸点冷却液（水、醇类或丙酮等）的迅速相变和热量传递，从而体现超高的导热特性。饶中浩教授团队针对方形电池提出了相变材料冷却与微通道液冷耦合的动力电池热管理系统，建立了三维热模型并基于数值模拟方法研究了液体流量、相变温度及热导率等因素对冷却性能的影响。

7.2 动力电池滥用建模分析

本节建立了 18650 单体电池简化模型，并建立了 6×4 电池组简化模型，通过实验分析验证模型的有效性。首先分析 18650 电池的组成结构，通过电池结构剖面图（图 7-2）可以看到，该电池结构主要由正极、隔膜、负极、电解液、外壳、盖帽、安全阀及密封圈等组成。正极包含正极帽、正极极耳、安全阀及密封圈等，位于电池上端；负极包含负极极耳，位于电池下端；电芯由正极片、负极片、隔膜和电解液卷绕而成；电池外壳具有包裹卷绕电芯的作用，电池外壳和电芯力学特性不同，两端正负极部分不包含电芯，因此将电池分为四个部分，即电池电芯、电池外壳、正极和负极。

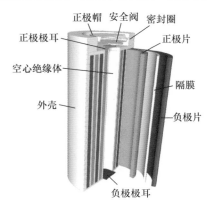

图 7-2　锂离子电池结构剖面图

图 7-3 所示为单体电池的梁单元简化模型，模型的两端分别为正极和负极。电池正负极两端由于包含结构材料的相似性，在压溃过程中表现出来的力学特性差别不大，由此正负极之间的主要差距便转化为空间大小的不同，正极空间大，负极空间小。因此，本节采用具有相同轴向特性的梁单元描述正负极的压溃特性。电池电芯由正极片、负极片、隔膜和电解液卷绕而成，抗弯性能差，具有一定的抗挤压能力，因此在简化模型中只考虑电芯的压溃特性。电池外壳一般为钢质壳体，既可以承受电池轴向压溃载荷，也可以承受电池的横向弯曲载荷，因此外壳部分的梁单元既具有轴向压溃特性，也具有横向弯曲特性。

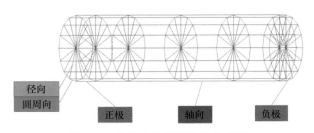

图 7-3　单体电池梁单元简化模型

圆柱形 18650 锂离子电池在轴向上被分成 32 个等距层，在圆周向上每一层上有 16 个梁单元，径向梁单元由每层的中心节点和圆周上 16 个节点分别相连，以获得与试验相近的变形形式。本书中的单体电池简化模型共包含 1600 个梁单元，轴向梁单元有 544 个，其中两极梁单元包含 68 个，圆周梁单元为 528 个，径向梁单元有 528 个。为保证简化模型在有限元分析中的接触稳定性，在单体电池简化模型的外层包裹了一层空壳单元，空壳单元的网格大小同内部梁单元划分一致，即轴向上划分为 32 个网格，圆周向上划分为每层 16 个单元网格。其简化模型如图 7-4 所示。

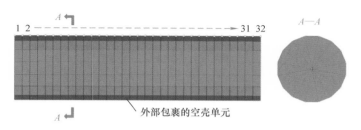

图 7-4   包裹空壳单元的简化模型

选取 18650 锂离子单体电池的总质量为 44.75g。外层空壳单元厚度为 0.1mm，材料模型采用 *MAT_NULL，密度为 7800kg/m³。电池内芯的梁单元的总质量为 41.51g，为了单体电池能够质量分布均匀，将所有梁单元的截面设置为半径为 1mm 的圆柱形。各个梁单元的密度设为 1434.2kg/m³。材料模型采用 *MAT_FORCE_LIMITED。该材料模型利用梁单元自身的坐标系施加力 - 位移曲线，无须为每一部分建立独立的局部坐标系，可以简化建模过程。

通过单体电池的压溃试验初步确定简化模型径向梁单元的压溃特性，以单体电池的压痕试验初步确定简化模型圆周向和轴向梁单元的弯曲特性，图 7-5 所示为单体电池的试验工况。各梁单元的具体力学特性采用泡沫材料的力学特征描述，均包含线性阶段、平台阶段和压实阶段，如图 7-6 所示，该材料特性由 A、B、C 三个点的坐标确定。通过单体电池的轴向压溃试验确定简化模型轴向梁单元的压溃特性。正负极的材料力学特性相对于电池中间部位的力学特性较弱，故初步将正负极梁单元的压溃平台应力取为轴向梁单元平台应力的 16%，其线性阶段斜率取为轴向梁单元线性阶段斜率的 2%，通过与试验结果对比确定正负极和电池中间部位的压溃特性的初始参数。

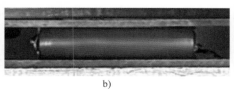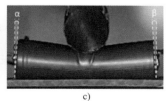

a)   b)   c)

图 7-5   单体电池各工况下的力学性能试验

a）轴向压溃试验   b）径向压溃试验   c）压痕试验

在径向挤压中，圆周向和轴向梁单元的弯曲特性会对单体电池压溃特性产生一定影响，同样在压痕试验中，径向梁单元的压溃特性也会对单体电池的力 - 变形特性产生影响。根据这两个试验结果数据对梁单元的径向压溃特性、轴向和圆周向的弯曲特性进行优化调整，以获得梁单元的力学特性参数。所有梁单元的压溃和弯曲特性如图 7-7 所示。

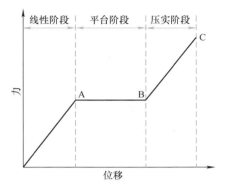

图 7-6　泡沫材料的力学特性

以单体电池轴向压溃试验获得的力 - 变形特性对简化模型的轴向压溃特性进行验证。轴向压溃工况如图 7-8a 所示。加载端和固定端的厚度均为 3mm，加载速度为 1mm/s，最大加载位移为 32.5mm（电池轴向长度的 50%）。在试验中，短路发生在加载位移为 3.2mm 时。轴向压溃试验和仿真的力 - 位移曲线结果对比如图 7-8b 所示。

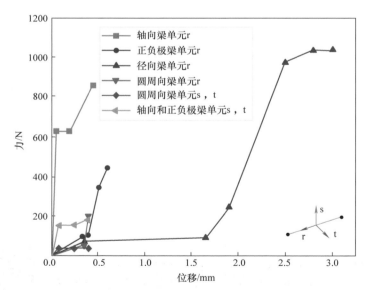

图 7-7　简化模型梁单元材料的力学特性

以单体电池径向压溃试验获得的力 - 变形特性对简化模型的径向压溃特性进行验证。径向压溃工况如图 7-9a 所示。加载端和固定端的厚度均为 3mm，加载速度为 1mm/s，最大加载位移为 9mm（电池直径的 50%）。在试验中，短路发生在加载位移为 5mm 时。径向压溃试验和仿真的力 - 位移曲线结果对比如图 7-9b 所示。

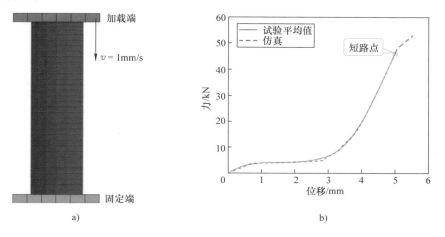

图 7-8　轴向压溃 3.2mm 时电池的变形和力 - 位移曲线

a）轴向压溃工况示意　b）力 - 位移曲线

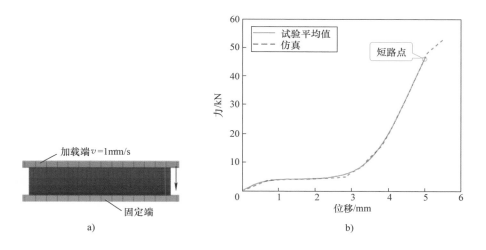

图 7-9　径向压溃 5mm 时电池的变形和力 - 位移曲线

a）径向压溃工况示意　b）力 - 位移曲线

以单体电池压痕试验获得的力 - 变形特性对简化模型的压痕特性进行验证。压痕工况如图 7-10a 所示。加载端为直径 20mm 圆柱形钢棒，位于电池的中心位置。固定端的厚度为 3mm。加载速度为 1mm/s，最大加载位移为 9mm（电池直径的 50%）。在试验中，短路发生在加载位移为 4.6mm 时。压痕试验和仿真

的力 - 位移曲线结果对比如图 7-10b 所示。

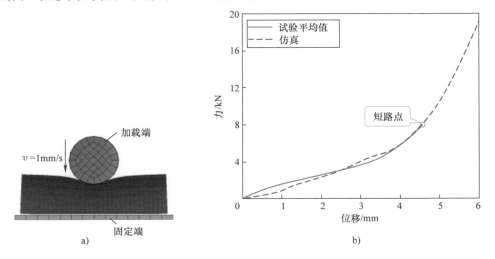

图 7-10　压痕位移为 4.6mm 时的变形和力 - 位移曲线

a）压痕工况示意　b）力 - 位移曲线

通过对比可知仿真与试验力 - 位移曲线一致性很好，证明建立的单体电池仿真模型是有效的，可以正确预测单体电池的变形和受力情况以及短路发生的位移和时间。此外，该简化模型极大地节约了计算时间，提高了效率。在处理器为 Inter®Core™i5-7500，RAM 为 8GB 的计算机上进行上述三种工况分析时，梁单元简化模型所需时间分别为 11min、14min 和 12min，而采用由实体单元构成的同精度均质力学模型需要的时间分别为 81min、103min 和 98min。

如图 7-8 ~ 图 7-10 所示，电池在平面轴向挤压试验、平面径向挤压试验和压痕试验这三种工况下的短路失效位移不同。在轴向压溃工况下，短路之前的变形仅限于正负极区域，且正极区域的变形比负极区域的变形大。因此，电池模型的轴向计算如式（7-1）所示。

$$\varepsilon_p = \frac{l_u - l_d}{l_u} = \frac{\Delta l}{l_u} \tag{7-1}$$

式中，ε_p 为电池正极的轴向应变；l_u 为未变形电池正极的轴向长度；l_d 为变形后电池正极的轴向长度；Δl 为变形引起的电池正极长度改变量。

单体电池的径向变形计算如式（7-2）所示，其中，ε_r 为电池径向应变，d_u 为未变形电池的公称直径，d_d 为变形后电池的最小直径，Δd 为变形引起的直径变化。

$$\varepsilon_r = \frac{d_u - d_d}{d_u} = \frac{\Delta d}{d_u} \qquad (7\text{-}2)$$

根据试验获得的力 - 变形曲线可得：在轴向压溃试验工况下，电池正极的轴向短路应变为 0.297；在径向压溃工况下，电池的径向短路应变为 0.278；在压痕试验工况下，电池的径向短路应变为 0.256。

为研究单体电池组成模组后在冲击工况中危险位置的变化规律，本文将单体电池简化模型以 4×6 方式排列，如图 7-11 所示，外壳为塑料，采用材料模型 *MAT_PIECEWISE_LINEAR_PLASTICITY 模拟，密度为 $1.2 \times 10^3 \text{kg/m}^3$，弹性模量为 2.32GPa。由于主要考虑单体电池在冲击工况中的相互作用，因此外壳厚度设定为一个较小值，此处设为 0.1mm。在每层单体电池之间及单体电池和外壳之间定义接触，接触类型为 *CONTACT_AUTOMATIC_SURFACE_TO_SURFACE，摩擦系数设为 0.3。

图 7-11　电池模组层列方式

当多个单体电池按照一定规律排列时，所形成的结构类似于多胞材料。需考虑在被物体冲击时和主动冲击物体时电池组内部变形过程不同。因此，分别采用电池组冲击刚性墙和刚性墙冲击电池组两种工况来分析电池组内部的危险位置。

图 7-12 所示为电池组冲击刚性墙的仿真模型，对电池组施加冲击初速度。该工况中单体电池的受力情况与径向压溃工况相似，采用径向压溃短路应变 0.278 作为短路评价标准。图中，以离刚性墙距离最近为第一层，距离最远层为第六层。

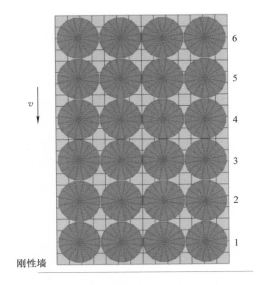

图 7-12　电池模组跌落碰撞工况建立

初速度从 35km/h 开始以 15km/h 为梯度递增，结果显示当冲击速度为 245km/h 时，电池组内单体电池出现最大应变 0.278，认为该速度为该电池组短路失效的临界速度，如图 7-13 所示。

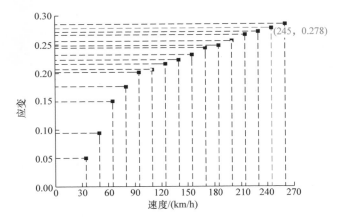

图 7-13　电池模组中单体的最大应变

表 7-1 所示为初速度为 65km/h 和 245km/h 时，电池组速度减为 0m/s、反弹后 0.1ms 和加速度为 0m/s^2 时内部各单体电池的径向应力分布对比，由对比可知

不同速度时各电池径向应力分布不同。因此，针对不同初速度时电池组内部各层电池受力分布趋势进行分析。

表 7-1 关键时刻电池组应力分布

关键时刻	初始速度 /（km/h）	
	65	245
速度为 0m/s		
反弹后 0.1ms		
加速度为 0m/s²		

图 7-14 所示为电池模组各层单体之间的接触力对比，当初速度范围为 35～170km/h 时各层之间的作用力排序为 1-外壳 >2-3>1-2>4-5>3-4>5-6；而当初速度范围在 35km/h-50km/h 以及 185～245km/h 时各层作用力从大到小的排序为 1-外壳 >2-3>4-5>1-2>3-4>5-6。由此可得，1-外壳间的作用力始终是最大的，2-3层间的作用力次之，而 1-2 层间作用力和 4-5 层间作用力大小受初速度影响。

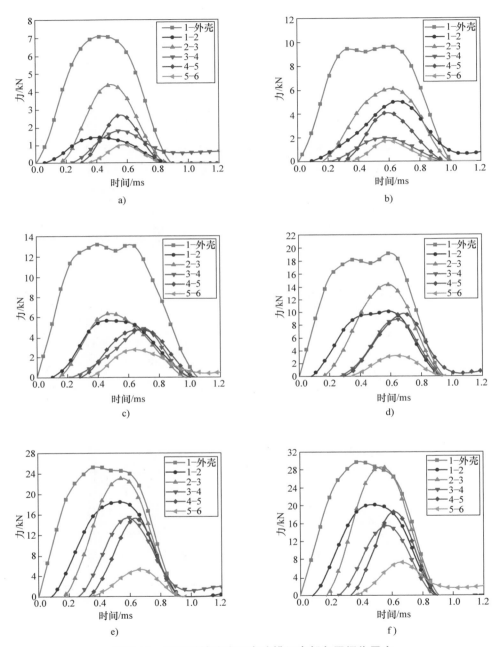

图 7-14　不同碰撞速度下电池模组内部各层间作用力

a) $v = 35$km/h　b) $v = 65$km/h　c) $v = 95$km/h　d) $v = 125$km/h　e) $v = 155$km/h　f) $v = 170$km/h

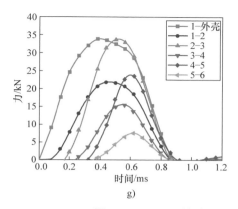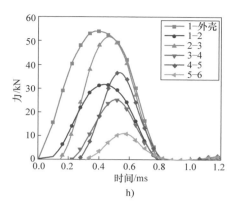

图 7-14　不同碰撞速度下电池模组内部各层间作用力（续）

g) $v = 185$km/h　h) $v = 245$km/h

此外，最大变形量出现的位置也不相同。当电池间作用力为第一种分布规律时，最大变形量均位于第一层；而当作用力是第二种分布规律时，最大变形量的位置出现于第一至四层。例如当速度为 50km/h 时，最大变形量出现在第一层；速度较高时（如 200km/h），最大变形量出现在第三层；而当速度为 245km/h 时最大变形量出现在第二层，第四层也有较大变形，两处都是短路点。

如图 7-15 所示，刚性墙以 65km/h 的速度冲击一端固定的电池组，刚性墙通过配置不同的质量来改变冲击能量。该工况中电池的受力状态及变形与径向压溃工况相似，仍采用单体电池变形失效值 0.278 作为短路判定准则。图中距离刚性墙距离最近的电池层标注为第一层，距离最远电池层为第六层。

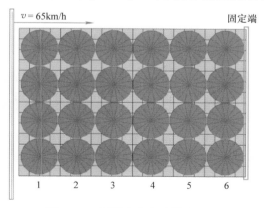

图 7-15　钢板冲击电池模组工况

改变刚性墙质量以获得不同冲击能量，从而使单体电池的最大应变发生变化。如表 7-2 所示，在 65km/h 的速度下引起短路的冲击质量临界点在 16～18kg 之间，采用二分法最终确定了冲击质量的临界值为 16.06kg。

表 7-2　不同冲击质量时单体电池的最大应变

刚性墙质量 /kg	应变
12	0.257
14	0.267
16	0.277
16.06	0.278
16.125	0.279
16.25	0.279
16.5	0.28
17	0.282
18	0.292
20	0.3

图 7-16 所示冲击质量分别为 16.06kg、12kg、14kg 和 18kg 时各单体电池的应力分布。仿真结果表明尽管冲击质量不同，但是最大应力均位于第二层电池上，考虑可能为电池组受到冲击时，第二层单体电池受到弹性入射和固定端反射波叠加作用的结果。

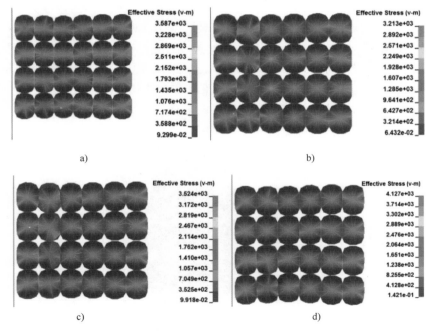

图 7-16　不同质量刚性墙冲击电池组时的应力分布

a）m=16.06kg　b）m=12kg　c）m=14kg　d）m=18kg

上述结果表明，电池组在被刚性墙冲击和电池组冲击刚性墙时的失效状况是不同的。当电池组冲击刚性墙时，由于电池的惯性作用比较大，存在着多处容易失效的位置，失效可能性最高的位置是紧邻冲击侧的第一层电池。而当电池组被刚性墙冲击时，电池组的惯性作用较小，失效可能性最高的位置位于紧邻冲击侧的第二列。这一结论为电池组的失效快速判断提供了一个新的角度。在电池组失效判断中除了可以观察整体变形量进行判断，也可以重点关注高风险失效区域。

7.3 动力电池安全管理

7.3.1 动力电池安全状态

通常动力电池的运行伴随着电池端电压、表面温度分布不一致、局部温度过高等问题，严重影响其性能、寿命以及安全。国内外相关研究学者，从电池的材料设计、建模、状态估计等方面进行探究以保证其使用的安全性，目前电池安全的研究主要集中于找出电池使用的安全区域（SOA），在该区域内对电池实际安全情况划分等级，如表 7-3 所示。对于新能源汽车而言，其动力电池的安全性与实际运行里程有密切联系，因此提出了基于行驶里程统计的安全分析方法，该统计表明随着运行里程的增加动力电池出现安全故障的概率随之提高。研究将电池安全划分为十个不同的等级，如表 7-3 所示。

表 7-3　动力电池安全故障等级

等级	特征描述	分类标准
0	无特征	无功能失效
1	开启被动保护	需要修复，可恢复故障
2	防护	无漏液，不可恢复损坏
3	微量漏液	漏液量小于总质量的 50%
4	大量漏液	无起火，漏液量大于总质量的 50%
5	破裂	无爆炸，部件破裂
6	着火	起火
7	爆炸	爆炸

动力电池安全状态分析方法不同于通过动力电池外特性参数（如电压和温度）直接快速反映电池安全情况，而是通过预估电池内部状态，间接分析预测电池安全故障的风险。该方法的主要思想是监测动力电池是否运行在安全区域内，事实上，对于电池安全状态的主要问题是确定电池运行中不安全区域的边界，因此电池的安全状态应该与电池的滥用程度成反比，具体为

$$f_{safety}(\boldsymbol{x}) = \frac{1}{f_{abuse}(\boldsymbol{x})}$$ （7-3）

式中，$\boldsymbol{x}$ 代表所有的预测状态及电池的外部测量参数，包括电池的电压、充放电电流、温度以及各种内部状态。

由上式可知，电池的安全状态值随着电池劣化程度的增加而下降，其具体映射关系与电池类型相关可定义为指数函数、多项式函数或对数函数等。电池安全状态与外部端电压及表面温度关系如图 7-17 所示。电池安全状态与汽车的安全高效运行直接相关，其状态数值与电池各特征参数之间的关系较为复杂，然而目前关于该研究问题尚未有具体的定量分析，因此深入研究电池安全状态对完善电池安全管理具有重要意义。

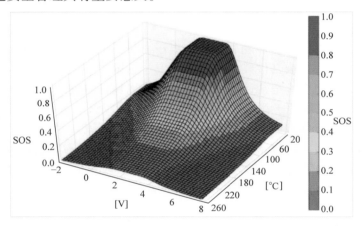

图 7-17　电池安全状态与外部端电压及表面温度关系

7.3.2　动力电池系统高压安全

动力电池系统是新能源汽车的主要动力来源，其充放电流可高达上百安培，工作电压为数百伏。提升动力电池系统电压能够提高新能源汽车的能量传输效率、电机系统效率，同时电压在 1500V 以下，系统防护措施同 GB/T 18216《交流 1000V 和直流 1500V 以下低压配电系统电气安全防护检测的试验、测量或监控设备》相似，系统成本并不会显著提高，提高电池系统电压是新能源汽车动力电池系统重要的发展趋势之一，然而高压化也是电池安全问题的重要源头，如果动力电池高压系统出现故障或检测操作不规范，造成动力电池系统外短路等故障，将会严重危害驾乘和检修人员的生命安全。

国内外针对动力电池系统高压安全制定了相应的标准，其中 ISO 6469-2009《电动道路车辆安全规范》对动力电池系统高压安全防控提出了相关要求，国内基于该国际标准修改起草了 GB/T 18384—2015《电动汽车安全要求》，标准针对车载可充电储能系统高压安全做出具体规范，包括最小绝缘电阻值及其测量方法、电气间隙和爬电距离、防短路功能或过流断开装置等。另外，GB/T 31498《电动汽车碰撞后安全要求》对新能源汽车发生正碰、侧碰后的电池系统触电防护保护作了严格规定，包括碰撞后高压继电器要及时切断、不能选用大容值的电容器、直流母线绝缘电阻应大于 100 Ω/V、高压母线总电能应小于 0.2J 等。基于新能源汽车的实际运行数据，对动力电池系统高压安全设计提出了基本要求。首先根据人体安全用电设计流过人体的电流不超过 5mA，电压不超过 36V，绝缘电阻阻值除以标称电压的数值，直流大于 100 Ω/V，交流大于 500 Ω/V；其次，避免电池系统充放电过程中瞬态高压冲击，限制高压继电器开断时间小于 20ms；保证电压在电源断开 1s 后，任何可触及的导电部分和地之间的交流峰值电压应低于 30V，直流电压应低于 60V，并且存储的能量应少于 0.2J。

　　动力电池高压系统除电芯外，一般由高压继电器、电流传感器、预充电阻、手动维修开关、高压连接器和高压电缆组成，如图 7-18 所示。动力电池系统高压安全问题包括高压系统状态监控失效导致高压回路超出极限状态、高压电使能失效导致车辆失去动力，以及高压电关断失效导致高压电回路始终带电，从而发生触电危险等失效模式。针对上述动力电池高压失效模式设计了高压安全功能，包括 BMS 控制器整体功能安全、高压互锁、碰撞开关、绝缘检测等，高压功能安全与失效模式的对应关系如图 7-19 所示。

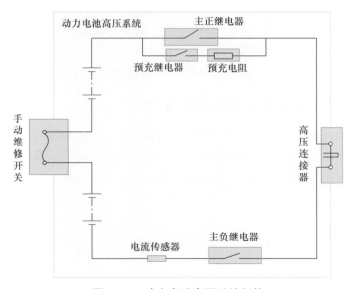

图 7-18　动力电池高压系统架构

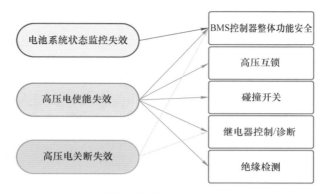

图 7-19 高压功能安全与失效模式对应关系

7.4 动力电池系统数据安全传输

随着网络技术的发展，电动汽车的数据传输不仅局限于车载数据传输，还包括远程网络数据的存储与传输。美国国家运输安全委员会强制各汽车主机厂实现对新生产车辆的远程监控（2001 年），日本是亚洲最先对车辆实现远程监控服务的国家，其中日产公司在 2009 年就为 EV-11 纯电动汽车配备了远程监控系统，用户可以通过手机对车辆的电池状态、运行温度等进行监控。随着我国新能源汽车产业的发展，工信部制定了《新能源汽车生产企业及产品准入管理规定》（2017），同年 7 月起要求对所有已销车辆进行远程监控并为每辆新能源汽车建立档案，记录跟踪其使用、维修、保养等状况。围绕电动汽车运行数据的安全传输，本节从车端数据及网联远程数据安全传输两个方面进行介绍。

7.4.1 电池系统整车级数据安全传输

车载终端数据采集是实现数据远程传输的前提，车载终端主要通过控制器局域网（Controller Area Network，CAN）网络传输电动汽车各部件的运行状态数据，其中包括电池管理系统（Battery Management System，BMS）及整车控制器采集的电池电压、电流、温度、转速、转矩、电池荷电状态等数据，另外还包括全球定位系统（Global Positioning System，GPS）的位置及加速度数据，以上采集的数据通过无线通信模块发送至具有固定网际协议（Internet Protocol，IP）地址的数据中心。车载终端的数据传输路径如图 7-20 所示。其中 BMS、动力系统及整车控制系统用于获取车辆运行的详细数据参数，CAN 通信模块实现对以上三部间的数据通信，并将所有数据顺序发送至微处理器模块，最终数据经该模块处理后通过无线通信模块 /GPS 模块发送至数据中心。

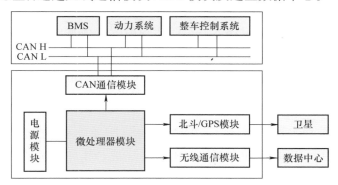

图 7-20　车载终端的数据传输路径

　　相比于传统汽车，电动汽车内部配备了大量的电子控制单元对模块及传感器进行控制，因此要求内部数据传输必须置于安全的网络环境中，另外在实际应用中对车载网络的通信速率、可靠性以及灵活性提出更高的要求，由此引入的兼顾多通信过程的安全问题也随之而来。宝马和原戴姆勒克莱斯勒等汽车公司推出了 FlexRay 联盟（2000 年），推出了 FlexRay 车载网络用于提高当前车载网络的安全性和可靠性。当前 FlexRay 已得到广泛的应用，实现分布式实时控制、代替 CAN 总线实现多通道多数据高速率传输等功能，在安全方面该网络利用冗余通信机制，提高数据传输质量，并通过通信监视器对系统进行监控。

　　此外，电动汽车在充电过程中需要与充电桩、电网之间进行通信，为了保证通信过程数据的保密性、完整性、可用性、不可否认性和不可抵赖性，要考虑到车辆身份信息的隐私保护及数据信息的隐私保护，一旦数据被盗取，轻则造成电动汽车电池故障充电失效，重则引起车辆失火爆炸。目前，对于电动汽车充 / 放电数据采用的加密方式主要包括盲签名、假名技术、群 / 环签名等，该数据加密的优势是即使攻击者获取用户身份也不能关联到相关数据。然而随着电动汽车技术的不断更新，可接入的数据需求不断增加，意味着将出现更多的漏洞新的攻击和威胁，因此加强对车端数据的安全传输势必成为保证电动汽车电池安全运行的重要内容。

7.4.2　网联级数据安全传输

　　为提高车辆安全高效运行，为用户提供安全、舒适、智能的驾驶环境，网联汽车通过 T-Box 及云端大数据平台交互，实现车辆信息的远程查询、远程控制、远程故障报警预警功能。国内各大企业及科研院所均开展了对电动汽车远程服务的研究，北京理工大学基于自主开发的国家新能源汽车监控平台，拓展研发了电池溯源平台，实现对电动汽车电池生产初期到终端使用，包括退役后的全方位安全监控。

在全球智能网络化的驱动下，车辆大规模远程数据的网联传输成为主流，其中网络传输安全问题日益凸显。当前，车辆智能网联已实现车与人、车与车、车与路、车与云端之间的多角度全方位的业态架构，因此网联级数据安全主要包括网络通信安全和网络终端安全，如图 7-21 所示，其中通信安全是指避免在数据传输过程中遭到攻击或监听，该数据中不仅包含用户的隐私信息，更重要的是防止信息窃取者对车辆进行远程控制，造成财产安全损失；网络终端不仅是数据存储中心，更是作为智能决策的服务中心，作为基本的网络服务中心，其本身就面临被传统网络攻击的威胁，不同于传统的网络服务，其数据存储中心也容易遭到攻击。

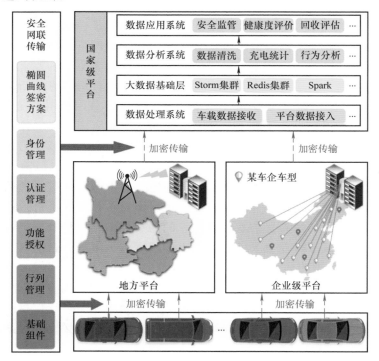

图 7-21　网联级数据安全传输框架

因此，网联数据的安全传输在保证电动汽车安全运行中至关重要。如今，防止车辆数据滥用窃取的安全研究已经得到了发展，曾有研究者通过便携式 GPS 欺骗设备对行驶车辆的 GPS 路线进行非法篡改，对车载 GPS 带来严重的攻击。攻击者通过信号干扰，绕过身份识别过程入侵车辆内部网络，甚至植入病毒，导致车辆功能瘫痪。目前研究者设计了大量的数据保护方案，例如基于椭圆曲线签密方案（Elliptic Curve Diffie-Hellman Exchange，ECDHE）的模式，实现服务端签名证书、企业加密证书、根证书、加密私钥的数字证书签发、对接的平台域名和端口的配置功能。另外，一种被称为基于组签名和身份（Identification，ID）的方法利用组签名（Group Signature and Identity-based Signature，GSIS）来解决汽车网络的安全和条件隐私性问题，该 GSIS 方法分两步来确保较高安全性，它根据车辆的位置将它们分组，然后使用一组结构，令每辆车都能够安全地彼此通信。

7.5　动力电池安全管理发展趋势

　　动力电池作为能量载体，随能量密度的提高其安全隐患越发突出，因此防止动力电池系统热安全事故发生、阻断或延缓热失控扩展研究工作尤为重要。对于当前动力电池安全管理要以热失控前预报警、热失控中延缓扩展和蔓延、热失控后减小损失为目标，在动力电池热失控机理研究的基础上开展动力电池安全指标体系、安全性的防护控制策略、机-电-热滥用防护方法等理论研究，以及高安全性动力电池的材料设计、内部结构设计、成组方式设计、电池箱结构设计等工程设计方法研究是及时发现热失控隐患，阻断或延缓热失控扩展的有效途径。动力电池安全管理发展趋势如图 7-22 所示。

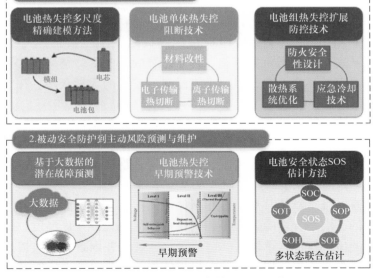

图 7-22　动力电池安全管理发展趋势

7.5.1 机理分析到系统设计优化

在热失控触发及扩展机理分析的基础上建立电池热安全模型，从材料、单体、系统多尺度开展系统优化设计研究，能有效降低动力电池热失控风险或及时阻断、延缓热失控在电池组中的扩展，因此将动力电池系统优化设计技术趋势归纳为电池系统建模及防控技术研究。

单体电池热安全模型可分为化学反应动力学模型、单体热失控集总参数模型和单体热失控三维模型。热失控反应动力学模型主要考虑电极材料及电解液分解、SEI膜分解与重生、电极材料与电解液之间的副反应等，对电池材料的不同组合方式开展DSC测试，标定不同材料组合各副反应的化学反应动力学参数，结合质量守恒方程、能量守恒方程和阿伦尼乌兹公式等，建立描述热失控温度变化规律的数学模型。单体电池热失控集总参数模型可实现电池热失控过程的温度、压力及喷阀预测，三维模型还可预测热失控在单体内部的蔓延及温度场演变过程。

在单体层面进行电池热失控的防控，一方面可提高电池材料热稳定性，另一方面可利用电流断路器、正温度系数电阻、泄压阀等安全器件实现。通过对锂离子动力电池材料的改性、筛选及匹配性研究，例如通过电极材料表面改性抑制晶格失氧、电解质固态化以降低可燃性等手段可提高电池材料的热稳定性与安全性，是从源头降低热失控风险的重要手段。此外，在电池内部建立一种能在温度过高时及时响应并切断电子或离子传输、关闭电池反应的温度感应机制，可有效防止热失控的触发。

从材料体系和单体电池的角度出发，基于材料热相变行为切断离子传输以及基于PTC材料正温度系数效应切断电子传输，对从源头降低热失控触发风险，提高电池本征安全性具有重要意义。目前已有的一些实验结果证实了上述热失控防控技术具有较高可行性，但由于电池热失控影响因素众多，在实际电池体系中的应用仍需进一步验证。

电池模组层面的扩展模拟模型及防控技术，涉及单体电池间的传热、对流、辐射等传热路径，以及热失控单体喷出的高温气体和颗粒物对相邻单体电池的加热作用，同时需要结合电池密度、比热容等热物性参数变化，建立电池热失控扩展模型。目前文献中的热失控蔓延模型主要分为集总参数模型、二维模型、三维模型，模型维度越高其准确性越高，可用信息越多，但是计算复杂度也越高。热失控的扩展过程影响因素很多，包括电池热失控特征温度、能量释放速率、电池间的传热特性、单体间的电连接等，量化各因素对热失控扩展过程的影响程度，可为热失控扩展防控技术提供依据，对综合考虑成组效率、成本和复杂度的动力电池系统优化设计具有重要意义。

电池热管理系统按照冷却介质分为空气冷却、液体冷却和相变冷却。相关研究表明，空气冷却难以实现对热失控扩展过程的抑制。基于液冷方式，使用水性 PAAS（聚丙烯酸钠）水凝胶和微通道液冷可有效抑制热失控在电池间的扩展过程，但目前的研究都没有讨论对成组效率的影响，也没有实现最优化设计，仍需进一步的研究。相变冷却技术方面，目前已有较多基于石蜡复合相变材料进行热失控扩展防控的研究，但主要针对圆柱形电池，由于其导热性较差，对大容量方形电池热失控扩展防控的适用性仍需进一步研究；热管的导热性高，在热失控扩展防控方面具有较大潜力，但目前仍缺乏基于热管的电池热失控扩展防控技术的研究。

7.5.2　被动安全防护到主动风险预测与维护

动力电池的被动安全设计可在电池过充、内短路以及内部压力过大引起高温时提供必要的安全防护以减少故障损失，却不能有效避免电池安全事故，达到防患于未然的目的。分析电池安全故障的特性及影响因素，综合电池故障异常特征，系统研究动力电池系统的热失控预警与防护控制、热失控后的延缓扩散控制，开发主动安全防护系统，从而转被动防护到主动控制，为当前研究开发高安全性动力电池系统的重点内容。对于动力电池系统，其安全性取决于动力单体电池、电池箱以及电池管理系统三者之间的合理组合，因此实现主动风险预测提高电池系统的安全性，要通过保证以上三者的性能最优。

锂离子动力电池具有时变、非线性、非均一特征，电池过热、过充电、外界撞击、挤压、穿刺、电池短路等都可成为热失控的触发条件，其热失控行为呈现出多学科领域、多物理场的耦合关系，同时又受外部环境的热扰动等因素影响，导致锂离子动力电池系统热失控的扩展特性在路径、动力、速率等方面存在显著差异，甚至引发链式反应。因此研究热失控链式扩展过程中链间主要触发模式，阐明单体电池间热、电的作用和反作用机制，探究热量传播路径及其传热能力占比关系，建立多物理场的热失控扩展耦合数学模型，为揭示锂离子动力电池系统的热失控扩展规律提供理论指导，且对锂离子动力电池热失控行为的高效准确预测提供强有力的理论支撑。

动力电池系统由成百上千个单体电池构成，该系统不仅保留单体电池高非线性特征，而且具有温度敏感、加速老化以及不一致性等特性，因此保证电池系统的安全应用更为复杂，电池系统的环境条件、热失控触发方式及加载状态、电池成组连接方式、电池热管理形式等因素直接影响电池未来热失控扩展过程。从系统视角考虑安全故障问题，设计安全可靠的电池组连接方式，对于失效电池要及时有效隔离阻止热扩散，对于正常运行电池系统要防止超负荷工作；优化电池箱内排气孔设计，实现箱内气体的快速释放要确定定向通风和自适应气体释放量的气孔；在电池箱内合理布置温度传感器，对高温电池实现初步筛查预警。

为了提高动力电池抗热失控风险的能力，研究热失控早期预警机制并引入电池管理系统（BMS），是提升锂离子动力电池安全性的重要手段。目前的热失控早期预警方法分为基于电池电压、电流、温度等外部参数的热失控预警技术，基于内部状态预测的热失控预警技术，以及基于气体检测的预警技术。由于缺乏对电池系统内部状态的准确模拟，基于外部参数的热失控预警技术难以全面评估单体电池潜在热失控风险，故障预警时间较短。因此，有学者提出利用嵌入式可折叠布拉格光纤传感器监测内部温度，或采用阻抗相移快速监测法的基于电池内部状态的热失控预警方法。在热失控早期，电池内部副反应产生大量气体，而温度、电压等特征参数变化仍不明显，因此有学者提出基于气体检测装置的电池热失控早期预警技术。基于电池内部状态预测及气体检测的电池热失控早期预警技术在理论上能够提高热失控早期预警效果，但需要在电池系统硬件结构上进行改造，在电池系统上的实际应用还需不断探索。

锂离子动力电池在使用过程中会不断发生容量衰减、内阻增大等性能衰退，其安全性能（耐热、耐过充性能等）也会随之变化，单体间不一致性的增加也会降低电池系统的可靠性。电池在触发热失控之前可能会经历安全性不断降低的"演化"过程。锂离子动力电池内部状态与电池故障安全密切相关，通过监控动力电池的端电压、表面温度可以判断电池的安全状态，获取电池内部状态如荷电状态（SOC）、健康状态（SOH）、功率状态（SOP）以及剩余使用寿命（RUL）可以主动预测电池故障概率，计算锂离子动力电池安全状态（SOS）。然而可在线实用的状态估计参数，不仅要求精确可靠的电池模型，而且复杂的计算过程对硬件提出较高要求，因此准确在线掌握电池内部状态需要将理论与实际工程结合。

在基于大数据的动力电池系统热失控潜在故障预测方面，国内一些科研机构和企业初步开展了基于大数据的动力电池故障挖掘和潜在故障分析。北京理工大学基于大数据平台和熵值方法提出了新能源汽车电池系统的安全预警方案，实现了温度故障及其导致的热失控诊断和预测；提出了基于多层次筛选算法的动力单体电池电压故障离群点识别方法，并进行了实车验证，对之后开展大数据技术动力电池系统潜在故障分析的研究提供指导。融合大数据分析、人工智能算法构建动力电池热失控潜在故障判定和预测方法，不仅提供了先进的理论和关键技术，还可为全面提升中国新能源汽车运行安全水平、引领世界新能源汽车产业发展打下坚实基础。

7.6　本章小结

　　本章节围绕动力电池系统安全管理与防护技术，针对威胁车辆安全运行的热失控问题进行分类概述，并介绍了热失控扩展机理及防护手段，重点针对动力电池机械滥用展开深入研究，通过分析单体电池的结构将电池简化为梁单元模型，以单体电池的压痕试验初步确定简化模型圆周向和轴向梁单元的弯曲特性，将单体电池轴向及径向压溃试验获得的力 - 变形特性对简化模型的轴向压溃特性进行验证，并使用简化模型建立了 6×4 电池组简化模型，通过不同应力 / 速度测试分析了电池组短路失效临界参数及应力分布。随后围绕动力电池系统安全相关内容分别介绍了电池安全状态及高压安全等研究内容，阐述了当前电池系统数据安全管理研究现状，从电池系统整车级安全到网联级数据安全进行介绍，针对当前电动汽车电动化、智能化、网联化以及数字化的发展，对大数据下动力电池安全管理发展进行展望。

第 **8** 章

动力电池回收利用安全评估

新能源汽车的发展得到全球各个国家的大力支持。到 2021 年第三季度，我国新能源汽车保有量达 678 万辆，我国新能源汽车已经进入发展的快车道，同年 10 月国务院印发的《2030 年前碳达峰行动方案》明确要求形成绿色低碳交通，逐步加大新能源、清洁能源的应用比例。大力发展新能源汽车尤其以纯电动汽车为代表的交通运输形式，成为交通领域节能减排与污染防治的有效措施，也是汽车工业的重要发展方向。因此，动力电池需求量急剧增加，预计到 2024 年全球锂离子动力电池的市场规模将达到 2210 亿美元。同样，未来大量动力电池将不断进入退役阶段，到 2030 年，全球动力电池回收市场规模将增至 181 亿美元，由于中国电动汽车及储能产品较大的保有量，在未来锂离子电池退役回收及梯次利用具有重要的研究价值。

关于动力电池退役回收及梯次利用技术，国家和地方政府密切关注并颁布了大量相关文件。从动力电池使用角度考虑，电动汽车退役后的动力电池仍可以满足储能设备使用，从而提升动力电池自身的利用率，然而由于动力电池衰退老化性能下降，梯次使用存在较高的安全隐患，为了保证动力电池系统后续梯次利用的安全性，退役动力电池需要经过合理的分选，并根据不同的使用场景以电压或功率等级，对分选后的电池进行重组。整个过程涉及电池复杂的内部外部参数，串并联重组和柔性重组等组合方式，因此，实现动力电池梯次安全利用具有重要现实意义。

锂离子动力电池是复杂的电化学系统，其内部不仅有价值较高的金属，还有对环境有害的电极材料、电解质等，从资源回收利用的角度出发，锂电池中含有的钴和镍依赖于国外资源，从环境保护方面考虑，退役电池回收处理过程中需要考虑到潜在的污染源，保证人类生活环境健康可持续发展。锂电池退役回收利用是一个复杂艰巨的系统工程，包含诸多环节，如收集、运输、回收处理以及资源的再利用，各个环节对退役锂电池回收处理技术均有较高要求，也需要国家和地方政府加强对退役电池回收处理的规范管理。

8.1 动力电池梯次利用现状分析

随着全球能源经济的快速发展，退役锂离子动力电池容量将呈显著增势，通常汽车用动力电池退役后依然有较高剩余容量，锂离子电池梯次利用的概念及研究技术应运而生。通过合理的分选重组可以继续用于其他领域，在一定程度上起到保护环境、有效提升能源利用效率的作用，从而促进创新健全能源产业链。同时，我国七部委发布了《新能源汽车动力蓄电池回收利用管理暂行办法》，指出以安全为前提、以能源高效利用为目标，合理进行动力电池回收及梯次利用；指出优先梯次利用，实现退役电池多层筛选、综合利用。同时，依托于北京理工大学成立的"新能源汽车国家监测与动力蓄电池回收利用溯源综合管理平台"，可实现动力电池全生命周期内各个相关环节实施情况的监测，实现对动力电池来源可追、去向可查、过程可控和责任可究的管理模式（如图 8-1 所示），以促进对电池的监测及应用技术，完善电池能源产业链，加速推进电气化发展、保护生态环境。

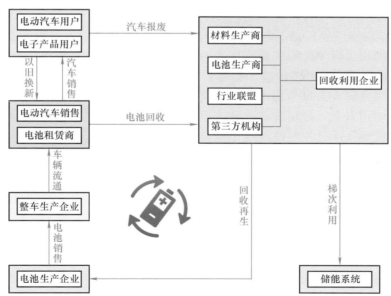

图 8-1　退役电池全生命周期管理环节

8.1.1　动力电池梯次利用研究背景

对于电动汽车来说，通常动力电池剩余可使用容量达到额定容量 80% 时，动力电池将认定为寿命截止，根据现有主流动力电池数据分析，所使用的时间一般为 8 ~ 10 年之间，预计在 2025 年左右退役动力电池出现首个高峰期，同时随着近年来电动汽车井喷式增长，不难看出几年后将面临巨大的退役动力电池回收难题。就目前对于锂电池回收再利用、相关成组技术以及回收处理工艺方面，国内外研究存在较大的技术瓶颈，大多仍处于示范或实验室研究阶段，与未来大规模退役电池的处理实际应用之间存在较大差距。因此，国内外相关研究机构、学者以及政府机构，已着手推进相关项目的研究，其中国外较早进行了大量的技术投入，在退役电池回收利用经济效益、环境保护以及测试标准等方面有较多的技术积累。

现阶段我国对于动力电池梯次利用的工作主要在动力电池衰退特性评估以及容量优化配置两个方面，退役动力电池相比于新电池在容量、内阻、电压以及放电倍率等方面出现不同程度的衰减，在合理配置利用前，要对电池参数进行精准估计，有相关研究者基于电化学阻抗测试方法以及基于等效电路模型的方法，研究了退役电池欧姆内阻及极化内阻的变化规律；另外，还有学者分析了电池系统随着不同循环使用老化后，内阻、荷电状态、单体容量等参数分布特性，进而研究了衰退电池间不一致性问题；融合动力电池衰退模型与电动汽车运行统计模型，有研究者提出了电动汽车动力电池梯次利用分级方案。另外，在相关测试标准中也提到了电池包维护、运输、储存和回收方面的要求。

美国国家可再生能源实验室在动力电池梯次利用项目研究中，分析了动力电池全生命周期内的经济效益，制定了"价值评估 - 性能验证 - 促进实施"的研究策略；国外研究人员考虑不同地区以及环境对动力电池使用的差异，综合分析了电池使用寿命、使用成本、系统运行效率及成熟度之间的关系，并建立系统的数学模型，通过控制电池工作延长使用寿命以及降低成本；另外，在日本以及欧洲等发达国家，在动力电池梯次利用技术投入了大量精力，根据梯次利用电池的类型，提出了合适的测试步骤和性能评估方法。综合国内外动力电池梯次利用的研究技术积累来看，提高退役电池梯次利用的安全性，合理优化动力电池梯次分级，还存在许多待解决的问题。

8.1.2 国内外电池梯次利用规范

退役动力电池的梯次利用及回收对于环境和企业具有重要意义，不仅可以促进电动汽车的可持续发展，还有利于提高电池全生命周期使用价值。为了推进退役电池梯次利用及回收的有序发展，从国家和地方层面都推出了多项规范及保障政策，国家层面相关政策主要包括国务院办公厅发布的《关于加快新能源汽车推广应用的指导意见》，2016 年国家发展改革委等五部门联合下发的《电动汽车动力蓄电池回收利用技术政策》，2018 年工业和信息化部会同有关部门发布的《新能源汽车动力蓄电池回收利用管理暂行办法》《新能源汽车动力蓄电池回收利用试点实施方案》和《新能源汽车动力蓄电池回收利用溯源管理暂行规定》等多项管理办法与规定，明确了各汽车生产企业需要对动力电池承担主体责任，鼓励各企业间合作共建、共用退役电池回收渠道，对各回收利用环节实施有效监测。

地方层面发布了较多相关政策，深圳市发展和改革委员会在 2018 年 6 月 1 日印发了《深圳市开展国家新能源汽车动力电池监管回收利用体系建设试点工作方案（2018—2020 年）》，使深圳成为全国首个动力电池回收方案正式落地的城市。后来，深圳市又在《新能源汽车推广应用工作方案（2021—2025 年）》中将其纳入重点任务，提出"加强新能源汽车报废回收管理，督促指导新能源汽车回收拆解企业做好动力蓄电池回收利用工作（市商务局、国资委负责）"的要求。此后，诸多省份出台了针对动力电池回收利用的相关政策，在《上海市 2021—2023 年生态环境保护和建设三年行动计划》《河北省"十四五"循环经济发展规划》《湖北省专用车产业"十三五"发展规划》《关于推动青海省服务业高质量发展的实施意见》《黑龙江省"十四五"科技创新规划》《河南省加快新能源汽车推广应用若干政策》《深圳市新能源汽车推广应用工作方案》《广东省人民政府办公厅关于加快新能源汽车推广应用的实施意见》《江苏省政府关于进一步支持新能源汽车推广应用的若干意见》等地方政府文件中，也对当地动力电池回收利用提出了相应的要求。

8.1.3 动力电池梯次利用体系概述

退役电池回收后除了直接拆解，另一个重要用途是梯次利用。动力电池梯次利用主要目的是通过合理的重组，实现资源最大化的节约利用。由于市场上电池种类繁多、材料各异，电池梯次利用相关技术需要较多的技术积累和实验验证；同时，动力电池回收和梯次利用具有较大的研究价值及市场空间，因此，应加强产学研高效结合，建立动力电池梯次利用及回收闭环体系，解决动力电池生命末期带来的环境污染及资源浪费等问题，当前退役动力电池回收体系（图 8-2）主要包括电池前期收集、重组再利用以及拆解回收三个方面。

退役动力电池重组在利用前需要进行分选评估，包括外观筛选以及性能分选。外观筛选时主要通过外形初步判断电池性能，主要考察电池表面是否平整，结构是否完整有无鼓包变形等情况，另外还需要注意电池标记是否清晰，编号是否完整等问题；动力电池性能分选往往需要借助于测试设备，一般测试的参数指标包括电池内阻、容量、充放电特性以及当前的健康状态，这些参数之间往往有密切的联系，相互影响。电池分选的性能指标与技术要求如表 8-1 所示。

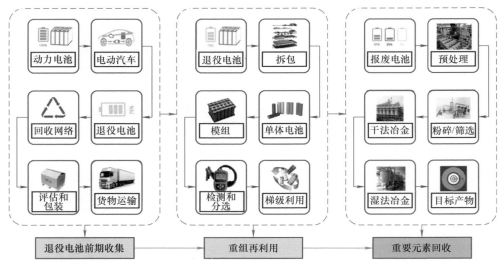

图 8-2　退役动力电池回收体系

表 8-1　电池分选的性能指标与技术要求

性能指标	技术要求
外观	电池外壳、极耳外观良好，标识清晰
内阻	≤原始内阻的 1.3 倍
20℃放电容量	≥原标称容量的 60%
10℃放电容量	≥标定容量的 70%
45℃放电容量	≥额定容量的 90%
常温倍率放电容量	≥额定容量的 80%
常温荷电保持能力	≥额定容量的 90%

　　锂离子动力电池中富含镍、钴、锰等金属元素，退役电池资源化循环回收利用可生产出部分重要金属。当前对于动力电池回收处理技术主要分为通用回收技术、可降解有机酸绿色回收技术以及高效复合联用技术。通用回收技术包括基于火法回收和湿法两种回收体系，火法冶金回收技术具有回收效率高、处理时间短的优点，但是金属可能会随炉灰逸出，从而造成资源浪费；湿法回收操作流程分为浸出、分离、合成制备等步骤，该方法在电极材料回收、提取过程中占重要地位。北京理工大学李丽教授、吴锋院士团队，提出了系列绿色回收与再生电池材料新技术，提出了"3R 和 4H"的回收策略，从电池回收的经济性、环境影响、技术高效性以及安全方面进行综合评估，为实现高效回收、经济回收和安全可持续发展提供了指导方案。

8.2　动力电池退役后性能测试及评估

目前，国内外研究对锂离子电池开展了密集的研究，在动力电池老化机理、衰退机制、状态估计以及寿命预测等方面取得了显著的成果，实现了大范围的产品应用。然而，对于衰退后动力电池梯次利用研究，包括电池成组后一致性检测和安全性评估等方面有待进一步的提高，具体需要深入研究的问题总结为以下方面：①动力电池组一致性评估；②梯次利用动力电池成组后状态估计技术；③梯次利用动力电池组高效安全使用研究。

退役动力电池的性能与新电池具有较大差异，所收集到的退役电池在一致性方面较差，在梯次利用前要求挑选出较一致的电池进行成组，通常对退役电池进行满充满放测试标定电池容量，该过程测试周期长，极大地浪费人力财力，降低了梯次利用的经济性，很难应用于大规模梯次利用。考虑到电池容量与电池内阻之间的联系，一些研究者建立了内阻与容量神经网络模型，通过辨别电池内阻实现快速分容，该方法前期需要大量测试建立衰退数据库，另外，电池内阻在不同荷电状态条件下有所波动，影响最终退役电池一致性辨识精度。因此，建立快速准确退役电池分选策略，减少电池不一致性对动力电池成组影响，提高动力电池成组质量是当前研究重难点。

动力电池衰退老化过程中，各参数之间的变化相互耦合，除了电阻容量等特征参数外，还需要深入研究电池状态参数的演变规律，从电池全生命周期的时间尺度进行划分，电池 SOC 和 SOP 被定义为微时间尺度状态，将电池健康状态中的 SOH 分为短时间尺度状态，电池的剩余使用寿命（RUL）被定义为长时间尺度状态，对于重组后的电池系统，各状态之间更密切相关，深入探究各参数之间的关系，提高电池组各状态的预估精度，保证梯次利用电池组全生命周期的安全高效使用，也是当前领域内研究的热、难点问题。

对于成组后的退役动力电池，为了保证安全稳定使用，需要实现对电池组状态的实时监测，由于难以完全获取退役电池的历史使用数据，导致再次状态估计过程中有过多未知参数，所以实现在有限数据的情况下，对退役电池状态精准有效估计具有较大的挑战。此外，随着重组后电池系统逐渐使用老化，电池组各种不一致性逐渐显现，仅通过容量作为一致性评价指标，不能全面综合实现对电池组性能的评价，无法为电池组均衡维护提供有效参考，限制了电池组最大化利用。因此，有必要建立完善电池组的一致性评价标准，提出合理表征电池组性能的指标，对电池组的安全使用提供有价值的指导，保证电池组安全稳定使用。

8.2.1 动力电池退役后性能特征分析

锂电池充放电过程在微观层面主要反映为锂离子正负极间嵌入嵌出。随着电池的循环使用，锂离子数量减少，电解液分解以及电极表面 SEI 膜增长等衰退现象，都将导致电池容量损失，随着电池中电解液的分解，电极材料 SEI 膜增厚，电池内阻会不断增加，导致电池充放电性能下降。另外，锂电池经过大倍率的充放电，会导致电池中电极材料结构的变化或者坍塌，进而影响电池使用性能。

当前针对锂离子电池健康状态的研究有较大的进展，已发表文献中对于电池健康状态的定义仍基于容量变化，将电池在使用寿命中任何时刻的最大可用容量与其额定容量的比率，用于反映电池当前健康状态。在实际应用中，最大可用容量难以在线测量，总结当前发表的大量文献，通常最大可用容量通过使用直流电阻（DCR）、交流阻抗或开路电压（OCV）等参数的估计值来近似地获取，所涉及的技术手段包括曲线提取、卡尔曼滤波、粒子滤波器或支持向量机的预测方法。然而，对于锂离子电池来说，随着电池不断使用衰减，其供电能力、极化发热引起的温升以及自放电等特性都会发生变化，这些特性之间的变化是相互关联的，且电池性能的变化均应该从电池健康状态方面反映出来，因此，简单地使用容量反映电池的衰退情况是远远不够的，随着电池不断地使用老化衰退，会导致电池的放电容量、放电能量以及放电功率的全面衰减，同时放电时间也会发生明显的衰减，如图 8-3 所示。从示例图 8-3a 可以看出，以恒流进行充电，随着电池老化衰退，可利用容量逐渐减少，同时电池在使用过程中的欧姆内阻会非线性增加，如示例图 8-3b 所示。另外，随着电池的老化，由于电压平台降低、电池内阻增加，电池的瞬时放电功率会逐渐下降，同时电池的实际可用能量也不断减少，如示例图 8-3c、d 所示。

考虑到当前退役电池主要为 18650 电池，因此选自日本松下公司（NCR18650）锂离子电池作为研究对象，其具体的厂家参数如表 8-2 所示。为了实现对电池性能全面的测试分析，该部分系统地完成了一个多温度多工况交叉综合测试方案，如图 8-4 所示。整个测试方案主要由四个子实验组成，同时每个子实验中包含多个工况特征测试，每完成一组子实验所需要的时间大约两天，然后继续到下一组子实验。根据图 8-4 所展示的测试方案，在 10℃、25℃、40℃内分别要进行容量测试以及三种不同的工况测试，包括 JP1015、FTP75 和 NEDC 测试，以上测试完成后，在 45℃ 的条件下同样进行容量测试以及 2C 高倍率放电测试，其中在不同温度下恒流静态容量测试是为了测量电池循环衰退后的实际可用容量，随后的多工况脉冲测试序列包含不同的放电倍率，设计该动态脉冲激励工况的目的是辨识不同 SOC 及温度条件下电池内部参数，电池内部参数辨识结果将在下一部分描述。

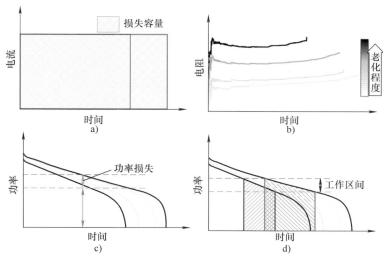

图 8-3　电池衰退特征变化

a）可用容量变化　b）电阻变化　c）瞬时放电功率变化　d）放电时间变化

表 8-2　松下 NCR18650 电池厂家参数规格

参数		变量值（单位）
定容量		2980mA·h
额定电压		3.6V
截止电压		4.2/2.5V
充电	方式	CC-CV
	电压	4.2V
	电流	0.3C
能量密度		217W·h/kg
质量		49.5g

　　根据本测试方案，获取电池在不同温度以及不同老化程度条件下的数据进行分析，可以看出温度以及衰退程度两个影响因素均会导致电池的放电电压平台降低，如图 8-3 所示。当电池运行在低温条件下，由于电解液中离子导电率降低，在一定的放电电流条件下，对于同样衰退状态下的电池，其达到截止电压的时间会明显减少，通过图 8-3b 可以看出，当电池在 10℃条件以恒流方式放电，其到达截止放电电压时的最大时间为 5600s 左右，对比于图 8-4b，电池在 25℃下以相同倍率的电流进行放电，放电时间减少了大约 15min，随着电池的循环衰退，在常温条件下电池达到寿命终止时放电时间大约为 4500s，而在低温条件下电池循环相同的次数时，其放电时间大约减少近 1000s，然而当

电池在 40℃条件下进行循环测试时，循环初期电池到达放电截止是的时间大约为 7000s，比常温条件下多放电近 500s，同样在该测试环境中当电池寿命终止时，其放电时间大约为 4800s，相比低温和常温条件下的放电时间分别多1000s 及 500s 左右。

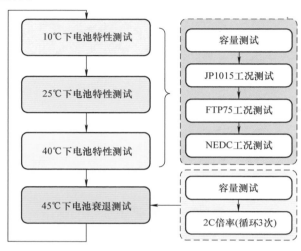

图 8-4　锂离子电池测试方案

电池的内阻在不同的温度下会有显著的差异，为了捕获电池在不同衰退程度及温度下内部电阻的变化情况，在该部分利用最小二乘法辨识电阻，具体参数辨识步骤读者可以参考本文第 5 章相关内容，由于使用该方法实现对电池内阻在线实时辨识要求输入动态激励，因此，我们以 20 个循环间隔的动态放电工况进行分析，其中不同温度下使用的动态放电电压曲线分别如图 8-5c、图 8-6c 和图 8-7c 所示。通常在一定温度范围内，电池内阻会随着温度的升高逐渐降低，本实验研究所使用的电池同样遵循该规律，从图 8-5d 可以看出，在低温下电池内阻在 0.06 ~0.1Ω 之间，在每循环过程中电池内阻会有略微的波动，从整体来看电池内阻随着测试循环的增加而逐渐增大，从图 8-6d 和图 8-7d 可以看出，常温下该测试电池的内阻范围在 0.05 ~ 0.07Ω 之间，在高温下电池内阻在 0.035 ~ 0.06Ω 之间。因此，可以看出温度对电池内阻有较大的影响，电池在高温条件寿命终止时的内阻接近于 10℃时电池初始内阻，另外，可以看出电池在常温及高温条件下，在整个循环寿命过程中电池内阻变化区间相近，然而在每个测试循环过程中电池内阻会随着荷电状态变化，一般由于电池内部的浓差极化反应，在充放电末端处电池内阻要大于中间区间内的电阻值，图 8-5d 在 10℃情况下，电池内阻的变化会出现中间段内电阻较大之后降低接近于放电末端处电阻，分析主要原因是在低温下随着放电产热，电池内部温度发生明显的改变。为了精确地通过电阻反应电池实际的健康状态，在本研究中采用某固定荷电状态区间段内电阻的均值作为健康指标，关于健康指标的提取将在下一节中进行详细的描述。

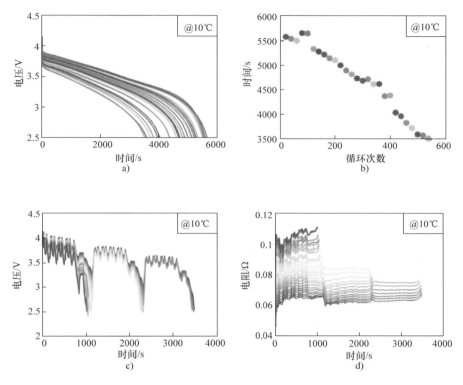

图 8-5　10℃条件下放电电压曲线及放电时间

a）放电电压变化　b）充电时间变化　c）动态放电电压　d）电池内阻变化

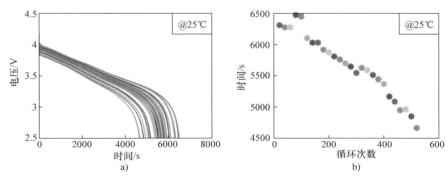

图 8-6　25℃条件下放电电压曲线及放电时间

a）放电电压变化　b）充电时间变化

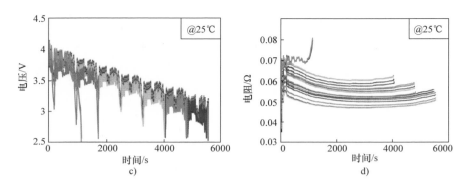

图 8-6 25℃条件下放电电压曲线及放电时间（续）

c）动态放电电压 d）电池内阻变化

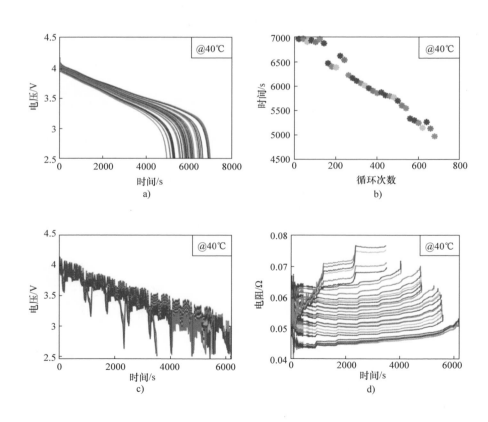

图 8-7 40℃条件下放电电压曲线及放电时间

a）放电电压变化 b）充电时间变化 c）动态放电电压 d）电池内阻变化

8.2.2　退役动力电池分组算法设计

退役电池梯次再利用通常需要经过外观筛选和外特性筛选两个环节，外观筛选包括观察电池外壳故障、裂纹、漏液、极耳外观等情况，电池外特性需要考虑电池额定容量、额定电压、额定内阻等性能指标，获取这些性能参数不仅需要消耗大量时间也会花费人力成本，若已知退役电池历史运行数据，应用于随后的分选环节，可以提高分选效率。另外，考虑到电池生产批次引入的性能参数差异，参与分选的退役电池生产批次时间间隔应在半年内。

传统退役电池梯次利用主要通过外部标签对电池进行分类，只适用于小规模的分类再利用，而且成组后的电池系统利用率低，面对大规模的退役电池，为了节约电池分选时间，提高梯次再利用效率，则需要采用数据挖掘的方法对退役电池的性能参数进行深度分析，提高电池历史运行数据质量，并融合机器学习的方法，通过聚类算法从多个因素以及因素的重要性方面分析退役电池的一致性，实现高效可靠退役电池分选结果。

1. 主成分分析介绍

主成分分析（Principal Component Analysis，PCA）是一种典型的无监督线性降维算法，此算法过程简单，参数较少，应用范围广。PCA 算法是一种线性降维的方法，让数据在规定的投影方向上得到最大方差，使降维后数据保持原来结构，将信息损失降到最小。主成分分析步骤如下。

（1）数据中心化　数据集 X 是一个 $d \times n$ 大小的矩阵，d 为数据的维数，n 为样本的数量。为了消除各维度之间在量纲化和数量级上的差别，对指标数据进行标准化，得到标准化矩阵。

（2）求协方差矩阵　根据标准化数据矩阵建立协方差矩阵 R，R 是反映标准化后的数据之间相关关系密切程度的统计指标，值越大说明越有必要对数据进行主成分分析。

（3）求主成分贡献率　根据协方差矩阵 R 求出特征值、主成分贡献率和累计方差贡献率确定主成分个数。解特征方程 $|\lambda E - R| = 0$，求出特征值 λ_i（$i = 1$，2，$\cdots$，p）。因为 R 是正定矩阵，所以其特征值 λ_i 都为正数，将其按大小顺序排列，即 $\lambda_1 \geq \lambda_2 \geq \cdots \geq \lambda_i \geq 0$。特征值是各主成分的方差，它的大小反映了各个主成分的影响力。通常选择特征分解后特征值累计达到 85% 以上的最大的几个特征值，如下式所示：

$$\sum_{k=1}^{m} \lambda_k / \sum_{i=1}^{p} \lambda_i \geq t \qquad (8\text{-}1)$$

式中，λ 为各个主成分对应的特征值；k 为选定的主成分数；i 为全部主成分数。

2. DBSCAN 算法介绍

DBSCAN 的聚类原理是对于任何数据集，必须在给定半径（ε）的邻域中包含至少一个最小数量（MinPts）的对象才能成为一个聚类，否则它们被视为噪声数据。假定一个数据集是 $D = (x_1, x_2, \cdots, x_m)$，以下是与 DBSCAN 相关的一些重要定义：

1）ε- 邻域：在数据集 D 中随机选取的对象 p 的半径为 ε 内的区域。

2）核心对象：对于任意样本 $x_j \in D$，如果其 ε 邻域内的样本数大于等于 MinPts，那么 x_j 将是一个核心对象。

3）直接密度可达：若 x_i 位于 x_j 的 ε- 邻域内，且 x_j 为核心对象，则称 x_i 由 x_j 的密度直接可达。

4）密度可达：对于样本集合 D，如果存在一串样本点 $x_1, x_2, \cdots, x_n$，$p=x_1$，$q=x_n$，如果对象 x_i 从 x_{i-1} 直接密度可达，则 q 从 p 密度可达。

5）密度相连：对于 x_i 和 x_j，如果存在核心对象样本 x_k，则 x_i 和 x_j 都可以通过 x_k 的密度到达，则 x_i 和 x_j 是密度连接相连。

根据参数 ε 和 MinPts，可以把样本中的点划分为三类：

1）核点：满足 $\text{NBHD}(p, \varepsilon) \geqslant \text{MinPts}$。

2）边缘点：边缘点本身不是核点，但可以从其他核点密度可达的点。

3）噪点：既不是核点也不是边缘点。

DBSCAN 算法具体步骤是从给定的数据集 $D = (x_1, x_2, \cdots, x_m)$ 中随机选择一个点 p 开始，并从 p 中检索所有其他点。如果 p 在 ε 和 MinPts 的条件下满足作为核点，则创建一个新的簇，然后算法从这个核点迭代地收集对象，包括其密度可达的以及密度相连的邻居，都会分配给这个集群。否则，点 p 及其邻居被视为噪点。重复此过程，直到对数据集中的所有对象进行分类。

动力电池各特征参数的数值量纲不同，采用聚类算法时会增加计算成本，且影响分类结果的精度，因此在进行聚类前有必要进行数据标准化，另外为了提高计算效率，结合梯次利用产品的应用场景和市场定位，利用主成分分析方法对参数进行降维，选取较为重要的特征参数指标，然后对所选的指标进行聚类，以提高退役电池分选效率，退役动力电池的分选流程如图 8-8 所示。

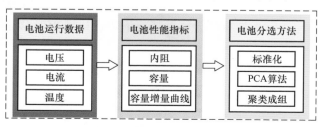

图 8-8　退役动力电池分选流程

8.2.3　退役动力电池分组结果验证

本研究从数据平台中提取了 6 个同类型车辆数据，所选车辆在不同的行驶周期和行驶习惯下运行，因此这些车辆电池系统的负载情况是相互独立的，有利于得到全面的分析结果。根据数据上传标准，每隔 30s 采集并联组电池的总电压、电流、温度、SOC 等电池系统数据。如图 8-9 所示，给出了一年左右一辆车的记录参数。从图 8-9a 可以看出，车辆怠速很小，局部温差约为 45℃。如图 8-9b 所示，该车辆几乎每天都在 50% 以下进行充分充电和放电，可以推断该车型的主要用途为商用车。

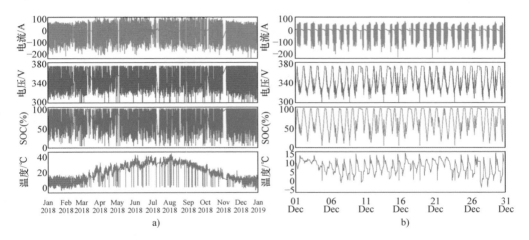

图 8-9　电动汽车电池系统实际运行数据

动力电池在实车运行工况下同时受到多个影响因素的作用，因此电池衰退过程更为复杂。为了探究锂离子动力电池在实车场景下的衰退特性，基于上述的动力电池实际运行数据，本部分研究主要通过分析电池系统充电过程电压容量数据，通过容量增量曲线反应电池间衰退差异，电池系统实际充电数据如图 8-10a 所示，其对应的容量增量曲线如图 8-10b 所示。

为了获取表达电池一致性的特征参数，在图 8-10b 所示的容量增量曲线中，以 0.2V 为电压间隔选取电压范围 3.65V 到 4.05V，提取该区间电压所对应的容量增量值，将整个电池系统中所获得的特征值聚合为特征数据集，对于该特征数据集使用 PCA 方法进行降维，根据 PCA 降维的降维指标，在本研究中将所提取的特征数据集降至三维特征数据集，对降维后的特征数据，使用 DBSCAN 算法进行聚类分析，由于电池运行参数在不同的使用环境下，所表现出的外特性有所差异，因此为保证得到高质量的电池分组，在本研究中，使用电池在不同使用时间范围内的数据进行多次分组标定，从图 8-11a 可以看出，该电池系统在 2018 年 1 月运行数据所表现的一致性，由 DBSCAN 聚类分析，有 8 个单体表现出差异不适合于退役重组，然而当使用 2018 年 3 月数据进行分析后，所表现出差异电池数量减少至 6 个单体电池，结果如图 8-11b 所示。同时，使用 2018 年 6 月的数据进行聚类分析，从结果图 8-11c 中可以看出，所获得的聚类数据中离群点电池数据增加至 10 个单体电池，对比图 8-11d 所示的结果，可以看出，随着电池系统使用时间的增加通过聚类分析所得到的离群电池数量越多，也表明电池系统中单体电芯随着不断使用后，由于电芯生成工艺以及成组技术的问题，导致电池衰退老化程度各异，因此需要对老化电池系统中电芯进行合理评估，保证退役电池合理成组使用，本研究基于电池容量增量分析法提取健康特征值，并融合 PCA 主成分分析方法与 DBSCAN 聚类算法，对于不同使用时间段内电池系统电芯衰退差异性进行分析，为后续电池退役成组提供合理的指导。

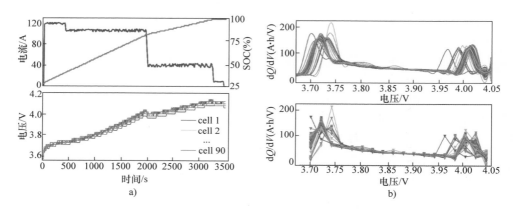

图 8-10　电池系统充电数据及对应容量增量曲线

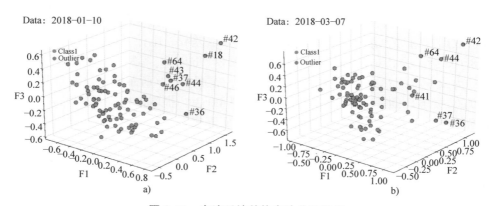

图 8-11　电池系统单体电池分组结果

a）2018 年 1 月数据　b）2018 年 3 月数据

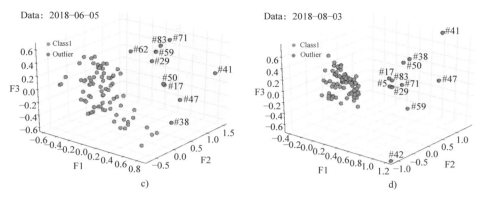

图 8-11　电池系统单体电池分组结果（续）

c）2018 年 6 月数据　　d）2018 年 8 月数据

8.3　动力电池全生命周期评价（LCA）技术

动力电池作为新能源汽车的核心部件，伴随电动汽车快速发展的同时，其从原材料获取、冶炼装配、运行使用到报废回收处理全生命周期中各阶段均对环境造成了一定的影响。如何有效降低动力电池全生命周期内的能源消耗以及环境破坏，对于动力电池及新能源电动汽车环保性能的提升和可持续发展极为重要。因此，开展动力电池全生命周期评价（Life Cycle Assessment，LCA）对于生态文明建设具有重要意义。

8.3.1　动力电池回收处理方法概述

对废旧动力电池中的不可再生资源进行回收处理再利用，不仅可以缓解当前矿产资源紧缺的现状，降低动力电池的生产成本，还可以减小环境污染，对于推动新能源汽车的可持续发展具有重要意义。目前国内外对于废旧动力电池的回收利用研究主要集中在电池中正极活性物质的回收利用。根据所采用的关键技术，动力电池回收处理过程大致可以分为高温处理方法、机械破碎处理方法、有机溶剂法、化学方法和生物浸出方法等。

1. 高温处理方法

高温处理方法主要包括火法，通过焚烧分解去除有机粘结剂，同时使得动力电池中的金属及其化合物氧化、还原并分解，待其以蒸汽形式挥发后再用冷凝的方法将其收集。此方法往往需要进一步的化学处理才能得到所需要的目标产物。日本索尼公司研究表明，在 1000℃下对废旧动力电池进行焚烧，可以有效去除电解液和隔膜，焚烧之后的残余物质包括 Fe、Cu、Al 等，可以通过磁选、筛分的方法进行分离。

火法工艺简单，但是耗能较大，并且铝箔在过高的温度下会被氧化成为氧化铝，同时也需要研究如何防止高温产生的废气污染环境。

2. 机械破碎处理方法

机械破碎处理方法包括机械破碎浮选法和机械研磨法。机械破碎浮选法首先对动力电池进行破碎、筛选，初步获取电极材料粉末，然后对电极材料粉末进行热处理以去除有机粘结剂，最后通过浮选分离的方法回收得到电极材料颗粒。该方法对电极材料锂、钴的回收率较高，然而在机械破碎后需要用马弗炉进一步通过热处理、浮选等方法进行分离。因此造成该方法流程过长，回收成本较高。

机械研磨法是通过机械研磨的方法使电极材料与研磨材料发生反应，从而使电池正极材料转化为其他盐类。该方法需要专门的研磨设备，不仅可以有效地回收废旧电池中的钴酸锂，而且也实现了对常见废旧塑料的再利用。

3. 有机溶剂法

有机溶剂法是根据"相似相溶"的原理，采用强极性的有机溶剂将电极材料上的粘结剂 PVDF 溶解，是正极材料从铝箔集流体上脱落下来，从而简化回收工艺，提高回收效率。有学者采用 N-甲基吡咯烷酮作为溶解剂，在 120℃下浸洗正极材料，然后使用硫酸和过氧化氢将钴浸入到溶液中，并通过中和水解法去除浸出液中的杂质。接着在浸出液中加入氢氧化钠使钴以氢氧化钴的形式沉淀下来，最终通过硫酸中和氢氧化钴得到硫酸钴溶液，并浓缩结晶。该方法使得钴的回收率高达 98% 以上，可以有效分离钴酸锂和铝，然而有机溶剂成本较高。

4. 化学方法

化学方法是先采用氢氧化钠、硫酸、过氧化氢等化学试剂将动力电池正极材料中的金属离子浸出，然后通过沉淀、萃取、盐析等方法对钴、锂等金属元素进行分离和提纯。化学方法进一步可分为沉淀法、萃取法、盐析法、电化学法等，沉淀法和萃取法可以获得较高的回收率，得到的产品纯度也较高，然而流程长，并且化学试剂的大量使用也会对环境造成破坏。电化学方法由于其能够有效地从废旧动力电池中浸出和回收有价值的金属，因而引起了较大关注，其成本效益高、环境友好且易于扩大规模，其中金属的标准还原电位对于选择性金属电沉积至关重要。另外，电化学辅助氧化还原反应已被用于促进金属浸出过程，而无须添加化学还原剂，这种方法允许重复使用浸出液，显著减少了化学品的使用量和二次废物的产生。

5. 生物浸出方法

生物浸出方法又称生物湿法冶金，是一种使用微生物从矿石和回收材料或废料中提取金属的有效方法。生物浸出法作为一种绿色技术，对环境安全、不排放有害气体、运营成本和能量需求低，常被用来从废旧动力电池、印刷电路板和其他电子废物中提出金属。在生物浸出过程中，天然存在的微生物利用其代谢产物从废旧动力电池中提取有价值的金属。

在细菌的帮助下，生物浸出过程通过生物氧化将金属络合物从不溶性形式转化为水溶性金属。在此过程中，微生物通过将动力电池废物破裂分解为其组成金属配合物来获得能量。真菌介导的动力电池生物浸出通常发生在接近中性或碱性的 pH 值下，动力电池组分的溶解会增加溶液的 pH 值。另外，微生物的生长取决于特定的营养元素及其剂量，营养元素和微生物的浓度及剂量对于产生与动力电池的金属增容相关的代谢产物至关重要。实际中可通过添加金属离子，如 Cu^{2+} 和 Ag^+ 加速氧化过程中的电子转移来提高浸出效率，并通过形成中间金属配合物来增加金属溶解度。

8.3.2 国内外动力电池回收模式

1. 国外动力电池回收模式

在电动汽车普及之前，日本就对动力电池的回收利用进行了规范。2000 年明确了动力电池的生产 - 销售回收 - 再生处理的全过程规范。回收系统是电池生产企业的回收主体，通过汽车经销商、加油站、零售商等主要渠道回收废旧电池。2018 年，本田、丰田等多家汽车制造商以合作的形式推进电动汽车退役动力电池的回收处理。汽车拆卸企业拆卸退役动力电池，转移到附近再利用工厂进行回收处理，政府对再利用企业给予一定的补助金。

美国对废旧动力电池的回收有着严格的规范，同时对生产者实施责任延长制度和押金制度。例如电池销售时以附加环境费的方式向消费者征收一定的费用，作为动力电池回收资金的支持，同时在动力电池企业销售精制回收原材料时给予一定的价格保障，保证电池回收企业的利益，从而促进动力电池回收利用的持续发展。

欧盟从 2008 年开始强制推进退役动力电池的回收，对电池的生产者收取费用。德国在电池回收利用方面最为成熟，现在已经确立了完整的回收利用系统的法律制度，对电池制造商和经销商严格登记，同时规定经销商与生产企业合作进行退役动力电池的回收，消费者也有法定义务向指定回收商提交退役动力电池。

2. 国内动力电池回收模式

目前，国内对于动力电池的回收模式有三种：电池制造商负责回收模式、电池制造商联合体负责回收模式和第三方负责回收模式。

（1）电池制造商负责回收模式　电池制造商负责回收模式，即电池制造商直接回收自己的产品。该模式可以通过电池生产企业自行构建逆向物流回收网络来实现，也可以通过联合前向供应链中的中间商来实现。如电池制造商利用自己构建的网络，通过支付给消费者一定的费用或采取以旧换新的制度从消费者手中直接回收废旧动力电池。另外，还可以联合中间商在出售电池时实行押金制度，当消费者交回废旧动力电池时自动退回押金。

（2）电池制造商联合体负责回收模式　制造商联合体负责回收模式，是由电池的制造商组成一个联盟组织，该组织直接代表电池制造商回收废旧动力电池。该联盟可以利用充足的资金建立更多专业化的动力电池回收处理中心，各厂商的退役动力电池就可以就近原则回收到中心进行分类和处理，从而节省大量的物流成本。在该种模式下，各个制造商共同建立他们的回收系统，一方面各参与企业可以享受规模经济带来的收益，另一方面对于依靠自己的资金和技术实力建立回收系统有很大压力的小企业来说将会拥有更大的生存空间。

（3）第三方负责回收模式　第三方负责回收模式，是电池制造商通过向第三方提供一定的费用，将废旧动力电池的回收交给专业的第三方企业回收。动力电池退役之后，通过回收系统进入第三方企业回收商处，回收商将回收的动力电池运送到自己的回收处理中心进行处理，或者通过向当地的处理商支付一定的费用，使其在满足环境和立法标准的前提下对废旧动力电池进行规模化回收处理。

8.3.3　不同类型动力电池回收工艺 LCA 对比

不同类型的动力电池技术可能对同一款新能源电动汽车全生命周期资源消耗和环境破坏评估结果产生很大的影响。目前，锰酸锂电池（LMO）、磷酸铁锂电池（LFP）和三元锂电池（NMC）广泛应用与车辆中，已有学者研究了匹配不同类型动力锂电池时，纯电动汽车的全生命周期过程的资源消耗和环境破坏的具体情况。

在动力电池容量相同的情况下，LFP 电池的平均能量密度小，导致其体积、质量更大，因此所消耗的正极材料、壳体等金属原材料多；与 LFP 相比较，NMC 电池自身的高能量密度有效地节约了矿产资源消耗；LMO 表现出最小的矿产资源消耗，是因为与 NMC 相比，虽然其质量更大，但是所含金属元素与 NMC 中的镍、钴元素相比较，有着更小的矿产资源消耗潜值，匹配不同类型锂离子电池的纯电动汽车 LCA 见表 8-3。

化石能源消耗的研究结果与所设定的充放电效率有关，充放电效率严重影响了电动汽车运行使用阶段的电能消耗，而我国电网中化石能源消耗比例较大，因此对全生命周期化石能源消耗竭值有很大影响。

对环境影响的研究结果表明，NMC 电池技术具有最佳的减排效果。然而电池正极材料的改变并不会从根本上改变整车全生命周期环境影响的比重顺序，纯电动汽车运行过程中大量的电能消耗，使得温室气体始终都占据了最大比重。因此只有从电网源头采取清洁发电措施，才能减少温室气体排放，而单纯从正极材料技术上无法实现。

表 8-3　匹配不同类型锂离子电池的纯电动汽车 LCA 比较

评价指标	匹配不同类型动力锂电池的纯电动汽车 LCA
矿产资源消耗	LFP 最大，NMC 其次，LMO 最小
化石能源消耗	LFP 最大，LMO 其次，NMC 最小
环境影响	LFP 最大，LMO 其次，NMC 最小

8.4　本章小结

本章中介绍了当前动力电池梯次利用的现状，具体从梯次利用的背景、规范以及体系等方面进行阐述；重点对动力电池性能测试及安全评估展开了研究，首先针对单体动力电池外特性参数进行深入挖掘，从电池衰退过程中内阻变化、容量衰退、能量衰减、峰值功率下降和放电时间等特征变化入手，综合全面地分析了动力电池衰退老化后参数特征变化。另外，选择了 6 辆实车运行历史数据，利用容量增量方法提取动力电池系统衰退特征值，使用主成分分析法进行特征值降维后，借助于 DBSCAN 聚类算法实现对电池系统中电芯衰退进行有效分类；最后，从动力电池回收模式、回收处理方法以及处理工艺等方面对动力电池全生命周期（LCA）技术进行了概述。

参 考 文 献

[1] 国务院 . 2030 年前碳达峰行动方案 [EB/OL]. （2021-10-36）[2022-03-01] .http://www.gov.cn/zhengce/co- ntent/2021-10/26/content_5644984.htm.

[2] 万钢 . 创新驱动、科学谋划，全面开创 "十四五" 新能源汽车发展新格局 [R/OL]. （2021-01-16）[2022-03-01]. https://www.d1 ev.com/news/shichang/136293.

[3] AYKOL M, HERRING P, ANAPOLSKY A. Machine learning for continuous innovation in battery technologies [J]. Nature Reviews Materials, 2020, 5（10）: 725-727.

[4] HANNAN M A, LIPU M S H, HUSSAIN A, et al. A review of lithium-ion battery state of charge estimation and management system in electric vehicle applications: Challenges and recommendations [J]. Renewable and Sustainable Energy Reviews, 2017, 78: 834-854.

[5] 万钢 . 新时代推进我国新能源汽车发展的新思考 [J]. 汽车工程学报, 2018, 8（04）: 235-238.

[6] HU X, FENG F, LIU K, et al. State estimation for advanced battery management: Key challenges and future trends [J]. Renewable and Sustainable Energy Reviews, 2019, 114: 109334.

[7] 王震坡，孙逢春 . 电动车辆动力电池系统及应用技术 [M]. 北京 : 机械工业出版社, 2012.

[8] XIONG R, LI L, TIAN J. Towards a smarter battery management system: A critical review on battery state of health monitoring methods [J]. Journal of Power Sources, 2018, 405: 18-29.

[9] WANG Y, CHEN Z. A framework for state-of-charge and remaining discharge time prediction using unscented particle filter [J]. Applied Energy, 2020, 260: 114324.

[10] 李晓宇 . 基于自适应扩展卡尔曼滤波电池组 SOC 估计 [D]. 昆明 : 昆明理工大学，2017.

[11] LI X, WANG Z, ZHANG L. Co-estimation of capacity and state-of-charge for lithium-ion batteries in electric vehicles [J]. Energy, 2019, 174: 33-44.

[12] WEI Z, XIONG R, LIM T M, et al. Online monitoring of state of charge and capacity loss for vanadium redox flow battery based on autoregressive exogenous modeling [J]. Journal of Power Sources, 2018, 402: 252-262.

[13] LI X, YUAN C, WANG Z. State of health estimation for Li-ion battery via partial incremental capacity analysis based on support vector regression [J]. Energy, 2020, 203: 117852.

[14] LI X, YUAN C, LI X, et al. State of health estimation for Li-Ion battery using incremental capacity analysis and Gaussian process regression [J].Energy, 2020, 190: 116467.

[15] RASMUSSEN C E. Gaussian Processes in Machine Learning [M]. Berlin Heidelberg: Springer, 2004.

[16] WANG Z, YUAN C, LI X. Lithium battery state-of-health estimation via differential thermal voltammetry with Gaussian process regression[J]. IEEE Transactions on Transportation Electrification, 2020, 7（1）: 16-25.

[17] LI X, YUAN C, WANG Z. Multi-time-scale framework for prognostic health condition of lithium battery using modified Gaussian process regression and nonlinear regression [J]. Journal of Power Sources, 2020, 467: 228358.

[18] LI X, DAI K, WANG Z, et al. Lithium-ion batteries fault diagnostic for electric vehicles using sample entropy analysis method [J]. Journal of Energy Storage, 2020, 27: 101121.

[19] 李志杰, 陈吉清, 兰凤崇, 等. 机械外力下动力电池包的系统安全性分析与评价 [J]. 机械工程学报, 2019, 55 (12) :137-148.

[20] ASHTIANI C. Analysis of battery safety and hazards' risk mitigation [J]. ECS Transactions, 2008, 11 (19) : 13.

[21] CABRERA-CASTILLO E, NIEDERMEIER F, JOSSEN A. Calculation of the state of safety (SOS) for lithium ion batteries [J]. Journal of Power Sources, 2016, 324: 509-520.

[22] XIONG R, SUN F, CHEN Z, et al. A data-driven multi-scale extended Kalman filtering based parameter and state estimation approach of lithium-ion polymer battery in electric vehicles [J]. Applied Energy, 2014, 113: 463-476.

[23] FENG X, HE X, OUYANG M, et al. Thermal runaway propagation model for designing a safer battery pack with 25 Ah $LiNi_xCo_yMn_zO_2$ large format lithium ion battery [J]. Applied Energy, 2015, 154: 74-91.

[24] COLEMAN B, OSTANEK J, HEINZEL J. Reducing cell-to-cell spacing for large-format lithium ion battery modules with aluminum or PCM heat sinks under failure conditions [J]. Applied Energy, 2016, 180: 14-26.

[25] XU J, LAN C, QIAO Y, et al. Prevent thermal runaway of lithium-ion batteries with minichannel cooling [J]. Applied Thermal Engineering, 2017, 110: 883-890.

[26] SRINIVASAN R, DEMIREV P A, CARKHUFF B G. Rapid monitoring of impedance phase shifts in lithium-ion batteries for hazard prevention [J]. Journal of Power Sources, 2018, 405: 30-36.

[27] FERNANDES Y, BRY A, DE PERSIS S. Identification and quantification of gases emitted during abuse tests by overcharge of a commercial Li-ion battery [J]. Journal of Power Sources, 2018, 389: 106-119.

[28] 姜久春, 高洋, 张彩萍, 等. 电动汽车锂离子动力电池健康状态在线诊断方法 [J]. 机械工程学报, 2019, 55 (20) : 60-72.

[29] HU X, XU L, LIN X, et al. Battery Lifetime Prognostics [J]. Joule, 2020, 4 (2) : 310-346.

[30] LI X, WANG Z, ZHANG L, et al. State-of-health estimation for Li-ion batteries by combing the incremental capacity analysis method with grey relational analysis [J]. Journal of Power Sources, 2019, 410-411: 106-114.

[31] LI X, ZHANG L, WANG Z, et al. Remaining useful life prediction for lithium-ion batteries

based on a hybrid model combining the long short-term memory and Elman neural networks [J]. Journal of Energy Storage, 2019, 21: 510-518.

[32] TANG X, LIU K, WANG X, et al. Model Migration Neural Network for Predicting Battery Aging Trajectories [J]. IEEE Transactions on Transportation Electrification, 2020, 6（2）: 363-374.

[33] LI X, YUAN C, WANG Z. Multi-time-scale framework for prognostic health condition of lithium battery using modified Gaussian process regression and nonlinear regression [J]. Journal of Power Sources, 2020, 467: 228358.

[34] MERLA Y, WU B, YUFIT V, et al. Extending battery life: A low-cost practical diagnostic technique for lithium-ion batteries [J]. Journal of Power Sources, 2016, 331: 224-231.

[35] LI X, YUAN C, WANG Z, et al. Lithium battery state-of-health estimation and remaining useful lifetime prediction based on non-parametric aging model and particle filter algorithm [J]. eTransportation, 2022, 11: 100156.

[36] LYU Z, GAO R, LI X. A partial charging curve-based data-fusion-model method for capacity estimation of Li-Ion battery [J]. Journal of Power Sources, 2021, 483: 229131.

[37] LI X, YUAN C, WANG Z, et al. A data-fusion framework for lithium battery health condition Estimation Based on differential thermal voltammetry [J]. Energy, 2022, 239: 122206.

[38] 王震坡, 李晓宇, 袁昌贵. 大数据下电动汽车动力电池故障诊断技术挑战与发展趋势 [J]. 机械工程学报, 2021, 57（14）: 52-63.

[39] LI Z, ZHANG J, WU B, et al. Examining temporal and spatial variations of internal temperature in large-format laminated battery with embedded thermocouples [J]. Journal of Power Sources, 2013, 241: 536-553.

[40] 王震坡, 袁昌贵, 李晓宇. 新能源汽车动力电池安全管理技术挑战与发展趋势分析 [J]. 汽车工程, 2020, 42（12）: 1606-1620.

[41] LIAN Y, ZENG D, YE S, et al. High-Voltage Safety Improvement Design for Electric Vehicle in Rear Impact [J]. Automotive Innovation, 2018, 1（3）: 211-225.

[42] 冯旭宁. 车用锂离子动力电池热失控诱发与扩展机理建模与防控 [D]. 北京: 清华大学, 2016.

[43] XIE J, LI Z, JIAO J, et al. Lumped-parameter temperature evolution model for cylindrical Li-ion batteries considering reversible heat and propagation delay [J]. Measurement, 2020, 173: 108567.

[44] YU Q, XIONG R, YANG R, et al. Online capacity estimation for lithium-ion batteries through joint estimation method [J]. Applied Energy, 2019, 255: 113817.

[45] SHANG Y, LU G, KANG Y, et al. A multi-fault diagnosis method based on modified Sample Entropy for lithium-ion battery strings [J]. Journal of Power Sources, 2020, 446: 227275.

[46] LI Y，QI F，GUO H，et al. Numerical investigation of thermal runaway propagation in a Li-ion battery module using the heat pipe cooling system [J]. Numerical Heat Transfer，Part A: Applications，2019，75（3）：183-199.

[47] 李丽 . 锂离子电池回收与资源化技术 [M]. 北京 : 科学出版社，2021.

[48] 马金秋 . 匹配不同动力电池的纯电动汽车全生命周期评价研究 [D]. 西安 : 长安大学，2019.

[49] LAI X，HUANG Y，DENG C，et al. Sorting，regrouping，and echelon utilization of the large-scale retired lithium batteries: A critical review[J]. Renewable and Sustainable Energy Reviews，2021，146: 111162.

[50] 李怡霞 . 动力电池全生命周期研究 [D]. 北京 : 北京工业大学，2012.

[51] 张英杰，宁培超，杨轩，等 . 废旧三元锂离子电池回收技术研究新进展 [J]. 化工进展，2020，39（7）：2828-2840.